孔子哲思百题解

——《周易大传》精粹

章关键 著

序

群经璀灿，阐道生辉。百家争鸣，启思开新。《周易》倘无孔子阐道传真，唯为卜筮之书。孔子若失《周易》启思化明，则罕哲理之臻。可以说，孔子晚年的最大成就，当是在研传整理六经过程中使自己原有的道德思想实现了哲理化的学术飞跃。它集中地表现于恢弘精深的《周易大传》。二十年来，笔者自《周易新义与日用》始，继之《想象的智慧》《意象悟道》与《周易正学》，而今付梓《孔子哲思百题解》，唯持初衷以贯一：据《周易大传》探究孔子哲思，循孔子哲思解析《周易》精微。

本书集孔子哲思命题一百例，分列三组。第一组为基本命题，计三十例，缘道德性命主线，开发象数义理，昭宣时位中正、通变知几、开物成务之义。第二组为意象命题，依循卦序顺列，计六十四例，自乾坤而迄既济、未济，囊括《象传》精要。第三组为乾元命题，据乾卦六爻爻辞，联系孔子自我总结的人生六个阶段，相互参证，以明孔子研传《周易》的苦心孤诣与思路历程。

自汉迄今，易学著作可谓汗牛充栋，亦如繁花似锦。尤其在宋代，不论象数还是义理，新见迭出，异彩纷呈。有关太极、形气、性心、道德等诸多论说，为理学大厦的应运矗立构建起一座基础扎实的文化基因库。而程颐、朱熹的易学著说则被长期树为权威，直至入选清康熙诏令修编的《御纂周易折中》，奉为解读经文的圭臬。故本书多引程朱之言。凡未标明出处者，所引程颐，当据《程氏易传》；所引朱熹，则出《周易本义》。诚然，对其或有违于孔子《易传》原意者，自随议随析，不予苟且。同样，对传统儒学中不合孔子哲思者，包括《礼记》的道德性命说，谨加比较，以返本归源。

哲思百题，各宜其义。题外哲论，则求归宗明体。此中《孔子哲学的理性文化观》《孔子理性文化观的当代启示》与《孔子理性文化观与西方后现代主义》三篇，原由《孔子哲学的理性文化观及其重大现实意义》一文分解而成。缘于 2017 年 12 月，笔者参加“香港文化中国根”学术交流研讨会，幸遇香港作家联会会长、明报月刊总编辑潘耀明先生，乃请之斧正此文。不料潘先生在百忙之中认真审阅后，不弃浅陋，直接将文稿推荐给了《国学新视野》季刊。2018 年 1 月，《国学新视野》执行编辑杨汉群先生来函商约，为适应期刊特点，建议将全文适当化裁，形成三篇独立文章，以宜分期刊发。此后又嘱撰作《国学新视野》夏季号《卷首语》。遂遵命逐一落实。3 月上旬，《卷首语》发稿不久，杨先生突来短信告知：由于公司内部重组等原因，《国学新视野》即日起停办。惋惜之余，更对潘、杨两位先生情系中华文化，锐意于国学在继承中发展创新的工作热忱与负责精神，由衷地深表敬佩。

十余年前，笔者曾强烈呼吁让《周易》首先进入高校课堂，而后因时制宜，为中小学校编选一些深入浅出、较易明白的课文，使《易传》阐发的理性文化观融和中华文化的独特情趣，潜移默化地滋润青少年的稚纯心灵。2015 年 5 月，我还突发遐想，直接登门造访西湖之滨的杭师大附小，试着给二百名毕业班学生讲了以四十分钟为限的“周易精华”（详见《周易正学》，复旦大学出版社，2016 年第 1 版）。由于校方非常支持，事后还召开一个座谈会，听取天真活泼的孩子们发表情真思纯的意见。总的看来，我的这番曾经充满不确定性的教学探索并未白费心机。事实上，《周易》的哲理精华，集中地涵藏于《易传》阐发的恢弘思想体系。而当代考古成果与一些历史悬案的澄清，完全可以证实《周易大传》的总体述作者正是“韦编三绝”的孔子。时至今日，我们理应彻底摆脱上个世纪某些学术权威在《易传》著述权上营造的疑孔阴云，通过向学生和各界人士广泛宣讲《周易》，使广大人群进一步认识与亲近这位中国古典哲学的伟大先知，油然起敬地接受其深博精微的道德思想与智慧之光，照亮万众“开物成务”与中华民族生生不息的历史征程。

北宋大学者张载提出“为往圣继绝学”的名言。就其著作观之，“绝学”或指易学。而事实上易学并非当时的绝学。现在看来，具有弘大体系的孔子哲学思想，则正是当今应予高度重视的绝学。

以《周易大传》为主涵藏的孔子哲学思想弘大体系，体现了真善美的世界观、人生观与价值观。它是儒学，以至国学，以至中华优秀传统文化继往开来、推陈出新之纲。纲举目张，唯时中位正者识之。

毫无疑问，孔子哲学的真理性品格业已经受住两千多年的历史验证，并且始终保持着与时俱进的动能和态势。此刻，西方后现代主义思潮正在掀起一轮新的波澜，个性张扬地向着从轴心时期苏格拉底、柏拉图、亚里士多德们开启哲源而沿循历史长河曲折奔流至今的西方传统理性发起挑战。并已在艺术、文化甚至政治领域产生广泛的影响。它启示东方的思想者顺时而为，积极继承与发展具有文化创造性和时代先导性的孔子哲理体系，向世界学术论坛发出“殊途同归”的洪亮呼声。

哲思百题每篇文后各抒七绝一首，借以表明孔子哲学是道德哲学、意象哲学、文化哲学，自然也是理性诗情的哲学。它像东方升起的太阳，期与一切闪耀真善美之光的星辰相互辉映，从不同的时空维度共同照亮这个烟云弥漫的人类世界。拳拳此心，如斯而已。

章关键
戊戌仲冬于浙江人文经济研究院

目　录

上编　哲思百题

下编　题外哲论

孔子哲思(六谛)歌

总　纲

天健地顺，万物生长。天人合德，万众泰康。
德以继道，道行德昌。三才大和，万方安详。
立天之道，一阴一阳；立地之道，亦柔亦刚；
立人之道，仁义同光。厚德载物，生生自强。

一谛：太极生生律

太极开元，宇宙浩茫。两仪显能，运变无疆。
四象错综，进退消长。八卦成列，知来数往。
模拟世界，归类成象；认识世界，形下形上；
化成世界，文明为尚。生生不息，大业兴旺。

二谛：易简成位说

乾性平易，情本于真；坤性简单，情本于诚。
性易情真，正大光明；性简情诚，顺从和平。
大明终始，人人相亲；顺和内外，事事功成。
亲久功大，德业双馨。得理成位，无愧一生。

三谛：通变知几论

途穷则变，变而复通；通则久远，趋吉避凶。
础润觉雨，月晕见风。显微阐幽，知至知终。
极深致知，研几求用。变起于几，顺时乃动。
通缘于感，位当正中。时中位正，成竹在胸。

四谛:道德性命观

人性本然,善恶后分。习性相远,天性相近。
成性存存,道义之门。乾道变化,各正性命。
正命之道,穷理尽性。性尽于善,理穷于真;
性善理真,命美可臻。盛德日新,大道自成。

五谛:文以化成法

万物平等,天人相应。和谐交往,其义曰文。
刚柔互文,谓之天文。志于文明,谓之人文。
人文璀璨,天下化成。殊途同归,命运共定。
文涵深情,化寓理性。情理交融,善美诚真。

六谛:意象思维学

立象尽意,意寓象中。象示变化,意会时空。
天道有常,观象识龙;人事不测,得意断讼。
神以知来,睿思泉涌;知以藏往,明故启蒙。
神而明之,人存慧种。开物成务,意象恢宏。

义 赞

子传《周易》,哲思精微。通变古今,究际天地。
修齐治平,字耀珠玑。吉凶休咎,解惑释疑。
阴阳交和,刚柔相济。殊途同归,毋分东西。
会通世界,广矣大矣!明道至理,万世不易。

孔子哲思总纲(歌曲)

童关键词曲
郑美英和唱

1=D $\frac{4}{4}$ 庄严、深沉、缓慢

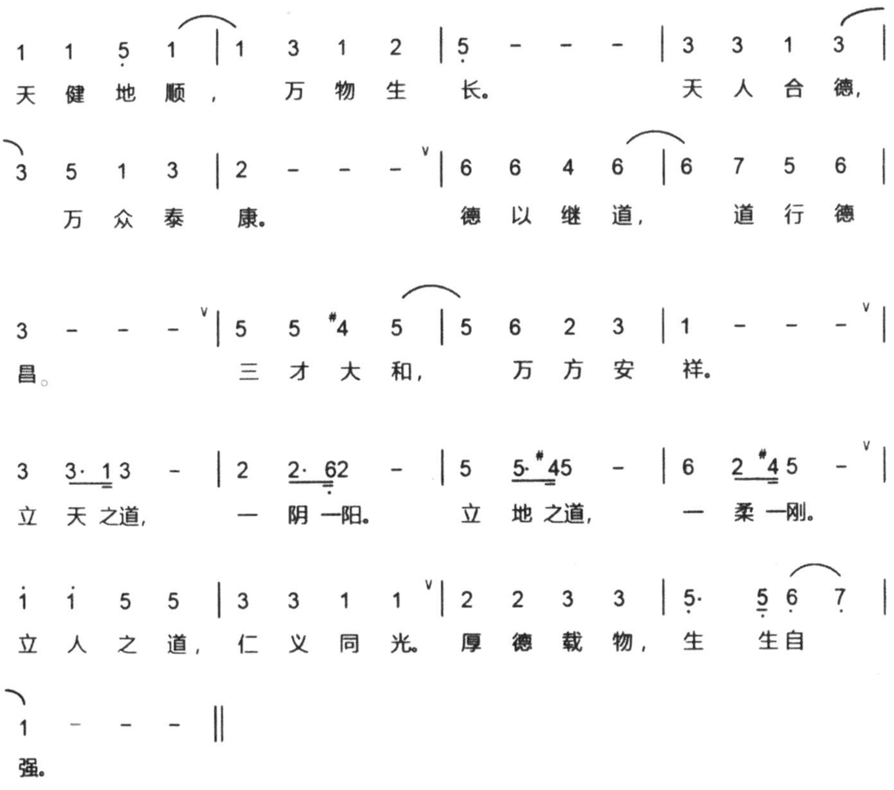

1 1 5 1 | 1 3 1 2 | 5 – – – | 3 3 1 3 |
天 健 地 顺， 万 物 生 长。 天 人 合 德，

3 5 1 3 | 2 – – – ∨ | 6 6 4 6 | 6 7 5 6 |
万 众 泰 康。 德 以 继 道， 道 行 德

3 – – – ∨ | 5 5 #4 5 | 5 6 2 3 | 1 – – – ∨ |
昌。 三 才 大 和， 万 方 安 祥。

3 3· 1 3 – | 2 2· 6 2 – | 5 5· #4 5 – | 6 2 #4 5 – ∨ |
立 天 之道， 一 阴 一阳。 立 地 之道， 一 柔 一刚。

1 1 5 5 | 3 3 1 1 ∨ | 2 2 3 3 | 5· 5 6 7 |
立 人 之 道， 仁 义 同 光。 厚 德 载 物， 生 生自

1 – – – ‖
强。

孔子哲思我鉴——认识“我”自己*

我之为我，一阴一阳。二仪交往，形而成象。
精气形下，神志形上。阴平阳秘，心宁身康。
阴通广野，阳接苍茫。地载厚德，天行自强。
日明月丽，与我同光。风起云涌，偕我飞翔。
革故鼎新，敢想善创。知至知终，无体无方。

我之为我，亦柔亦刚。柔非软弱，刚不张扬。
绵里藏针，未露锋芒。屈伸自如，道尚恒常。
颜渊见柔，仲由显刚。子贡执中，不狷不狂。
几不如舍，应变有方。刚柔相宜，德馨业昌。
刚上文柔，柔来文刚。化成天下，和平安祥。

我之为我，既己既人。人各自己，己即其人。
人合天德，己安人分。安分易简，情诚理真。
真则目明，诚则耳顺。耳目清灵，成性存存。
命归其本，心得安贞。位正时中，仁义之门。
义以接物，仁以待人。物我共亲，人遂生生。

* 苏格拉底常说，“认识你自己”，现以孔子哲学思想析解。

八卦象征歌

乾健西北天马首，
坤顺西南腹地牛。
离附南火赤雉目，
坎陷北水猪耳黝。
巽入东南风鸡股，
兑悦西泽白羊口。
震动东雷青龙足，
艮止东北山犬手。

象征 卦名	自然	方位	季节	特性	家人	肢体	动物
乾	天	西北	秋冬间	健	父	首	马
坤	地	西南	夏秋间	顺	母	腹	牛
离	火	南	夏	附	次女	目	雉
坎	水	北	冬	陷	次男	耳	猪
巽	风	东南	春夏间	入	长女	股	鸡
兑	泽	西	秋	悦	少女	口	羊
震	雷	东	春	动	长男	足	龙
艮	山	东北	冬春间	止	少男	手	犬

上编　哲思百题

一、天人合德

“天人合德”既是一个经典哲学的古老命题，又是一个充满时代气息的现实命题。

远古时代，我们的祖先面对日月星辰，水火雷风，崇岭幽谷，毒蛇猛兽，见不完的怪异，防不尽的意外。一切无从解释，唯有归之于似隐若显的神，广大深邃的天。并且设想仙凡往来，天人相通。而通须有路，这个通路便是顶天立地的昆仑山。在这样的历史背景下，巫（wū）女觋（xí）男应运而生，担负起沟通天人的神圣使命，越来越大地影响着人民生活、社会风俗以至触及国家事务。

然而，处理天人关系本是古代帝王的一项重大职能。《史记》描述轩辕氏的功德就是“顺天地之纪，幽明之占，死生之说，存亡之难”，“有土德之瑞，故号‘黄帝’”。他的继承人颛顼（zhuān xū）则“养材以任地，载时以象天，依鬼神以制义，治气以教化，絜诚以祭祀”。接着帝喾（kù）“顺天之义，知民之急”；“历日月而迎送之，明鬼神而敬事之”。至帝尧，“其仁如天，其知如神，就之如日，望之如云”。帝尧老了，由虞舜代理天子之政，以观天命。“舜乃在璇玑玉衡，以齐七政。遂类于上帝，禋于六宗，望于山川，辩于群神”。“璇玑玉衡”即观察天象的仪器，“七政”则指日、月及金、木、水、火、土五星。由此可见五帝对于沟通天人的极端重视。而神巫势力与统治阶层的矛盾则日益突出，势必成为一个亟须解决的现实治理问题。如何处置？圣帝古贤的妙法是：“绝地天通”，即隔绝那条沟通天地的巫觋渠道。据《尚书孔氏传》描述：“尧命羲和，世掌天地四时之官，使人神不扰，各得其序。是谓‘绝地天通’。言天神无有降地，地祇（qí）不至于天，明不相干”。“羲、和”即楚昭王向观射父求教“绝地天通”时所说的“重、黎”（见《国语·楚语下》）。传闻前者托天向上，后者踏地而下，使天地相互分离。一切神祇人众，未经重、黎许可，从此不能随意上天下地。重的官职称南正，据守南天大门；黎的官职为火正，掌管人间烟火。

剥去色彩斑斓的神话外衣，我们不难发现，所谓“绝地天通”，实际上是一次精心策划的政治社会改革：以帝王为代表的原始国家将“通天”的权力收归己有，使神权悄悄纳入君权之中。表现于社会文化领域，它名正言顺地压缩世俗巫术空间，强化王官话语权威，辅以礼制乐仪，调控社会风尚，从而塑造一种新的文化架构。其核心则在确立共同的思想规范、价值准则与意识形态秩序，实现听命于天和听命于帝的统一。这其实是中国得以避免像西方那样在相当长的一段时期宗教曾经强力干预政治，甚至将教皇地位置于国王之上的历史渊源。

重黎的后代发展为冠冕堂皇的太史、太卜，影响着帝王的种种决策，也影响着大众的精神导向。在这种治理体制与文化背景下，“天人相通”的幽灵始终在神州上空四处飘荡，并且结合历史条件融入政治与文化的现实土壤，终究形成了一种笼罩着神秘气氛以迎合社会主流的传统观念。

在“天人相通”的大气候中，善于利用传统文化平台推陈出新的孔子，在晚年研习传述《周易》的过程中，睿智地找出了一条以理性破除巫性阐释化解“天人相通”观的道德思路。他通过《文言传》振聋发聩地提出:“夫大人者,与天地合其德,与日月合其明,与四时合其序,与鬼神合其吉凶。”“合”是“通”的演绎,贯通融合,通合一体。孔子告诉我们,天人之间应当贯通融合的,首先是“德”,然后是“明”,是“序”,结果表现于“吉凶”。

天人合德,实则人合天德。何谓天德?孔子指出:“天地之大德曰生。”孕育生命,养护生命,善待生命,乃至优化生命,自觉寻求与开拓人类生命可持续发展的道路,正是“天人合德”题中应有之义。

德合而心明。日月之明,光被四海。明辨秋毫,驱暗逐黑,正大公平。

心明而序顺。四时之序,律于自然,规于恒常,顺之者昌,逆之者伤。

德合,心明,序顺,当可避危难,制邪恶,通变化,保顺祥而“与鬼神合其吉凶”。孔子对鬼神别有独特的唯物主义阐解。他在《系辞传》中指出:“精气为物,游魂为变,是故知鬼神之情状。”鬼神决非客观存在,如果一定要设想它的情状,无非是人的精气在一定过程中产生的物质运动,表现为阴阳推移、虚实变化。所以孔子又一语点破:“阴阳不测之谓神。”并且指出,“神而明之,存乎其人”。其人者,与天地合其德之人也。

在孔子哲学思想体系中,“天人合德”具有无与伦比的特殊地位与重要意义。

一、“天人合德”是孔子哲学思想大厦的奠基石,是其一系列精深命题不言而喻的大前提,实际上已经成为一项无需证明以至不必明列的公理。例如:“立天之道曰阴与阳,立地之道曰柔与刚”,则可推论“立人之道曰仁与义”。“天行健”,则可推论“君之以自强不息”。“地势坤”,则可推论“君子以厚德载物”等等。

二、孔子告诉人们:天人相通,所通者德。德通则性善志明而心通,时顺序正而途通,吉生凶消而事通。由是“开物成务,冒天下之道”，人生将可各就各位，各成其位。它使古人受互渗律支配导致集体表象而形成的“天人相通”观念，从神秘诡异、祈天求神的迷霾中跳跃而出，焕然一新地成为指引人们立德修身、济世创业的哲学真谛。

三、依据天人合德原理，孔子又对筮占过程作出象数与义理会通的文化理性阐析，使之脱胎换骨，化迷信为诚信：诚于意而信于德。从而彻底改变了《周易古经》的价值定位，由朱熹所谓的“易本卜筮之书”转化为旷古烁今的哲理典籍、道德真经与智慧宝卷。

四、天人相合的生生之德，与时俱进地显示出新的内容与新的要求。当今，诸如生态环境的协同建设，人工智能、生物工程等前沿领域科技伦理的顺时确立，以至人类命运共同体的和谐构建等等，无不从天人合德的高度提出了推动历史车轮持续前进的现实愿景。

五、在全球化，多元化浪潮席卷世界和不同文明之间的碰撞与交融带来新的机遇和挑战的大格局下，各种思潮纷至沓来，方兴未艾。诚如孔子所说：“天下何思何虑？天下同归而殊途，一致而百虑。”而在当今时代有可能统百虑而归一致者，“天人合德”或将是一面寻求普世公识以期同尊共行的思想理论大旗。

西汉大儒董仲舒将“天人合德”修改为“天人合一”。一字之差，意境殊异。

第一，天人合德强调天人和谐，所合者为德，即天人同德。天有刑德，人也有刑德。人类当须避免天刑，弘扬天德，使一切行为有利万物生养，生生不息。天人合一则强调天人一体，所合者为类，即天人一类。董仲舒说：“人有三百六十节，偶天之数也。形体骨肉，偶地之厚也。”“天亦有喜怒之气，哀乐之心。”“以类合之，天人一也。”(《春秋繁露》)。完全将天视为有血有肉有意志有感情的人，当然是一个无所不能的超人。而人只能秉承天意行事，一切听命于天。

第二，天人合德具有确定的内涵，要求人们以生生为本，去恶从善，去伪存真，去邪守正。而天人合一唯借迷茫的玄思，揣测天意，类比人事，虚谈祸福，臆想吉凶。两汉时期，谶纬之学盛行一时，正反映了人们对于天人合一观念的极大困惑与憧憬。

第三，天人合德引导人们修齐治平，积极进取。天人合一则引导人们消极观望，听天由命。诚然，若庄子的“天人合一”，翏翏听天籁之音，飘飘体物我两忘，则绝异于董仲舒之说而辟苍茫深远、淳厚朴素的自然本性境界，看来又另当别论了。至于当今人们从生态文明出发论说的“天人合一”，已经完全离开了董氏原意而赋予其全新的现代科学释义，自更不可同日而语。

根据孔子关于“与时偕行”的理念，实现中华民族以至全球各个文明体的生生不息，构建人类命运共同体，应是当今时代理解与实践“天人合德”的题中应有之义。

诗云：天人相对亦相容，
共促生生德自同。
一夕星移南北转，
偕行大道合西东。

二、三才之道

《系辞下传·第十章》云:“《易》之为书也,广大悉备。有天道焉,有人道焉,有地道焉。兼三才而两之,故六。六者非它也,三才之道也。”

这段话告诉我们,《周易》之学宽广博大,其核心为道。上有天道,中有人道,下有地道。天地人三才,各才以二爻表现,构成全卦六爻。观察卦象,我们不要只看到图形上画着的六个阴阳爻,而应认识到它们体现着“三才之道”。

《说文解字》云:“才,草木之始也。”由此生枝发叶,形成百草千树。所以,“才”可以视为事物的本始。将天地人三者称为三才,意味着它们是三个物类系统的本原主体,三者还兼具可以载道的共相。另一方面,它们又各具自身的特点。天,性阳质刚主气升。地,性阴质柔主气降。人居天地之中,阴阳平衡,刚柔互济,主养孟子所说的“浩然之气”。这种气,“至大至刚”“塞于天地之间”。“其为气也,配义与道。”(《孟子·公孙丑上》)孟子的气说或源于《易传》。因为孔子早在《彖下传·咸》中指出:“咸,感也。柔上而刚下,二气感应以相与……天地感而万物化生。”人为万物之灵,二气感应,营运男女之精;二气和合,修养仁义之德。就“体”言,据仁启义,故仁阳而义阴。就“用”言,怀仁施义,故仁柔而义刚。这就是三才之道所蕴含的内在联系。

孔子提出三才之道,有着深刻而缜密的思考。他在《说卦传》中明确提出:“昔者圣人之作《易》也,将以顺性命之理。是以立天之道曰阴与阳,立地之道曰柔与刚,立人之道曰仁与义。兼三才而两之,故《易》六画而成卦。分阴分阳,迭用柔刚,故《易》六位而成章。”这就是说,圣人立心作《易》,根本宗旨在于“顺性命之理”。人生不能任性,不能乱命,而要顺理以正性命。如何顺性命之理?答案是践行三才之道,实现阴阳交和,刚柔互济,仁义兼行。阴阳有分而交合,刚柔迭用而平衡,仁义相须而中正。因此,三才之道实系人的生命之本。道行本立,性命之理乃顺,表现为象征三才的全卦诸爻“六位时成”,构成丰富多彩、尽性正命的人生篇章。

诗云:孤阴不育独阳残,
刚往柔来文化传。
仁义兼行中正立,
三才共道寓因缘。

三、继之者善

《系辞上传·第五章》曰:“一阴一阳之谓道,继之者善也。”从而提出了道的承继,亦即道的实现问题。道靠什么来实现?靠善,靠人们用善的行为来实现。

善是古典哲学普遍关注的对象。西方世界亦不例外。苏格拉底曾经为之奉献一生。他视善为美好,认为“人的一切行动的出发点就是善”,因而“知识就是美德,知识就是善”。可惜他最终被希腊当时的“民主派”判处死刑服毒身亡,却未能以其自身的现实证明自己的上述论说。

孔子将善与道内在地联系起来,将道的持续运行(继之)归之于善,归之于德,使大道的可知性与善德的可行性密切结合。对此,唐代的韩愈曾发挥儒家道德之义以批判佛老思想。他在《原道》一文中说:“博爱之谓仁,行而宜之之谓义。由是而之焉,之谓道,足乎己无待于外之谓德。”并指出“仁与义为定名,道与德为虚位”。所谓“定名”,即内涵明确肯定的概念:“仁”指“博爱”,广泛爱人;“义”指“行而宜之”,行为合宜。所谓“虚位”,即内涵有待落实的名位,须要依托于仁与义的践行来兑现。韩愈的立论是鲜明的,说理是充分的。但他认为大道源于仁义之行,并不完全符合孔子的道德哲学思想。

首先,韩愈的“道”并非孔子的“一阴一阳”之道,而只是源于由“一阴一阳”之道推演出来的“人道”。人道居天道地道之中,固然十分重要,但它涉及的毕竟只是人类社会伦理规范的认识,尚未深入到对于客观世界的本原性研究。后者的终极成果,才真正称得上原道或常道,即关于客观世界的根本性规律。

其次,韩愈对道和德的界定,明确显示德先于道。他认为,按照仁与义的要求一直践行，这就是道。凭借自身的认知践行仁义而无须依赖外力，这就是德。换言之，道表现为仁义的外显，德表现为仁义的内蕴。内蕴之德通过仁义之行而成道。而依据孔子的哲学思想原理，道为德之本，德为道之行。道为体，德为用；道在先，德在后。正是因为客观世界存在“一阴一阳”之道，“继之”而行，方可称“善”。善是人道的体现，德性的标识，仁义的践行。

由此可见，孔子揭示之道，与老庄之道完全不同。它既是可知的，又是可行的。如果说对道的认知贵在求真，则对道的实践贵在行善。所以，孔子在《易传》中谆谆教导人们：“元者，善之长也。”将善列于“元亨利贞”四德之首。并且告诫大家：“善不积不足以成名，恶不积不足以灭身。”“积善之家，必有余庆；积不善之家，必有余殃。”善显人生之美，恶见人生之丑，从而可以由道之真，德之善而臻人生之美。

诗云：德非无本自然心，
仁义偕行寓道因。
虚位未虚真实理，
明思继善日萌新。

四、成之者性

孔子在作出“继之者善也”的断语后，立即补充说：“成之者性也。”他告诉人们：继道而行在于积善，成道而悟在于养性。从继道到成道，是一个不断累积善德，同时不断将善德存蓄于性的过程。所以孔子又进一步指出：“成性存存，道义之门。”(《系辞上传·第七章》)关于“成性”，朱熹等人均理解为“本成之性”，即一个人生来就有的先天之性。就《系辞传》前后章节的联系看，“成性”应是“成其道性”，它是在先天之性基础上沿循道义方向通过善德修养“存而复存”地累积起来的后天之性。从语法角度看，“成性”是一个动宾结构而非单一的名词。它意味着持续不止地行善积德化成良好的品性，从而走进道德义理的大门，最终登堂入室，取得掌运阴阳、调节刚柔的常道真经，达到“显诸仁，藏诸用”。

从哲学意义上提出“性”的概念，孔子当称开山鼻祖。《论语》云：“性相近也，习相远也。”这里的“性”，应系先天之性，即传统儒学的“天命之谓性”。因系“天命”，故不可改变，这就从根本上违反了孔子的原意。先天之性，人与人之间差别不大，如告子所谓“食色，性也”。这种先天之性经过后天之“习”，即人生的反复实践，不断地变化发展，形成后天的习性，人与人之间的差别就大了：或诚或伪，或正或邪，或直或曲，或爱或恨，芸芸众生，不一而足。概而括之，则为或善或恶。实际情形当然不会如此简单，而是在善恶两端之间，构建起一条曲折上下的波浪路线。怎样坚持行进在去恶从善的“成性”征途上？孔子的回答是：“君子进德修业，欲及时也。”此话看似简单，实则深蕴精义。

首先，它表明进德与修业二者相辅相成，相互促进。进德，就是践行“大学之道”，目标“在明明德，在亲民，在止于至善”。其路径为“修、齐、治、平”。而欲迈开双腿前进，必先立足于诚意正心，起步于格物致知。格物致知者，修业之基本功也。所以，进德与修业不可分离，德之诚者，常为知之明人。知明而德诚，可谓“明明德”也。

其次，无论进德或修业，均应“及时”。及时包括两方面意义：一方面，要抓紧时间，以只争朝夕的精神修持德业；另一方面，要适应时代需求，踏准时代节奏，追随时代潮流。

依据孔子的哲学思想，“成性”就是要化成继道之善性，促进人们日新其德，推动时代的车轮沿着人类社会可持续发展的轨道滚滚向前。

诗云：道继善行由性成，
存存不止意淳淳。
及时进德修新业，
不觉身临仁义门。

五、穷理尽性

孔子《说卦传》指出："昔者圣人之作《易》也，幽赞于神明而生蓍，参天两地而倚数，观变于阴阳而立卦，发挥于刚柔而生爻，和顺于道德而理于义，穷理尽性以至于命。"

中国古代关于"理"的研讨与认识远早于古希腊对"逻各斯"的论说。《尚书・洪范》就已记载，武王伐纣后，即向箕子请教"彝伦攸叙"。清代学者顾炎武《日知录》释曰："彝伦者，天地人之常道……不止孟子之言人伦而已。能尽其性，以至能尽人之性，尽物之性，则可以赞天地之化育，而彝伦叙矣。""彝伦攸叙"，意为构建合乎恒定之理（常道）的秩序。《论语》中，我们很少看到孔子说"理"，而论"道"却不少，只是均非常道或大道而多为做人处世的形下之道，实际上正是各式各样具体事物之理。孔子甚至曾经感叹："朝闻道，夕死可矣！"显示出对于常道矢志不渝的向往与追求。功夫不负有心人，孔子终于在晚年通过研习传述《周易》，闪现灵感之光，悟得了"一阴一阳之谓道"，并称其为"天道"，即宇宙之道，世界之道，自然之道。而这个作为相对真理之"道"，恰恰是他几尽毕生精力，在对大量具体事物之道（亦即理）进行综合归纳的基础上顺时获得的。所以孔子认为，各种具体事物之理，必须融合于道，顺合于德，才能真正扎根于"义"，作出明确的是非、善恶与美丑判断。这就是"和顺于道德而理于义"的缘由。

宋代辉煌一时的理学，以"理"的概念顶替"道"的范畴。程颐、朱熹学派认为"性即理"，陆九渊及此后的王阳明学派则认为"心即理"。从而使性、心与道、理等同起来，成为一种形而上的本体。实际上，他们各自从孔子之道的原点出发描画自己的学术思想轨迹，而在道、德、性、命的相互关系上逐步离开了孔子的原初坐标。须知孔子所谓"天下之动贞夫一者也”的道，既是始发处，也是归宿点。由道起始，“继之者善也，成之者性也”，这是一个道的践行过程。“成性存存，道义之门”，则意味着向道的终点不断接近。那么，怎样探求形而上的道？孔子认为先要面对形而下的万事万物，研究“天下之理”。朱熹称之“理一分殊”，依孔子哲思，实则“道一理殊”。由“理之殊”而求“道之一”，于是必须“穷理”。穷理而致道，行道而养性，存性以成道，命则运行其中矣。这就是“穷理尽性以至于命”的立论逻辑。

诗云：性无尽处理无穷，
博大精微命寓中。
不识蓬莱真境地，
奈何归本辨雌雄。

六、各正性命

孔子在《彖上传·乾》中指出:“乾道变化,各正性命。”乾道即乾天之道,当今说来,就是自然规律,表现为世界及其万物始终处于不停地运动变化的过程中。人们要适应客观情况的千变万化,唯有各自修正自己的品性,以求及时匡正自己的运命(运行变化之命,动态的命)。

性决定命,命系于性。先天之性决定先天之命,后天之性决定后天之命。先天之性的物质依据在于源自父母的基因,后天之性则如前所述,在先天之性基础上“存存”而成。孔子认为:“善不积不足以成名,恶不积不足以灭身”;“积善之家必有余庆,积不善之家必有余殃”。积善或积恶,各自“存存”于性;而成名或灭身,余庆或余殃,则反映着相应的命。实际情况可能不会简单划一,但它确实体现了社会事件因果关系的历史总趋势。如果说这还是一个合理的假设(它已得到大量历史事实的生动证明),现代社会的大数据技术必将对此进一步加以证明。

毫无疑问,孔子倡导的“存存”之性,有利于形成人的良性而非恶性。这种良性,包括德性、智性与慧性。德性的内核是仁与义的统一,前者显示对生命与万物的大爱,后者秉持对公平与正直的坚守。二者和应天地之道,居中合为一体而成人道。智性的内核是知与理的统一,知容识见而明古今,理析曲直而通天下。智性与德性交融,人的精神境界将提高到一个足以洞察事物而恰到好处地作出决断的水平,如同孔子在《系辞上传·第十一章》中所说的:“古之聪明睿知神武而不杀者夫!”至于慧性,它的根本特质是“明”。《说文解字》云:“慧,儇也”;而“儇,慧也。”《说文解字注》则解释得比较清楚明白:“慧、儇,皆意精明。”这种“精明”的至高点,就是孔子赞叹的“神明”:“神而明之,存乎其人。”德性重情而求善，智性重理而求真，慧性重悟而求明。三者相互渗透，相互交融。终致情理通达，性成道悟，而得孔子关于“神以知来，知以藏往”的妙谛。达到这一境地，则先天之命可见，后天之命可期。由此当知，性善而命亦善，求命善先须性善。性正而命亦正，冀正命先须正性。

现代心理学关于“性格决定命运”的说法有其一定道理，但很不完善。因为性格只是体现人性的外在形式。对命运具有决定意义的，恰恰在于人性的内在品质，即德性、智性与慧性。德性增进人的善性，智性增进人的理性，慧性增进人的悟性。一个充满善性、理性、悟性的人，必能胸怀“般若”，自如其来地掌握好自己的前途命运。反之则否。

尤须指出，“各正性命”强调每一个体正性正命的自主原则与平等权利。它尊重个体对于自身性命的内在愿望与自由意志，寻求在适当的时空环境里实现人性的不断完善与人的素质的全面发展。从而反对一切试图通过外力改变个人性命的举动和倾向。因此，“乾道变化，各正性命”的原理，不仅适合于人类个体，而且适合于人类群体，包括企业、社团、民族、国家，无一例外。

现代科学表明，人的基因影响人的性，也影响人的命。而孔子哲学还告诉我们，人的性可以从根本上影响人的命，并且反过来影响基因。说到底，人类的进化，反映着人类基因的进化，也反映着人性的进化。进化的根本是：正性。正性的途径是：“成性存存。”进而使德性之善，智性之真与慧性之明融合，构成形、神、情、理、悟交相辉映的多维大美境界。正如《文言传》所描述：“君子黄中通理，正位居体，美在其中而畅于四支，发于事业。美之至也！”

诗云：性是源头命是流，
风云乾道共春秋。
一朝梦醒心如镜，
照见基因唤自由。

七、顺天休命

大有卦:上卦离,象征火;下卦乾,象征天。孔子《象传》解读为:“火在天上,大有。君子以遏恶扬善,顺天休命”。

天与命,一直被传统儒学混合使用。其范本出于《礼记·中庸》:“天命之谓性,率性之谓道,修道之谓教。”郑玄注云:“天命,谓天所命生人者也,是谓性命。”《孟子·万章上》认定:“莫之为而为者,天也;莫之致而至者,命也。”把“天命”释为人绝对无法认识到的事件结果。当然也有怀疑者,如屈原《天问》:“天命反侧,何罚何佑?”欧阳修在《新五代史·伶官传序》中指出:“虽曰天命,岂非人事哉?”而荀子更直截了当地强调“制天命而用之”。

有人说,顺从天命的思想源于孔子。这其实须要对“天命”作具体分析。历史告诉我们:“天定人命”是在原始社会集体表象基础上形成的一种古老观念,从帝王、官府到民间广泛流传。《尚书·盘庚》即有“先王有服,恪谨天命”的记述。孔子固然说过“五十而知天命”,但这个“天命”不应理解为“天定的命运”,而应理解为“客观规律”。因为从孔子哲学思想的整体结构看,孔子赞崇天,不是赞崇天神、天帝或天意,而是赞崇天道、天德与天时,以期更加鲜明而合理地推论人道、人德与人事。子曰:“巍巍乎。舜禹之有天下而不与焉!”(《论语·8·18》)“巍巍乎,唯天为大!唯尧则之。”(《论语·8·19》)“天何言哉,四时行焉,百物生焉。”(《论语·17·19》)尤其发人深思的是,孔子在《易传》中以斩钉截铁的语气破除神天之谜而代之以人类文化理性的伟大功能。他在《系辞传》中不仅揭示“阴阳不测之谓神”,而且昭告:“神而明之,存乎其人。默而成之,不言而信,存乎德行。”从而将天的神明从天上请回人间。

基于以上论析，我们就可以对“顺天休命”作出合理的阐释：顺天，即顺天道；休命，即休性命。“休”，人立于树木旁，故有休息、休止、休闲、休养等义。而人与树木相映生辉，又显善美之情。《尚书》中的“休征”，《诗经》中的“亦孔之休”均寓善美之意。所以郑玄注“休”为“美也”。但“休命”之“休”应为动词而非形容词，其涵义为使性命善美。命美在于性善，性善则在于顺天，顺合天道。所以，“顺天休命”之前要昭示“遏恶扬善”。看来，孔子关于“顺天休命”的立论具有令人信服的逻辑力量：由道而善而性而命，与前述“继之者善”“成之者性”“穷理尽性”“各正性命”诸命题共同体现内禀的一致性。据此研析历来被视为“金科玉律”的“天命之谓性，率性之谓道”，其实完全背离了孔子的哲思原理。所谓“天命之性”只是人初生于世之性，即孔子言“性相近也”之本性；而“成性存存”之性则是孔子“习相远也”之习性。性者，谋生之心也。本性与习性无不以求生为基点。然而前者求生表现为简洁的、自然的、单纯的生理自律，后者求生则发展为复杂的、社会的、多元的利欲争逐。因此必须通过存善积德以行道，修养良性，排除恶性，进而在人生运变过程中求得美好之命。而“天命之谓性”则将性命封闭于天定的原初状态，并且要“率性之谓道”，即沿循所谓人之“天性”反向求道，岂非逆孔子哲思之序而行?!

综上所述，孔子关于道德性命的哲学思想，蕴涵着一条鲜明而确定的逻辑链，这就是：天人皆有道，率道之谓德，行德之谓善，积善存于性，成性以休命，正命在得理，穷理复见道，修道之谓教。

诗云：顺天离火造光明，
休命功夫在德行。
道启生生终始业，
人居善地性存诚。

八、顺天应人

《彖传》中，孔子以革卦为文化平台，提出了一个惊世骇俗的论断："汤武革命，顺乎天而应乎人，革之时义大矣哉！"

成汤以武力推翻夏桀的残暴统治，灭其威而兴商朝；武王盟诸侯摧毁纣王的腐朽体系，代殷商而立周德，被孔子创造性地定义为"革命"。其基本内涵为"顺乎天而应乎人"的"革除天定之王命"。历来渲染王受天命，而今在"顺天应人"的条件下天赋之王命竟可被革除，岂不矛盾？其实，孔子的论断并无矛盾，造成矛盾印象的缘由恰恰在于两种"天命"观。传统儒学所谓天命，指具有意志的天赋予人的命，认为世人自己不能改变。而孔子所言的天命，则是自然之天向人们展示的客观规律。基于自然规律的合理性，这种天命常常涵藏道德意义。所以，孔子提出的革命，从本质上看是革除违反天道人理的王命，因而与"顺天应人"完全一致。

关于"顺天"之说，上节已阐释三义：顺天道，顺天德，顺天时。同样地，"应人"亦含三义：应人道，应人心，应人事。两者遵循"天人合德"的原理，和应融合，密不可分。

一、顺合天道，应和人道。天道要求阴阳交和，人道要求仁义兼行。就国家体系言，反映在政治上，天道促进上情下达，下情上达，"保合大和""万国咸宁"。人道之仁，体现爱民、亲民、护民，尤其是尊民，尊重民众权利。人道之义，体现公平、正义、法治，特别是法律面前人人平等。由此而政通人和，国泰民安。反之，逆天违人，必将下犯上乱，国危民难。到达一定节点，便爆发革命。

二、顺合天德，应和人心。"天地之大德曰生"，人心之底线曰存。就国家体系言，反映在经济上，天德表现为生活稳定，分配合理，幼有所教,老有所养,各尽其力,各得其宜。由此而进入小康,迈向富裕,进一步争取太平盛世来临。反之,逆天违人,必将国否民怨,水欲覆舟。到达一定节点,便爆发革命。

三、顺合天时,应和人事。天时有序,月运年行。人事有则,社会文明。就国家体系言,反映在文化上,天时提示适应时宜,与时俱进。人事遵守"贞(正)者,事之干也"(《文言传》)的原则,倡导言行诚信,遵纪守法。由此而风清气正,伦常共循,社群和谐,德彰道行。反之,邪黑为患,贪腐肆虐,利欲泛滥,社群撕裂。到达一定节点,同样有可能诱发革命。

近代以来,革命已成时尚。从法国大革命,俄国十月革命到中国辛亥革命,可谓"世界形势,浩浩荡荡,顺之者昌,逆之者亡"。当今的"颜色革命",更是五彩纷呈,令人耳晕目昏。而对"革命"的定义,同样五光十色,令人无所适从。当此时刻,回顾两千多年前孔子的"革命"学说,如果将"革命"定义为"顺天应人的改变政权之举",则无论是否采取包括使用武力的"暴烈的行动",或皆顺理成章,普世适用。

诗云:革命当除暴政命,
民心所向自然真。
旧涛时过翻新浪,
顺合于天应及人。

九、易简成位

“易简成位”是孔子哲学思想的一个重要命题，与道德性命观密切联系。“易简”指乾坤的情性。“成位”指达成圣贤的品位，亦即中道之位。《系辞上传·第一章》对此作出了系统论述：“乾以易知，坤以简能。易则易知，简则易从。易知则有亲，易从则有功。有亲则可久，有功则可大。可久则贤人之德，可大则贤人之业。易简而天下之理得矣，天下之理得而成位乎其中矣。”白话大意为：乾以平易的情性为人所知，坤以简单的情性显其功能。平易就容易认知，简单就容易随从。容易认知就有人来亲近，容易随从就有因缘功果。有人亲就可天长时久，有功果就可发扬光大。可以天长时久展现贤人的道德，可以发扬光大展现贤人的事业。从易简出发尽得天下之理，得到天下之理就可以秉持中道而达成圣贤之位了。

这一段论述，言简意赅，一气呵成。细加分析，将会发现在首尾之间布设着两条平行推理链：

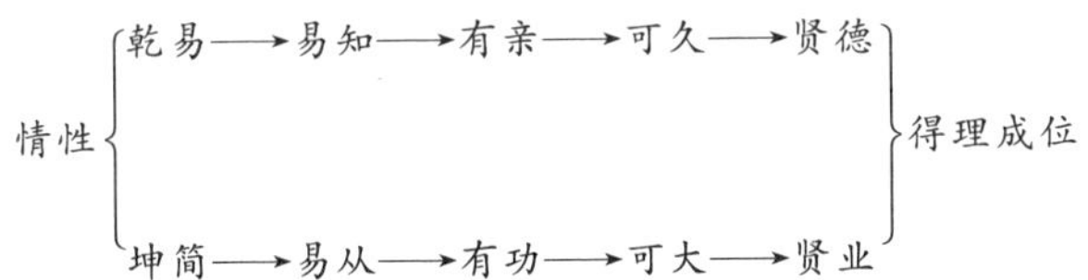

我们将平易和简单视为乾坤的情性，情源于性，性见于情。而理完善性，性存蓄理。所以，情与理可以通过修养心性融和贯通。孔子的哲学推理链正是从乾易坤简的情性出发，最后归结为“天下之理得而成位乎其中矣”。这就叫出乎情成乎性而入乎理。最终达成圣贤之位，自属水到渠成。对于“其中”二字，程颐释为“成位在乎中也”。则“中”当指中庸或中道了。如果他的说法成立，这个中道正是情理交

融、成性存存之道。

性正则心诚，心诚则情真，情真则理行。以情晓理或以情启理，在现实生活中显示着特殊的重要性。以理论理，容易“得理不饶人”。以情通理，常可“得理且感人”。明白此中因缘者，若直道而行，矢志不渝，必能德业双馨。甚至可能登临德铭久远、业臻广大的高地。那么，情理如何能感人至深？孔子的“易简”说鲜明直白地告诉我们：不深奥，不复杂，不困难。只要掌握两点：平易，简单。平易，体现内心之真，不矫揉造作，无虚情假意，平常交往易近人。简单，体现内心之诚，不讲门面排场，不拘客套形式，简洁单纯明胸怀。看来，易简之理，深深扎根于真诚之情性。

诗云：平易示情常寓真，
简单显性内存诚。
圣贤岂自书文出，
久大功夫理自萌。

十、六位时成

《彖传》阐释《周易》开篇的乾卦，有一句生动形象的评析："六位时成，时乘六龙以御天。"

关于"位"的概念，孔子在《系辞上传·第一章》就明确提出："天尊地卑，乾坤定矣。卑高以陈，贵贱位矣。"他告诉我们，乾天高居在上，坤地卑处于下，于是产生了高低相对之位。世界万物莫不在天地之间占据一个方位，推演到人类社会，就导出区别等级的贵贱之位。所以《周易折中·义例》认为："贵贱上下之谓位。"

为什么六十四卦各有六个不同位置的六爻？回答是：设卦成时，六位六爻最为合宜。因为卦象用来模拟世界万物，三位三爻的八卦过于简单，无法胜任。对于阴阳刚柔的运动变化，更难展现。那么，爻位越多越好吗？未必。西汉有位著名的《周易》经师焦赣，曾经把两个六爻卦重叠为十二爻卦，推演出四千零九十六卦，每卦还编注卦辞。却尽显繁琐冗杂，不切实用。而依据《周易》数理，六是由一至十的十个天地自然数系列的中位成数（奇数为天数，亦即生数；偶数为地数，亦即成数）。作为居中的成数与其最大值之比，即六与十之比，恰恰与古希腊数学哲学家毕达哥拉斯提出的黄金分割比例（0.618）极其接近，从而在意象的美感层面显示出六爻六位的合宜性。尤其值得注意的是，作为综合反映三维空间与三阶时段（过去、现在、未来）的卦象，通过阴阳交和以表现其运动变化，六爻六位的合宜性同样显而易见。三国曹魏思想家王弼在《周易略例》中说："夫卦者，时也；爻者，适时之变也。""爻之所处，则谓之位。卦以六爻为成，则不得不谓之'六位时成'也。"又在《周易注》中指出："大明乎终始之道，故六位不失其时而成。升降无常，随时而用。"他睿智地点明：六位体现自始至终的过程及其规律，借时而成，随时而用，视时升降，适时之变。而就空间范畴言，六位可拟六合，东南西北上下，皆在六位六爻的意象中。庄子云："六合之外，圣人存而不论。六合之内，圣人论而不议。"(《齐物论》)孔子则通过六爻六位，阐述天人合德，三才之道，揭示万物运动变化以达生生不息的精微要义。

六位所成之"时"，既可以反映运动变化的过程，也可以反映运变过程中的人事物情。《周易折中·义例》指出："消息盈虚之谓时。"消息即阴阳消长，盈虚即刚柔进退。所谓"时"亦即阴阳刚柔的运动变化。所以，"时"还可指事，言理，言象，"四者皆谓之时"。更有趣的是，卦时作为一个特定过程，由六位六爻自下而上地展现其发展轨迹。于是，时变据于位变，位变标示时变，形成时位交变的运动势态。它为现代宇宙科学关于时空相互转化的假想打开了一扇哲学思想之窗。

诗云：六位时成文合章，
阴柔来仪振阳刚。
乾坤共唱和应曲，
元健宜交直大方。

十一、时乘六龙

前已申述，孔子在“六位时成”后，紧接着的一句论说是“时乘六龙以御天”。

“六位时成”，表现为时对于人的客观存在。“时乘六龙”，则表现为人对于时的主观意愿。

孟子称孔子为“圣之时者也”。确实，“时”在孔子心目中是一个非常重要而活泼的概念。《论语》中，他也多次说“时”，如“学而时习之”“使民以时”“行夏之时”等等。有些场合，他虽未明言此“时”，实则暗嗟其“时”，如“子在川上曰：逝者如斯夫！不舍昼夜。”有一次，孔子带着学生在山上行走，看到一群野鸟自由飞翔后又快乐地聚集在一起，深受感触，不禁即景生情地赞叹：“山梁雌雉，时哉时哉！”（《论语・乡党篇》）在日常生活中，孔子也处处重“时”：“不时不食”，“时然后言”。可谓无事不因时，无处不思时。

时之义，在于明。明时，就会懂得“邦有道，危言危行；邦无道，危行言孙。”（《论语・宪向篇》）孔子还赞赏卫国大夫宁武子：“邦有道则知，邦无道则愚。”（《论语・公冶长篇》）因为他明白时局的变化，了解时势的顺逆。

时之功，在于用。其集中要求就是《易传》简洁概括的“与时偕行”。说得更明确一点是“时止则止，时行则行”。而“时乘六龙以御天”鲜明生动地体现了孔子顺时而行、适时而用的哲学思想。

“六龙”是孔子对乾卦六爻的高度评价。李白《蜀道难》诗云：“上有六龙廻日之高标。”“六龙廻日”源于神话。据说，太阳神的座车，以六条龙驾行，并以羲和为御者。因此，驾乘六龙之时，正是旭日腾空，光明普照之时，亦即孔子所言“乾元”之时。其特色是“始而亨”：一个生气勃勃的过程豁然开始，前途顺畅通达。所以，孔子呼唤人们抓住大好时机，顺时而为，适时而进；珍惜此时，用好此时；应情顺时，驾驭长天。从而提出了一系列忠告箴言，如“天行健，君子以自强不息”。君子进德修业，欲及时也。“君子学以聚之，问以辨之，宽以居之，仁以行之。”更提出了“与天人合其德”的人生真谛。

“时乘六龙以御天”，既要统观卦时，总览全局；又要分察爻时，视情发功。诚如孔子在《文言传》中所言：“六爻发挥，旁通情也”。按孔颖达《周易注疏》所释，“言六爻发越挥散，旁通万物之情也。”朱熹《周易本义》则谓“旁通，犹言曲尽也”。这里的“旁”，有“广、大”之义，(《说文》：“旁，溥也。”《广雅》：“旁，广也。”)，总的意思表明，当乾元“乘龙”之时，六爻反映运动变化的景象，发挥得淋漓尽致，广泛充分地显示出世界万物的情状。它为“六龙御天”的时空提供了一个系统总体及其组成单元相互会通而运发创造功能的生动注解。从最底层的“潜龙”到最上层的“亢龙”，六爻各就其位，各示其时，各尽其职，各显其能，将整个卦时的分段发展标志得一清二楚。它毫不含糊地告诉人们：“潜龙勿用”“飞龙在天”“亢龙有悔”；中途则须“进德修业”“终日乾乾”“或跃在渊”。一句话，以时为用，顺成其功。

诗云：宇宙推移黑洞奇，
时光隧道令人迷。
六龙为我飞巡日，
敢上月宫扶铁犁。

十二、元亨利贞

《周易》经文中常见“元亨”“利贞”之类的言说，乾卦卦辞便只此四字。就字论字，“元”有广大、初始之义，“亨”有顺畅、通达之义，“利”有合宜、得益之义，“贞”有纯正、固守之义。但经文作为占辞，当有自身的意涵。据考证，古时“亨”通“享”，即祭享。“贞”通“占”，即筮占。于是，“元亨利贞”的意思就成为：盛大祭享（或年度首祭），利于筮占了。然而，孔子晚年传述《周易》，从破除迷信、教化启蒙出发，对“元亨利贞”作了充满道德情操、义理导向与哲学思辨的全新阐释。

首先，孔子通过《彖传》由衷赞赏“元亨利贞”的卦时景象。什么叫“元”？他说：“大哉乾元，万物资始，乃统天。”“元”就是宏大的乾元，世界万物借以开始生命的历程，由此统领起天的功能。什么叫“亨”？他说：“云行雨施，品物流形，大明终始，六位时成。时乘六龙以御天。”即祥云飘荡，甘霖普降，各式各样的品种物类流光溢彩，蔚然成形。自始至终呈现一片光明（乾卦自初爻始至上爻终，均系阳爻而象征大明）。六爻到位，卦时顺成。正好适时跨乘六龙驾御昊天。什么叫“利贞”？他说：“乾道变化，各正性命，乃利贞。”即乾天之道昭示世界在不停地运动变化，万物都应适时修正自身的品性，拨正生命运行的方向，这就是“利贞”，即利于坚守纯正。

其次，孔子在《文言传》中对“元亨利贞”进行了道德义理定位，进一步指出：“元者，善之长也。亨者，嘉之会也。利者，义之和也。贞者，事之干也。君子体仁，足以长人；嘉会，足以合礼；利物，足以和义；贞固，足以干事。”于是，“元亨利贞”与体仁、合礼、和义、干事四项基本德行直接联系起来。所以程颐说：“元亨利贞谓之四德。元者，万物之始。亨者，万物之长。利者，万物之遂。贞者，万物之成”。又说：“元者，众善之首也；亨者，嘉美之会也；利者，和合于义也；贞者，干事之用也。”众善之首为仁，嘉美之会为礼。和合于义为义，干事之用为智。从而使“元亨利贞”转化为“仁义礼智”四德。

朱熹的《周易本义》，对“元亨利贞”先逐字注解：“元，大也；亨，通也；利，宜也；贞，正而固也”。接着按筮占用语将“元亨”释为“大通”而将“利贞”释为“利在正固”。但在阐释《文言传》时，又依四德说释“元”为“生物之始”，“于时为春，于人则为仁”。释“亨”为“生物之通”，“于时为夏，于人则为礼”。释“利”为“生物之遂”，“于时为秋，于人则为义”。释“贞”为“生物之成”，“于时为冬，于人则为智”。“春夏秋冬”之论是明显的联想。“仁义礼”三说则有孔子原文为据。但释“贞”为“智”仍系朱熹自己的体会或意念。孔子只说过“贞”为“事之干”。“干”乃木之主体。“事之干”应理解为成事之道，此道即“贞”，正也，恒也。

“元亨利贞”从筮占断语演绎出“四德”之说，绝非空穴来风的随意想象。它反映着历史的进步，反映着社会文化理性的不断增强。大家知道，倘若仅据《周易》的刻板经文占断吉凶，既难预知未来，更易诱人误入歧途。如果导之以德，晓之以理，才有可能将寻求筮占效验的意愿与行为引向正道。《左传》记载，鲁成公母穆姜与叔孙氏大夫宣伯私通，干预政事。东窗事发被禁。占卦得“艮之随”。卦辞曰：“随，元亨利贞，无咎。”太史据此促其随情夫外逃。但穆姜十分内疚。她认为卦辞“元亨利贞”说的是“四德”，“有四德者，随而无咎。我皆无之，岂随也者?！我则取恶，能无咎乎！必死于此，弗得出矣！”后幽禁宫中，十年而亡。由此可见，“元亨利贞”四德说在春秋早年已有流传，孔子当系顺时而论，站在继承发展理性文化的历史高度，推陈出新，使之十分自然地融入道德哲学的理论体系中。

诗云：元涵仁爱亨通礼，
利义相和贞智齐。
四德顺时传妙道，
发新明理复何疑。

十三、品物咸亨

“品物咸亨”是孔子对于坤元功德的赞美。《彖上传・坤》曰:“至哉坤元,万物资生,乃顺承天。坤厚载物,德合无疆。含弘光大,品物咸亨。”

“品物咸亨”,即世上各种品性的所有物类全都顺畅通达,欣欣向荣。为什么坤元具有这样伟大的功德?孔子的哲理阐释可归纳为下列三点:

第一,“万物资生,乃顺承天”。请注意,孔子评析乾元的功能是“万物资始”,而评价坤元的功能是“万物资生”。万物依靠乾元开始它们的生命历程,所以“始”中有生,但这个“生”属于出生、萌生。而万物依靠坤元之“生”,这个“生”既有和合乾元始生之义,更有顺承乾元始生而养生之义。养育生命,培护生命正是坤元的主要功能。“资生”承继“资始”而顺合乾天之道,故云“乃顺承天”。总之,万物据乾元“资始”,借坤元“资生”,顺天应地,和合乾坤,于是萌发成长,实现“品物咸亨”。

第二,“坤厚载物,德合无疆”。坤地的特点是深厚宽大,能够以其无边无际的躯体承载万物,践行养生之德,所以说“德合无疆”。“无疆”既体现坤地具形无限宽广的实体意义,又体现坤地品德无比宏大的抽象意义。基于这样的宽厚之体与宏大之德,遂令万物各居其所,各得其宜,达到“品物咸亨”。

第三,综而言之,孔子的结论是“含弘光大,品物咸亨”。程颐认为“含弘光大”是形容地道,并解释说:“含,包容也。弘,宽裕也。光,照明也。大,德厚也。”宋代学者游广平的解释是:“含言无所不容,弘言无所不有。光言无所不著,大言无所不被。”总之,坤元的德性表现为宽厚包容，光明正大，终能成就“品物咸亨”的实体功业。

附带一提关于“弘”字的歧义。《论语·泰伯》有“士不可以不弘毅”辞句。杨伯峻先生的《论语译注》将“弘”释为“刚强”。其根据在章太炎《广论语骈枝说》。其中提出：“《说文》：‘弘，弓声也’。后人借‘强’为之，用为‘疆’义。此‘弘’字即今之‘强’字也。”看来，“弓声”与“强”并无直接联系。如以“刚强”释“弘”，注解乾元犹可，而若注解坤元，则南辕北辙矣。《尔雅·释诂》谓“大也”，较为适宜。程颐说的“宽裕”，也就是“大”的延伸。

诗云：含弘广大地无垠，
品物长宜咸达亨。
放论骈枝衡损益，
弓声之外听经声。

十四、大明终始

“大明终始”是孔子《彖上传・乾》中的一个短句。文简意赅，精理深邃。

“大明”原为孔子对乾卦卦象的一种总体描述。乾卦自下而上六爻皆阳，刚健亮丽如东升之旭日，所以喻之“大明”。“大”既有广大、宏伟之义，又有阳刚、宇天之义。“明”则系天的德行的感性标识，人的智慧的集中体现。所以孔子论述“夫大人者，与天地合其德”后，立即提出“与日月合其明”，以期与“四时合其序，与鬼神合其吉凶”。(《文言传・乾》)他还在《彖上传・离》中，指出“重明以丽乎正，乃化成天下”。而在《象上传・离》中，则倡导“大人以继明照于四方”。在这里，“明”与日月的功能融合起来，与四时顺序、预判吉凶联系起来，进而与“化成天下”“光照四方”联系起来。

为什么“大明”如此重要？孔子的立论是：明发于道，道见于明。《系辞下传・第一章》云“天地之道，贞观者也；日月之道，贞明者也；天下之动，贞夫一者也。”“贞观”即“正观”，“贞明”即“正明”，天地之正观是通过日月之正明而成其功果的。由正观、正明而“正夫一者”，“一”乃道也。“明”依赖于道，道启示于明，天下万物的运动、变化、发展，皆循本一之道而动。认识此中精理，可称之“明”。若至于“大明”，则非仁德高贤莫属。

“终始”二字，在孔子的哲学思想领域里，亦具要义。《系辞下传・第九章》云：“易之为书也，原始要终以为质也。”学习研究《周易》，必须“原始要始”，推原其怎样起始，究要其怎样成终。就全卦六爻反映事物运动变化的整个过程言，特别要认真观察分析起始的初爻与居终的上爻。懂得“其初难知，其上易知，本末也”。因为初爻象征事物的源头，较难探究，上爻象征事物的结尾，较易认识。而前者为本，后者为末。如果能抓住本末两端，就可能从总体上弄清楚事物发展的来龙去脉，掌握要领，发现规律，化无知为有知，如《论语》所言："吾有知乎哉？无知也。有鄙夫问于我，空空如也。"怎么消除无知之窘？孔子提纲挈领地放出一句极其重要的话："我叩其两端而竭焉。"（《论语·子罕篇》）在《易传》中，孔子在提出抓住终始"叩两端"的同时，还提出顺时带动中间四爻的观点。因为"杂物撰德，辨是与非，则非其中爻不备"（《系辞下传·第九章》）。这种分析事物的思想方法，包括了因果观、过程说，并且贯串着系统论，可谓以简驭繁，精彩纷呈。

哲学的一大根本课题在于认识人，认识自己，特别是如何认识人与自己的死生。因为生是人的存在之始，死是人的存在之终。对此，孔子以极为凝练的文字在《系辞上传·第四章》中昭告："原始反终，故知死生之说。"并且强调"终则有始，天行也"（《彖上传·蛊》）。孔子为此告诫人们：一方面，"君子以作事谋始"（《象上传·讼》）；另一方面，"知至至之，可与几也。知终终之，可与存义也"（《文言传·乾·九三》），终始两端，不可或缺其一。

孔子既重视"大明"，又重视"终始"。如今在对乾卦的阐释中更将两者融为一体："大明终始"，构成一个精深严谨的命题。这对于提高人们的哲理意识、思想水准、文化情操乃至确立认识路线，改进工作方法、端正生活态度等诸多方面，都将产生积极的影响。

历史上，中国大一统王朝的开创者嬴政，首先以"始"取为帝号。秦始皇帝一时名扬天下。然而，一代王朝，仅传三世，十四个春秋即告寿终正寝。原其始，首称法治；返其终，则归暴政。有趣的是，汉族最终留存的大一统王朝，恰恰取名"大明"，历时达二百七十六年，未可言短。原其始，因于农民起义；返其终，竟亦因农民起义。然起义在外，祸乱在内。乱根为何？窝里斗也。从朱元璋登基始，大明即称朱明。然朱明实则未明，接踵洪武之治，即起嗣位之争。此后或断或续，家族争斗夺权,祸乱频生。引发锦衣为奸,东林党争。更陷民生于水深火热之中。遂令四方豪杰揭竿而起,江山易色。始称大明而终归不明。但它提供了一个历史教训:欲求大明终始者,始终须先有自知之明。

诗云:无终有始事难成,
轻始图终谋必倾。
解得精魂生死说,
阳刚大哉乃乾明。

十五、开物成务

子曰："夫易何为者也？夫《易》，开物成务，冒天下之大道，如斯而已者也。"（《系辞上传·第十一章》）

用今天的语言说，"开物"就是开发物质资源，"成务"就是完成社会事务。前者立足于物而以人开物，后者立足于事而以人成事。物由人开，事因人成。人须循道而行，所以必当"冒天下之道"。

"物"要"开"，首当认识物之特性，掌握其生成运变过程及其原理。明代大科学家宋应星的《天工开物》，不仅以数、理、形、气分析万物之成，而且以五行学说研究物性。在《陶埏》中，他甚至运用孔子哲学思想直接破解陶瓷烧结工艺，一语点明其根本原理在于"水火既济而土和"。须知孔子曾指出："水在火上，既济。"（《象下传·既济》）"刚柔正而位当也。"（《彖下传·既济》）

"务"要"成"，首当修养人之情性，以蓄积与调动勇于实践、善于创造的潜能。司马迁发愤著述《史记》，"究天人之际，通古今之变，成一家之言"。班固在《汉书·司马迁传》中赞道："自刘向、杨雄博极群书，皆称迁有良史之材。服其状况序事理，辨而不华，质而不俚。其文直，其事核，不虚美，不隐恶。"鲁迅则誉《史记》为"史家之绝唱，无韵之离骚"。而在成此伟大历史文化工程之务中，司马迁付出了何等艰难困苦，乃至忍辱负重的巨大精神压力，从中足以显示其大义、大孝、大智、大勇的坚定情性。事实上，宋应星撰写《天工开物》亦经千锤百炼，磨炼情性，始能发异出新，挥笔成务。他在序言中就确定地声明："此书于功名进取毫不相关也。"与一己名利无关，则所关者唯富国济民也。

尤须注意的是，孔子在"开物成务"后，紧接着提出"冒天下之道"。"冒"古通"帽"，系盖护人首之物，涵藏着遮蔽、笼罩、覆盖、包容等意涵。“冒天下之道”宜释为“概括天下万物的根本道理”。它谆谆教导人们，既要开物成务，就要明白道理。前者是物质文明建设的手段，后者是精神文明建设的内核。以物质文明建设推动精神文明建设，以精神文明建设引领物质文明建设，应系“开物成务”题中应有之义。道，须臾不可离者，“开物成务”亦不例外。《天工开物序》有云：“天覆地载，物数号万，而事亦因之。曲成万物而不遗，岂人力也哉！”“曲成万物而不遗”引自《系辞上传・第四章》，下继文句为“通乎昼夜之道而知”。所谓“昼夜之道”，即“一阴一阳之道”也。

诗云：开物当求其理明，
存存养性务成行。
彩霞为接朝阳起，
道冒万方天下平。

十六、日新其德

孔子通过《彖传》针对大畜卦作出论述："刚健，笃实，辉光，日新其德。刚上而尚贤，能止健，大正也。不家食吉，养贤也。利涉大川，应乎天也。"

"日新"之说，载于《礼记·大学篇》："汤之盘铭曰：'苟日新，日日新，又日新'。"它告诉读者，商代开国明君汤的澡盆上刻着发人猛省的格言：倘能一天显现新面貌，天天持之以恒，就会一天又一天显现新面貌。而归根结底，还是要坚持每一天显现自己的新面貌。《礼记》引用此文，当然不只指外形的新面貌，而更在于内心的新面貌。因为孔子说过"日新之谓盛德。"(《系辞上传·第五章》)。在《彖传》中更借大畜卦明确告诫人们"日新其德"。

大畜卦下卦为乾，象征天，其性"刚健"；上卦为艮，象征山，其态"笃实"；第三爻与上爻两个阳爻之间夹着一对阴爻，类似离卦，象征火与太阳，其情"辉光"。孔子认为，大畜卦所显示的如此优良的情性体态，根本在于能够做到"日新其德"。表现在以下三方面：

一、"刚上而尚贤，能止健，大正也。"即阳刚位居上爻，畜留住其下五与四两个贤惠的阴爻，表明其崇尚贤能的姿态。与《礼记·礼运篇》"选贤与能"完全一致。"能止健"可作两种解释：一是上卦艮山象征止，上爻阳刚象征健，它止于适宜的时位而保持刚健(止健之间应有顿号)，二是上卦艮象征止，下卦乾象征健，健而知止，秉持中道。这两种解读都可得出"大正也"的结论。

二、"不家食吉，养贤也。""不家食吉"是大畜的一句卦辞。为什么说"不守在家里吃饭会吉祥"呢？孔子的回答是"养贤也"。对此，也可有两种解读。其一，领导层崇尚贤德，贤德之人外出将能获得供养(包括职业保障、社会服务等）。其二，只有走出家门，勇于实践，才能积累生活经历，修身养性，大畜贤德。

三、“利涉大川，应乎天也。”“利涉大川”也是卦辞。须知古代之人能够顺利渡越险恶的大江大河，很不容易。所以孔子认为，它表明当事人通过“日新其德”，具备了应有的德能，足以顺应天道而跨越险阻。

总结以上论析，可以归纳出“日新其德”的途径有四：一、尚贤，尊重有德之人、提升自身贤能。二、止健，修养心性，不可过分而仍秉持刚健。三、“不家食”，走出家门，经风雨，见世面。四、顺应天道，排除险难。短短37个字的彖辞，包含着如此丰富的内容，可见孔子哲思的精深。尤其应当看到，《周易大传》构筑起一个完整的哲学思想体系。许多命题之间相互关联，相互贯通。如《彖传》提出“日新其德”，《系辞传》则提出“富有之谓大业，日新之谓盛德”，《文言传》又提出“君子进德修业，欲及时也”。它要求人们举一反三，融会贯通，在“日新其德”中“日新其知”。

诗云：春光一束万方青，
日日图新德自新。
川涉欲离家食地，
养贤先立尚贤心。

十七、知崇礼卑

《系辞上传·第七章》云:“知崇礼卑,崇效天,卑法地,天地设位而易行乎其中矣。”知崇,就要明白崇高的道义价值。礼卑,就要礼敬卑下的内在品格。孔子早在《系辞上传·第一章》便开门见山地指出:“天尊地卑,乾坤定矣。卑高以陈,贵贱位矣。”崇高的标尺是乾天,卑下的范式是坤地。乾天崇高是美德,因为它始萌万物;坤地卑下同样是美德,因为它养育万物。崇与卑,高与下只不过显示空间位置的差别,绝不意味着德性品质的优劣。要明白崇高的价值,就应当仿效乾天,遵其道义。要礼敬卑下的品格,就应当参法坤地,行其德泽。

《诗·小雅》有云:“高山仰止,景行行止。”乾天如高山,其公正之道让人仰望;坤地布景行,其善美之路导人践行。不论乾天之位怎样高,坤地之位怎样低,都同样值得人们崇尚与礼敬。为什么?因为“天地设位而易行乎其中矣。”须知天无地不崇,地无天不卑,天地设位恰恰为奉行中和的易道创建了一个力求协调与平衡的世界。人居天地之中,受天之赐,获地之惠,育养繁衍,生生不息,从而自觉与不自觉地践行着“一阴一阳”之道。为此,刚与柔要相辅相济,上与下宜相应相随,而崇与卑则须相交以知,相敬以礼。

天地设位而人定位于两者之间,其所处者为高低尊卑相对相成之位,绝非固定不动,而是在经常迁移,随时运变。不同的人具有不同的位,同一个人在不同时段也有不尽相同之位。人可有异,而守位之道无殊。位可有变,而成位之德皆同。人在运动变化的世界中运动变化,就一定的社会结构层面说,常常表现为位的变化。但位有变而道不变,“知崇礼卑”的准则也不变。

知崇礼卑的根本要义,在于以义当位而平等待人,以礼处位而谦逊为人。平等,则无论位高权重抑或位卑言微者,皆等而视之,义以衡之,礼以待之,交以和之。谦虚,则知崇而气不馁;礼卑而意不躁。孔子将“谦”列为“九德之一”,认为“谦,德之柄也”“谦以制礼”(《系辞下传・第七章》)。“谦,尊而光,卑而不可逾,君子之终也”。(《象上传・谦》)弘扬谦逊,内禀尊严而光彩熠熠,外表卑下而不可逾越,它是德智兼备之人的终身追求。

子曰:“圣人之大宝曰位,何以守位曰仁。”事实上,人之生存,每时每刻各据一定之位。何以守位?孔子的回答是“仁”。因为仁者爱人,自当爱己。爱人则尊人之位,爱己则尊己之位。而“知崇礼卑”,则全在爱与尊的情理之中了。

诗云:天地位分人位定,
　　　黄中通理德恒明。
　　　知崇当与礼卑合,
　　　居正体仁常道行。

十八、闲邪存诚

《文言传·乾》曰:"庸言之信,庸行之谨,闲邪存其诚。"唐孔颖达疏解说:"闲邪存其诚者,言闲防邪恶,当自存其诚实也。""闲"在这里含有防止、防备的意思。"邪"具何义?《贾子道术》云:"方直不曲谓之正,反正为邪。"即"邪"是"正"的反义词,"邪"就是不正。魏征《谏太宗十思疏》中提出"惧谗邪",便是告诫唐太宗要警惕不正的谤言诽语。

防止邪恶,根本在正。邪恶来自外,正身防于内。正身当须修身。按《礼记·大学》的规范:"欲修其身者,先正其心;欲正其心者,先诚其意。"所以,想要"闲邪",必应"存其诚"。"诚"是一种具有本初意义的善。诚存何处?依孔子哲思,诚存于性。这同前论"成性存存,道义之门"完全一致。

现在的问题是,"闲邪存诚"怎样具体落实?其实孔子已经预设了明确的答案:"庸言之信,庸行之谨"。即"闲邪存诚"要融入日常生活中:平时讲话要守信,日常行为要谨慎。《论语·子路篇》记载,子贡向老师请教"士"的标准,孔子讲了上、中、下三等。第三等者,"言必信,行必果,硁硁然小人哉!"亦即它是"士"的底线。这里的"硁硁然"历来多释为固执、轻慢、浅薄等情态。看来并不合乎孔子本意。须知"硁"者,击石有声也,故"硁"通于"磬"。"硁硁然",依时行的说法便是"响当当"。响当当的"小人"亦非贬义,不是品德低下之人,而是普罗大众中讲信义的硬汉,甚至受到孔子赏识,能够升入"士"的等级。尽管暂时还只能算第三等级,品德却实实在在高于作为"今之从政者"的"斗筲之人"了。至于"行必果"的"果",一般均释为"果断、坚决",看来也不确切。"果"者,结果之谓,所言之事得以完成也。其实是"言必信"在行动上的落实。与《礼记·中庸》所云"言必行,行必果"一样,说的都是“守信而有结果”。

总之，言行之信，将存之于性，见之于诚。而内存于性之诚，又将外现于言行之信。言行实际上已成为诚信的载体，心性的明镜。因此，孔子在《系辞上传·第八章》作出了鲜明的阐述：“言行，君子之枢机。枢机之发，荣辱之主也。可不慎乎！”因为“言出乎身，加乎民；行发乎迩，见乎远”。说明“言”会由个人而影响社会，“行”会从咫尺之地波及意想不到的远方。现代所谓的“蝴蝶效应”：一只南美洲亚马逊河流域热带雨林中的蝴蝶，偶尔扇动几下翅膀，可以在两周以后引起美国德克萨斯州的一场龙卷风。所以，孔子主张言行必慎，要求“拟之而后言，议之而后动”。言语如此，文辞亦如此。“修辞立其诚，所以居业也。”（《文言传·乾》）孔颖达解释道：“辞谓文教，诚谓诚实也。外则修其文教，内则立其诚实，内外相成，则有功业可居。故云居业也。”（《周易注疏》）“修文教而居功业”，其过程就是与“言”对应的“行”。说到底，“闲邪存诚”，首先要在日常生活中做到言行谨慎。谨以致信，慎以求果。从而使诚意落到实处，正心修身，进一步达到“善世而不伐，德博而化”（《文言传·乾》）。即有益人世而不自我炫耀，德行宏大而能化育万众。

看来，言谨而信，行慎而果，正是“闲邪存诚”的必由之途。然而《孟子·离娄章句下》则云：“大人者，言不必信，行不必果，惟义所在。”这是在同孔子唱反调吗？其实，反调倒是未必，乱调则或有之。须知“言信行果”本身就已体现了“义”，何必先予否定而后又强调“惟义所在”。唯一可能为，大人的言行很不谨慎，等到放言而后，欲行之时，忽然发现失义之虞，于是赶紧收回成命，犹欲美其名为“惟义所在”，岂不嗟呼！

诗云：闲邪先必正其心，
诚意遂开存性门。
信果言行当谨慎，
鱼游藻泽缓浮沉。

十九、与时偕行

“与时偕行”是孔子哲学思想的又一个重大命题，其语在《周易大传》中多处可见。译成白话是：(人的认识活动与实践活动)应当与“时”同步运行。这个“时”，前已论及，包括时间、时候、时机、时势等多种意涵。

“与时偕行”渗透于人生及社会的运变过程中。孔子在《易传》中着重指出以下几种表现：

一、“终日乾乾，与时偕行。”(《文言传·乾·九三》)这是对爻辞“君子终日乾乾，夕惕若，厉无咎”的阐解。即有识之士从早到晚兢兢业业、勤勤恳恳地学习、思考、工作，甚至夜晚仍然保持警觉以应对可能发生的情况，所以遇着危险也无灾无难。孔子认为经文描述的这种情况，可称之“与时偕行”。

二、“刚当位而应，与时行也。”(《彖下传·遯》)遯卦第五爻以阳刚九五居卦主之位，受到下卦中爻六二的支持、响应。这种情况，对九五而言，是大行其志之时，当仁不让，可谓“与时行也”。六二认清时势，抓住时机，紧随明主九五积极行动，同样可谓“与时行也”。

三、“损益盈虚，与时偕行。”(《彖下传·损》)它昭示应对运动变化的方略，还隐蕴利益分配的原则。原来孔子发现损卦由坤上乾下的泰卦变化而来。怎么变？下卦乾的第三爻阳刚九三升上卦顶占据上爻之位，化成上九，而原居上位的阴柔上六相应降至三爻位置，化成六三。泰卦于是变成损卦。针对这一卦变，孔子通过认真的哲学思考，悟出二条原理。第一，下卦少去一个阳刚之爻，意味着受损；反之，上卦多了一个阳爻，则意味着受益。使下卦受损而上卦受益，反映着一种价值取向与政策原则，其中深藏处世治事之道。所以，孔子确认：

“损下益上，其道上行。”第二，总体上，孔子并不赞成“损下益上”，而主张减轻税赋，施惠于民。但在某些情况下，（如抗击外敌须集中兵力，全局建设须牺牲局部利益等）则宜顺时而为，斟酌损益。因此，孔子在同一辞条中补充说：“二簋应有时，损刚益柔有时。”“二簋（guǐ）”指盛放饭食的二只竹制礼器，这里借喻刚柔盈虚。阳刚增而为盈，阴柔进而为虚。阴阳刚柔损益进退，须要找到一个合适的平衡点，这就是“时”，亦即“二簋应有时，损刚益柔有时。”最后，孔子作出总结：“损益盈虚，与时偕行。”

四、“损上益下，民说无疆。”（《彖下传・益》）益卦与损卦是相反相成的一对综卦。孔子发现，益卦由乾上坤下的否卦变化而来。与损卦相反，否的上卦乾中阳刚九四移居下卦初爻之位，而下卦坤中阴柔初六则相应转换至上卦第四爻位，实现了“损上益下”。所以孔子大声赞扬：“自上下下，其道大光。”并且进一步推论：“益动而巽，日进无疆。天施地生，其益无方。”“益动而巽”，因为益的下卦震象征动。上卦巽，象征顺。它展示“益”的价值取向与政策效应一日千里地向前进展，永无止境。即“日进无疆”。由此表明，乾坤二卦顺时运变，合乎自然规律，可谓“天施地生，其益无方。”从而得出结论：“凡益之道，与时偕行。”请注意，“益下损上”与“损下益上”的结论，粗看近似，实则有殊。前者使用“凡益之道”：“凡益”者，“大凡有益于下”也；“道”者，常道也。其“时”具有较大的普遍性与恒常性。后者使用“损益盈虚”，强调“时”在运动变化中的特殊状况，必须注意条件，谨慎考量，综合权衡。

五、“过以利贞，与时行也。”（《彖下传・小过》）“过”指“小过”，隐含某些人事处理略有超越常规之意。凡事不可过，真理超过半步即成谬误。一般说来，“过犹不及”。但也有“矫枉须要过正”之时，或稍过并无大碍之事。如《象传》所云：“君子以行过乎恭，丧过乎哀，用过乎俭。”但前提是“过以利贞”。这种“小过”，有利于遵循正道，弘扬正义。然而，“小过”只能“与时行”，不能“与时偕行”。《说文》曰：“偕，俱也”。

“小过”只在一定范围、一定条件下可以“与时行”，不能广而大之地“全程与时同行”。

本于“与时偕行”之说，曾首任民国教育总长和北大校长的蔡元培先生在20世纪初撰写的《中国伦理学史》中比较中西文化，提出了“与时俱进”的理念。至今后者已几乎取代前者。而就哲学深度言，后者是无法比拟前者的。“俱进”具有极大的鼓动性，乃其所长。然鼓其动固有余，守其静则不及。“俱进”是人时两位一体，单向前进，不断向前。“偕行”则系人与时和谐相依，多方运行，有进有止。孔子指出：“时止则止，时行则行。动静不失其时，其道光明。”或许有人会说，时间和时代处于持续前进过程中，永远不会停止。但现代科学告诉我们：时间与空间相互推移，相互制约，并受到诸多引力(包括至今未明的引力)影响而致扭曲。时代的前进是波浪式的前进，浪峰波谷之间，显示着一大段不可以日月计的历史空间间隔期。尤其应当懂得，孔子哲学的立足点在于世界及其万物的运动变化。其所谓止，是行中之止，非绝对的停止。其所谓静，是动中之静，非不变之恒静。最根本的是，“与时偕行”包涵多义而以道义为基，“与时俱进”则全在于表达行动的指向意义。

诗云：时止缘由情势止，
时行天下各成行。
英雄志在千秋业，
偕顺其时大道明。

二十、革故鼎新

《杂卦传》曰："革去故也，鼎取新也。"这就是"革故鼎新"之说。

革卦与鼎卦是相反相成的一对综卦。革的上卦为兑，象征羊；下卦为离，象征火。以火烤羊而取其皮，经一定工艺制作成革，称为皮革。《说文解字》云："革，兽皮治去其毛，革更之。"又云："古文革从三十，三十年为一世，而道更也。"因而"革"演绎出革除、更新等意义，是以"革去故也"。"革"成为除旧去腐的有效途径。

鼎的上卦离，象征火；下卦巽，象征风。而古代的鼎正是盛煮汤食，引风升火使之化生为熟的金属炊具。生食化熟，形体滋味焕然一新，是以"鼎取新也"。

革故与鼎新必须结合起来，不能分离。革故为求鼎新，鼎新先须革故。《周易》将革卦置于鼎卦前，符合事理。而孔子更以神来之思，通过《彖下传・革》对"革"的因由、方法、原则以及总体评价进行了层次分明的精彩阐析：

1.为什么革？因为"水火相息。二女同居，其志不相得，曰革"。这是由于革的上卦兑象征泽，而泽中蓄水，从而与象征火的下卦离产生矛盾。"二女同居"，是由于革的上下二卦均属阴卦，有阴无阳，缺乏和谐交流，造成心志各异，于是不得不求之于"革"。

2.《彖下传・革》给出改革的重要方法："已日乃孚，革而信之。""已日"与"孚"存在不同解释。从全句表意的连贯性看，"已日"当指过了一定时日或到达某一时日。"孚"，按《说文》与《尔雅》，均谓"信也"。据此，卦辞"已日乃孚"大意为："经过一定时日人们相信了。"相信什么？相信改革的重要性、必要性，相信改革的功效，利国利民。所以孔子申其义为"革而信之"。它告诉我们，改革的一般过程是，初期常多疑虑,因而首先要集思广益,明确目标、方针、步骤;其次开展宣传教育,统一认识。凡此种种工作,都须假以时日,不可操之过急。而孔子则尤重实践,开始可能要摸着石头过河,但到了一定时日产生效益,人们获得实惠,自然会铁定心意相信了。

3.《彖下传·革》提出的改革原则是:"文明以说,大亨以正。革而当,其悔乃亡。""文明"是卦象的启示:革的下卦离,象征火,延伸为文明;上卦兑,象征喜悦。"大亨以正"由卦辞"元亨利贞"转化而来。"革而当,其悔乃亡"则是对卦辞"悔亡"的阐释。它以明确的语辞告诉人们:改革的政策、步骤、手段都必须文明,让社会大众心悦诚服。改革大通,关键在正:公正无私。改革措施得当,一切怀疑、懊丧、犹豫徘徊以至消极对抗必将随之消亡。

4.孔子对改革及其暴烈程度达到极限而形成的革命情有独钟,抓住革卦发表系统见解。在阐释了改革的因由、方法、原则后言犹未尽,接着又补充一段简洁而精要的总体评价:"天地革而四时成。汤武革命,顺乎天而应乎人。革之时义大矣哉!"天地基于消息盈虚而不断变革,春夏秋冬因之顺时而成。商汤推翻夏桀暴政,周武打倒殷纣腐治,创造了改革在特殊条件下进入激烈途径的新形式,被孔子名之为"革命":革除天命,革除王命。这种革命的基本原则,便是顺从天道,应和人心。

5.孔子关于"鼎新"之说着墨不多,因为改革已涵推陈出新之义,无须赘言。但孔子一贯尚新。"周虽旧邦,其命惟新";"苟日新,日日新,又日新"。孔子确信:"日新之谓盛德。"

诗云:命运在人时在天,
鼎新革故莫迁延。
猿声两岸啼难住,
笑看轻舟过万山。

二十一、唯变所适

《系辞下传·第八章》曰："易之为书也不可远，为道也屡迁。变动不居，周流六虚，上下无常，刚柔相易。不可为典要，唯变所适。"

"唯变所适"，这是一个发人深省而极富普遍意义的命题：不唯书，不唯上，不唯权威，但唯变！

首先，孔子将"易"就两个不同的维度作出区分：一是"易"之书，即《周易》；二是"易"之道，它反映世界及其万物的运动变化规律。对于《周易》这本书，作为十分重要的古典文献，我们要经常捧在手里，带在身边，孜孜不倦地学习钻研，不可远离。孔子自己就是"居则在席，行则在囊"，须臾不离，以便时刻请教。但更要特别关注的并非"易"之书，而是"易"之道。这个道看来"屡迁"，经常四处转移：忽而显现于东，忽而显现于西；忽而显现于天，忽而显现于人。就像《论语·子罕篇》描述的颜渊之叹："仰之弥高，钻之弥坚；瞻之在前，忽焉在后。"这个道揭示生成世界万物的一阴一阳两种基因的运动变化，永不止息。二者循环流转于卦象模拟的六位空间，上来下去，具有不确定性，甚至阳刚与阴柔在特定时位发生质变，相互转化。所以，人们切不可捧着书本咬文嚼字，奉为经典要义，金科玉律。而应当掌握刚柔推移、阴阳交变的消息盈虚之道。人们的一切言论和行动，不可只依书本，只听上级，只信权威，而只能根据运动变化的实际，作出适宜的反应。

董仲舒认为，"天不变，道亦不变。"显然，作为客观世界的天是年年在变，日日在变，时时在变的。"道"是否也在变？依据孔子哲学原理，作为客观世界绝对真理的常道应当是不变的。"天下之动，贞夫一者也。"(《系辞下传·第一章》)千秋万代，一以贯之。然而，我们看书认识的"道"，听人传闻的"道"，乃至自己感悟的"道"，都是主观世界的认识产物，充其量只能称作相对真理。它仍然须要按照“唯变所适”的原则不断地补充、修正、深化、完善，以期最大限度地接近绝对真理。

孔子哲学的真知灼见甚至可以跨越时空，有助于开启现代科学的灵感之窗。比如联系当今量子力学的一些热门议题，人们可能以“太极二仪”解析“并协原理”，以“二气交感”比照“量子纠缠”，以“阴阳不测”对应“不确定性”，还可能以“唯变所适”阐发波兰理论物理学家 Zurek 于 2003 年提出而最近刚由意大利、中国和德国三个科学家团队实验初证的“量子达尔文主义”。因为量子的“波粒二重性”及其“测不准原理”，恰恰从与人对应的物的维度体现了“唯变所适”的准则：量子唯有通过自身独具的运动变化来适应所处环境的随时变化，才能维系其现实生存，从而反映着微观世界“自然选择”的客观存在。诚然，宏观世界人的“适变”表现着理性实践的主观能动性，而微观世界量子的“变适”则体现着万物运化的自然随机性。

当今，绝大多数人已经确认：实践是检验真理的唯一标准。“唯变所适”的哲理则告诫我们，要特别注意实践的环境、条件与时机，一切都处于运动变化的过程中，切不可将一时一地的实践经验视为一成不变的普遍真理。

诗云：唯上唯书未足名，
唯能适变定真经。
岂知春日松江水，
冬至竟承游客行。

二十二、通变为事

《系辞上传·第五章》有言:“通变之谓事,阴阳不测之谓神。”“通变”即会通变化。“事”,《说文》释为“职也”,《尔雅》释为“勤也”。一般泛指职守、政务、事业以至人与物的运动变化情状。“通变之谓事”,白话大体可释为:会通变化可称勤于职守的行为。所以,凡勤于职守者,应当力求通变。

在孔子心目中,勤于职守的历史典范,自神农氏后,当推黄帝、唐尧、虞舜。他指出:“神农氏没,黄帝、尧、舜氏作。通其变,使民不倦。神而化之,使民宜之。”(《系辞下传·第二章》)所谓“神而化之”,就是将“阴阳不测”的神奇原理化为生产生活的日用指南。所谓“使民宜之”,就是联系实际让民众得心应手,运用自如。比如仿效乾坤之象,裁制穿着衣裳,可谓使民宜之而及时开启文明新风。所以说“黄帝尧舜垂衣裳而天下治,盖取诸乾坤”(《系辞下传·第二章》)。

从“通变”出发,孔子还提出了一个重要的哲学推论:“易,穷则变,变则通,通则久。”告诉我们,事物运动发展永无穷尽。看似“山重水复”,路至尽头,又会绝地起变,柳暗花明。由穷而变而通,曲折往复,盘桓向前,乃趋永久。总之,变因时异,通随时变。因此,孔子确认,“变通者,趣(趋)时者也”。(《系辞下传·第一章》)通变侧重认识过程,变通侧重实践过程。《系辞上传·第十二章》曰:“变而通之以尽利,鼓之舞之以尽神。”由认识而实践,“变而通之”,目的在“尽利”:开物成务,化成天下。由实践返认识,明白变易精义,欢欣鼓舞,从而“显道神德行,是故可与酬酢,可与佑神矣。”对此,孔子的结论是:“知变化之道者,其知神之所为乎!”(《系辞上传·第九章》)由此可知,“通变”是进入“神明”殿堂的大门。

通变的重大意义，最终表现于推动人类文化的历史发展。孔子定义的本初文化，表现为“观乎天文，以察时变；观乎人文，以化成天下”（《彖上传·贲》）。前者要求通变于宇宙自然，后者要求通变于人类社会。既通天时之变，又通人事之变，当可顺天应人，“文明以止”，“化成天下”。

通变的程序，一般可概括为：观察（天文人文）—思考（阴阳之道）—实践（进德修业）—沉潜（极深研几）—感悟（神而明之）。子曰：“易，无思也，无为也，寂然不动。感而遂通天下之故”（《系辞上传·第十章》）。感悟是通变的制高点，却离不开观察的起始点。

诗云：盈虚消息判柔刚，
通变非唯进学堂。
德业存存成道性，
神明即刻亮心房。

二十三、极深研几

《系辞上传·第十章》指出："夫易，圣人之所以极深而研几也。惟深也，故能通天下之志；惟几也，故能成天下之务。"

极深，就是达到极致高深的境界；研几，就是研察事物运变初始之细微。"极深研几"其实是前述会通变化的根本。

什么是"几"。孔子阐释道："几者，动之微，吉凶之先见者也。"(《系辞下传·第五章》)即所谓"几"，是事物运动变化过程中发生在初始时刻的细微苗头。这个细微苗头很重要，因为它反映运变趋势，揭示事物发展的可能方向。

研几为的是知几。知几，就可以当机立断，采取相应措施，趋吉避凶。所以孔子告诫道："君子见几而作，不俟终日。"这原系孔子对豫卦六二爻辞"介于石，不终日，贞吉"进行阐释的借题发挥。孔子认为："介如石焉，宁用终日，断可识矣！"即阻隔(介)像磐石那样确实明显，哪里还用从早到晚(犹疑徘徊)。断然可以看明白了！《说文》云："介，画也。""按，丨者，分也。从人者，取人身之左右以见意。""画"是区画，画分。因而"介"具分隔之义。孔子说"介如石"，阻碍分隔坚如磐石。爻辞用"介于石"，人或事阻隔于磐石间。而宋代的理学大家根据三国魏王弼的《周易注》，将"介"误判为"节介"(节操)。并以《传》文之"如"转换《经》文之"于"来注解爻辞。程颐曰："当豫之时，独能以中正自守，可谓特立之操，其节介如石之坚也。"(《程氏易传》)朱熹跟进说："上下皆溺于豫，而独能以中正自守，其介如石也，其德安静而坚确。"前中国国民党总裁蒋公乃遵宋儒之训，取名中正，择字介石，自以为通过正名而可沽得高风亮节之誉。不料名副其实，到头来真的走上了东海这块巨大无比的岛石，身体"介于石焉"，心事"介如石焉"。嗟夫！

唯其始终能坚持国家之大一统，还算表现一点“中正”。但他可能在九泉之下尚未明白孔子阐释“介石”的本义。

为了强调“见几而作”，孔子鼓励又加赞赏：“君子知微知彰，知柔知刚，万夫之望。”见几知几，合当知微，知微则必知彰，由小及大，自显返隐，是认识过程的通常节律。而无论大小隐显，皆反映阴阳之推移，刚柔之运变。君子倘能掌握此中机理，胸藏易道，当能见吉趋之，逢凶避之，为民造福而成万众圆梦之希望。

研几为知几，知几须极深。“极深”之道，亦即“圣人之道”，孔子归纳为四条：尚辞、尚变、尚象、尚占。(《系辞上传·第十章》)尚辞，就是诚敬认真地研读《周易》经辞，明其文义，通其哲理。尚变，就是严谨稳健地深入实践。显微阐幽，弄清事物运动变化的本来面目。尚象，就是端庄肃穆地观察卦象，联系实际，敞开心扉，体悟孔子关于“圣人立象以尽意，设卦以尽情伪”的要旨妙义。尚占，就是虔诚肃穆地调试心境，凝集智慧，触发直觉，“极数知来”，作出有关最大限度地减小事物运变发展不确定性的推论。(古代的“极数”，局限于“天地之数”，即十以内奇偶数的简单演算，当今则可运用数字模型、大数据、云计算等现代科技手段)。

子曰：“知几其神乎！”正是这位万世师表的文化巨匠，通过其博大精深的哲学篇章，将超然物外之神请回了充满世俗情理的人间，成为塑造真善美的理想人格典型，成为可以一步步矢志前进的景行与攀登的高山。

诗云：与几一步占先机，
介石犹迟祸起疑。
泽水东流深极致，
知来数往术非奇。

二十四、知至知终

《文言传·乾·九三》曰："知至至之，可与几也。知终终之，可与存义也。"孔子这一论述，是同"进德修业"的要求联系在一起的。进德修业，先要知道进修的目标，然后奋步前行而达目的地。这就是"知至至之"。程颐认为，"知至至之，致知也。求知所至，而后至之。知至在先，故可'与几'"。他将"与几"解释为"知至"而欲探究的先机。这一说法并不完善。因为"可与几也"的前提不仅在于"知至"，同时在于"至之"。让我们重温一下孔子关于"几"的阐述："几者，动之微，吉(凶)之先见者也。""君子见几而作，不俟终日。"因此，所谓"与几"，既包括探究事物运动变化的微妙先机，还包括"见几而作"的行动时机。前者着重认识之"几"，后者着重实践之"几"。只有把二者完整地结合起来，才能全面领会孔子"与几"的原意。

关于"知终终之"，程颐释为"力行也。既知所终，则力进而终之"。朱熹也说："'知终终之'者，既知到极处，便力行到极处。"其实，无论"力进而终之"或者"力行到极处"均非"知终终之"的原义。"终"指事物发展的阶段归宿点，并非"极处"，也未必一定要"力行"。而是告诫人们审时度势，适可而止，求得一个圆满的结局。所谓"力进"或"力行"，应是"知至"而后"至之"的举措而非"知终"而后妥善"终之"的方略。"知终终之"无须强调"力进"或"力行"；相反须要注重稳健，慎重，统筹兼顾，以尽可能求得公允合理，力求达到道义的制高点。唯其如此，这才"可与存义也"。"存义"，即进入"成性存存，道义之门"。因为"知终终之"必然表现为"善"。善存于性，乃入道义之门(见命题3与4)。

其实，"知至至之"，"知终终之"，反映着"与时偕行"的精义。"知至至之"体现"时行则行"；"知终终之"体现"时止则止"。"与几"者，参研时之微妙也。“存义”者,懂得时之所贵也。

诗云:知至知终多慎思,
与几存义顺其时。
秋来一叶飘零处,
备取絮棉应未迟。

二十五、天地之心

孔子在阐解复卦时，振聋发聩地指出："复其见天地之心乎?!"为什么可以从复卦中大概地看到天地之心呢？因为复卦显示一阳复生的景象：阳刚复返卦底根基，体现了天道回归，亦即"天行"。既有"天行"，则或有"天地之心"。诚然，作为客观自然界，天地本无其心。所谓"天地之心"者，其实出于"圣人之意"。圣人之意何来？因为天地具有生养万物的自然功能，完全符合人世之德。因此，"天地之心"是"天人合德"的道义结晶，"天人合德"是"天地之心"的理论基石。

北宋张载的"四句教"，首句便是"为天地立心"。他在《横渠易说》中指出："复言天地之心""心，内也。其原在内，时则有形；""大抵言天地之心者，天地之大德曰生，则以生物为本者乃天地之心也；""天地之心唯是生物，天地之大德曰生也。"由此可见，"天地之心"即生养万物之心。所有这些论述，皆源自《系辞下传·第一章》"天地之大德曰生。"

孔子从复卦中发现了"天地之心"，从而将"复"列为"九德"之一。他认为，"复，德之本也"。因为"复"意寓"反复其道"。它的特点是"复小而辨于物"。"复小"，指的是复卦一阳始生，尚处相对弱小的地位，但它已具刚正之气质，特立独行，不同凡响，从而与世间俗物相区别。孔子还特别点明其重大意义："复以自知。"深刻地指出，修养反复其道的天地之心，贵在自知。自知而自觉自行，做到德居于内心，善存于成性，道归于日行。这就是生物之心，生命之性，生活之行。

诗云：天地之心唯在生，
本于复道发于诚。
东风未觉苗芽嫩，
至日青青别样萌。

二十六、生生谓易

“易”的涵义是什么？历来众释纷纭。一般多举东汉大儒郑玄之说：“易一名而含三义：易简一也，变易二也，不易三也。”“易简”为乾坤之性情，可得天下之理。变易为阴阳之运化，始终周流不息。不易为天地之正道，永保恒久守常。然而，易简为何可得天下之理？阴阳为何运动变化不息？天地为何恒守自然常道？郑玄之说皆未言及。唯孔子于《系辞上传・第五章》一语拨亮明灯：“生生之谓易。”《周易》的精髓全在“生生”。

什么是“生生”？司马光云：“形性相续，变化无穷。”张载云：“生生，犹言进进也。”程颐云：“生生相续，变易而不穷也。”朱熹解释得更加简单明白：“阴生阳，阳生阴，变化无穷。”毫无疑问，“生生”是阴阳交互作用的运变功能与运变过程，但它更是阴阳运变的根本要义。会通阴阳运变，其出发点与归宿点唯为“生生”：开创生机，孕育生命，维护生存，改善生活，优化生态，实现人类社会的可持续发展。

关于“生生”，孔子在《系辞上传・第十一章》中作了一番系统的描述：“易有太极，是生两仪。两仪生四象，四象生八卦，八卦定吉凶，吉凶生大业。”太极系宇宙本原，一分为二，生发阴阳二仪，形成天地。四象指少阳、太阳、少阴、太阴，表现于时，推移春夏秋冬；表现于空，展示东南西北。由于天地交感，时空和应，化合万物，聚生人类。于是始创文化而生八卦。八卦以其象、数、义、理指引人们开物成务、趋吉避凶，继往开来，革故鼎新。从而不断创建文明大业，促进人类社会生生不息。

由此可见，“生生”首先反映自然的不断演变，进而揭示人类社会可持续发展的规律。

诗云：一极化开双仪成，
阴阳交运启生生。
吉凶象鉴卦时变，
大业当须德性恒。

二十七、立象尽意

在《系辞上传·第十二章》中，子曰："圣人立象以尽意，设卦以尽情伪，系辞焉以尽其言。"这里，"象"与"卦"是相辅相成、密不可分的一对概念。"象"通过"卦"的形态体现事物的规范模式，"卦"凭借"象"的意念展示事物的运变情状。"象"无卦不立，"卦"无象不明。"系辞"（经文）则是关于卦象的注解说明。

观象读经，重在领会"圣人之意"。然而孔子指出："书不尽言，言不尽意。"卦辞爻辞无论你熟读千遍，旁征博引，终究只是文字言说，难尽卦象蕴藏的要旨妙义。三国时期的青年思想家王弼认为："夫象者，出意者也，言者，明象者也。""言生于象，故可寻言以观象，象生于意，故可寻象以观意。"他进一步提出，既然经文言辞根据卦象拟述，卦象则根据圣人之意设定，因此可以"得象而忘言""得意而忘象"（《周易略例·明象》）。即看懂卦象比读懂经文重要，领悟象意更比通晓卦象重要。不过，"忘言""忘象"实无必要。正确的学习方法应是"得象而明言"，"得意而明象"。其得愈精，其明愈显。反之，其明愈著，则其得愈湛。

必须懂得，孔子关于立象、设卦、系辞的论述是三位一体的完整理念。观象得意，察卦明情，判辞取义是一个相互联系、互为因果的思维过程，不宜随心所欲，遗弃其中任一环节。就启悟认识说，象是言与意之间的中介，应为读经致知的基础。

《周易》卦象，开创了古代世界最精彩、最完善的对称性人文符号模式系统。这种人文之象源于对自然之象的概括、凝练，即所谓"仰观俯察"。由立象尽意而观象得意，构成思维过程的双向对行，但观象者所得之意未必系立象者欲尽之意。象不过是一个启发思悟的文化平台。而一旦火候成熟,思悟到位,引发类似王阳明“龙场悟道”的灵感,就会出现思想的爆发性升华。

孔子的“立象尽意”说奠定了可以称为意象思维的理论基础。其基本原理,简言之为:起意成象,察象探意。它不仅广泛地渗透于人文领域,而且自由地涌动于科技海洋。爱因斯坦的相对论,薛定谔“猫的思想实验”,霍金的宇宙黑洞说等等,无不都是意象思维的神奇产物。更浅近一点说,航空工程师运用空气动力学设计飞机,气象学家观察气流运动探究大气压差的变异之谜,同样离不开意象思维。前者体现“得意成象”,后者展示“察象探意”。由此可知孔子关于“立象尽意”的命题何等深刻而精微!

诗云:象涵万物纳时空,
天地草虫皆类同。
悟得其中精妙义,
创新世界万方通。

二十八、极数知来

《系辞上传·第五章》指出："极数知来之谓占。""占"即筮占，运用蓍草或竹木签支依一定程序运作以随机择取卦象，然后联系经文参述其意，借以预测事物未来的发展趋势与结局。就其本身言，既非科学，亦非迷信，而是一种以哲学假想设定的推断形式。古时王室议事，曾用于决策咨询。这在箕子回答周武王问政的记叙中有具体说明（见《尚书·洪范》）。

筮占依据的哲学假想，按照孔子阐析，就是"极数知来"。孔子将自一至十的自然数分成奇偶二类，奇数为天数，偶数为地数。他说："天数五，地数五，五位相得而各有合。天数二十有五，地数三十，凡天地之数五十有五。此所以成变化而行鬼神也。"在具体操作上，双手运用五十支蓍草或竹木签支随机取舍，挂夹于左手指间，经四道程式按序操作，使合规计取的签草产生十八次数量变化。然后以每组三个变数确定一爻性质，（老阳、老阴或少阳、少阴），从而得出或阴或阳的六爻而成一卦。其中老阴爻或老阳爻列为动爻（变爻），通过阴阳转化形成卦变。原卦称本卦，变卦称之卦。最终依据随机取得的本卦动爻，并参考之卦，联系卦辞爻辞进行综合研析推断，预测可能发生的吉凶祸福。上述过程，概括了"极数知来"的传统操作。

通过"四营十八变"随机择取卦爻以推断未来，固然反映了"极数知来"的一种历史经验。而作为一个哲学命题，"极数知来"由具体经验而上升为普遍理论的指导意义则已大大超越了筮占的狭隘范围。作为一般原理，孔子明确告诉人们：极数可以知来，知来必当极数。极数，就是极致地运用数学原理，进行数字分析；知来，就是适时辨识运变趋势，合理推断未来。事实上，孔子在《周易大传》中对"极数知来"

作出了多角度、多方面的理论阐述：

第一，孔子在《说卦传·第三章》中指出："数往者顺，知来者逆。是故易，逆数也。"这说明，认识未来要用数，总结过去同样要用数。总结过去，春秋往复，用的是顺数，即已知数；认识未来，反向求证，用的是逆数，即未知数。回顾历史经验展望未来情势，运用已知数求取未知数，是"极数知来"的重要内涵意蕴。

第二，孔子在《系辞下传·第九章》指出："《易》之为书也，原始要终以为质也。六爻相杂，唯其时物也。其初难知，其上易知，本末也。"这说明，"极数知来"须重视"原始要终"，认真抓住事物（表现于卦时）的首、尾二端（表现于初、上二爻）。并注意观察事物运变过程（表现于中间四爻）的相互关系。特别要分清本末，切实探究隐藏深处的事物根本。

第三，孔子在《系辞下传·第六章》指出："夫易，彰往而察来，而显微阐幽。开而当名辨物，正言断辞，则备矣。"清楚地说明，"察来"还当"彰往"。只有对过去越明白，越有数，才会对未来胸有成竹，越有把握。尤其要注意"显微阐幽"，认真判明重要细节，还原历史实际，揭示隐藏深处的事物真相。并且做到"当名辨物，正言断辞"，即概念明确，名实相符，理由正当，推断确切，方可称得上完备。它为实践"彰往察来"的朴素认识论加注了一套中国古典逻辑学的基本原则。

第四，孔子在《系辞上传·第十章》指出："易，无思也，无为也，寂然不动。感而遂通天下之故。"要想认识未来，推知未来，自当"通天下之故"。故者，事物也，因由也，延伸而可为情理也。"通故"不仅需要知识，（知识基于经验，只能认识过去）而且需要思考，想象，需要积极地开发大脑功能，在"无思无为寂然不动"的状态下进入"感"的境界。孔子这种"感"，意味着知识与智慧的激荡交融。最终生成符合客观现实与未来发展过程的创造性见解。即孔子所谓"神以知来，知以藏往"（《系辞上传·第十一章》）。这个"神"，正是《系辞上传·第九章》中列于“德行”之前的“道神”。子曰:“知变化之道者,其知神之所为乎!”变化之道,亦即阴阳之道,刚柔之道,乾坤之道,天地之道。一旦掌握此道,“极数知来”顺理成章。所以孔子确信:“观天之神道,而四时不忒。圣人以神道设教,而天下服矣。”(《彖下传·观》)

诗云:太极动生奇偶开,
圣贤极数为知来。
人参天地神明事,
毕竟三才共化裁。

二十九、殊途同归

“殊途同归”是一句千年传诵、大众熟知的成语名句。可很多人不知道它源出《周易》的《系辞下传·第五章》。原文曰：“天下何思何虑？天下同归而殊途，一致而百虑。天下何思何虑！”这是孔子从咸卦九四爻辞“憧憧往来，朋从而思”引发的一段论述。爻辞描画出一幅生动的景象：一个人想来想去，走来走去，考虑着让朋友赞同自己的意见。孔子从这一人的个别事件联想到全世界的普遍人心：天下万众，尽管环境不同，条件不同，地位不同，志趣不同，却都在经历各种不同生活的磨炼和体验，都在关注与思虑着自己以至社会应当走一条什么样的道路。对此，孔子回答得十分简洁：“同归而殊途”，即道路可以多种多样，各不相同，但目的地只有一个，归宿应当相同，各种思虑将在大道至德的共同理念上求得一致。为什么这样说？

首先，孔子认为人的思想应当遵循客观规律。他在《系辞下传·第五章》中紧接着指出：“日往则月来，月往则日来，日月相推而明生焉。寒往则暑来，暑往则寒来，寒暑相推而岁成焉。”日月各具一体而相对相应，显示出光明；寒暑各为一季而相辅相合，表现为岁成，这就是规律。人们的思想并不例外，既存其异，亦蕴其同。所同者何？同者，求其所利也。且听孔子又一气呵成地说：“往者屈也，来者信（伸）也，屈信相感而利生焉。尺蠖之曲，以求信也。龙蛇之蛰，以存身也。”各种各样的打算，极而言之，无非一是伸张、开放、进取；一是收缩、关闭、退却。两者会通，视情运用，则能产生有利的结果。请看自然界，尺蠖小虫蜷曲身躯，恰恰是为求伸张。龙蛇大物蛰伏于地，同样是为求存身。那么，人心所思又是一种什么样的情况呢？孔子进一步阐析道：“精义入神，以致用也。利用安身，以崇德也。过此以往，未之或知也。”他告诉大家，不论人们怎样集中思虑，深研细究，直至“精义入神”。最终都要“思以致用”，落实到践行上。而所求之利，用于安身立命，最根本的，则在崇尚德业。倘若超过这样的认知而另觅他途，实在尚未经历或认识到。最后，孔子响亮地提出了一个根本理念：“穷神知化，德之盛也。”即穷尽神明之道，懂得化成天下，标志着德业的崇高隆盛。

由此可见，孔子在这里将人们的思虑分为三个层次：第一层次是“憧憧往来”，心有所思。第二层次是“精义入神”，利用安身。第三层次是“穷神知化”，彰显盛德。“憧憧往来”显示“殊途”，“精义入神”期求“利用”，“穷神知化”则体现“同归”。概括地说，“殊途”始于各人自由的思虑，“利用”处于安身立命的实际，“同归”基于生生不息的盛德。

因此，实现殊途同归应当是有条件的。这个条件，一言以蔽之曰“天人合德”，共同寻求并踏上“生生”的大道。按当今的流行语，亦即逐步形成人类命运共同体。据此立意，无论“天下何思何虑”，无论伊斯兰文明，耶稣基督文明，犹太文明，印度文明，或者东方文明等等，虽各殊途，皆可同归。反之，倘在人类社会千思万虑地推行丛林法则，强食弱肉，则虽一时共途，亦难最终同归。

本文引述孔子言论，前一个“天下何思何虑”用疑问号，为的是引出解答。后一个“天下何思何虑”用感叹号，则为表明，一旦实现“同归”，达到“一致”，各种思虑其实皆属多余。

诗云：东南西北水溟茫，
百系千川归海洋。
思虑生生原道义，
九龙合德共飞翔。

三十、保合大和

《彖上传·乾》曰:“乾道变化,各正性命。保合大和,乃利贞。首出庶物,万国咸宁。”这段话是用来阐释卦辞“元亨利贞”中的“利贞”之义的。孔子认为,“贞者,正也。”根据乾卦反映的变化之道,“正”首先要正万物各自的性命。怎样有利于“正”?孔子的回答是:“保合大和”。

“大和”之义,可有两种意涵。其一,阳刚为大,“大和”即阳刚之和。乾卦六爻皆阳,必须相互保持和谐。其二,“大”指大局或系统总体。“大和”为系统之和,总体之和。而乾卦作为系统,由六个阳刚之爻的单元构成。各个单元均须依据自身的地位、职责与功能实践“保合大和”的整体要求,围绕全卦“元亨利贞”的总纲,积极主动地各张其目。其行为准则表达于各爻爻辞。第一爻初九是“潜龙勿用”,不宜轻举妄动。第二爻九二是“见龙在田”,争取大人指引。第三爻九三是“终日乾乾”,奋然惕砺前行。第四爻九四是“或跃在渊”,勇于上下求索。第五爻九五是“飞龙在天”,为民大显身手。第六爻上九是“亢龙有悔”,见好就收,过即回头。

《周易》乾坤二卦经文还各有一个独具的“用九”与“用六”,即怎样运用好阳刚与阴柔。“用九”曰:“见群龙无首,吉。”它提出了“保合大和”的一个重要指导思想:在强手林立,各显其能的格局下,切不可好胜逞强,为首出头。孔子为此明确指出:“乾元用九,乃见天则。”天则,自然的准则,客观的规律,意蕴何等精微,何等深刻!

乾元在六十四卦中与坤元相偕,居于核心地位。这个核心能够保合大和,结果必然为“首出庶物,万国咸宁。”元首出众,万物兴茂,天下升平。

诗云：群星闪灿耀天河，
　　六位时成保大和。
　　日往月来明自久，
　　刚柔相辅互推摩。

三十一、自强不息

《象上传·乾》曰:“天行健,君子以自强不息。”

《象传》阐释乾卦之象,为何归结于“天行健”?原来六爻乾卦由上下两个三爻单卦乾组成。上卦乾象征天,下卦乾象征健,按照“圣人立象以尽意”的论说,所以这个卦可谓“天行健”。前已申明,孔子哲学思想有一个根本性原理:“天人合德”,可视之为“天理”或“公理”而构成有关命题不言自明的大前提。在这里,加上大前提“天人合德”,结合小前提“天行健”,自然可以推论出“君子以自强不息”了。句中之“以”,即“以天为法”或“效法天行”。

深入一层分析,天行健,这是乾天自身特性的彰显。其表现如《系辞上传·第一章》所言:“天尊地卑,乾坤定矣”;“在天成象,在地成形”;“鼓之以雷霆,润之以风雨;日月运行,一寒一暑”。一概表现为主导、主动,永不懈怠,永无休止。又如“天地感而万物化生”(《彖上传·咸》),“天地革而四时成”(《彖下传·革》)。“天地之道,恒久而不已也”(《彖下传·恒》)等等,都体现着天行恒健的意涵。在《论语》中,孔子也不断赞颂天的刚健、公正、广大、持恒的精神。如“天何言哉?四时行焉,百物生焉。天何言哉!”(《阳货篇 17·19》)“巍巍乎,唯天为大!唯尧则之”(《泰伯篇 8·19》)等。总之,天行以其一往无前、永不止息的情态足以成为人行的标杆与楷模。

朱熹《周易本义》指出:“但言天行,则见其一日一用,而明日又一周。若重复之象,非至健不能也。”程颐则认为“至健固足以见天道也”。可见天行与天道密切相联系。因此,效法天行,首当研习天道。而效法至健,则必修养至德。

诗云：雷动风行天健刚，
　　中华自古奋图强。
　　敢移千代太行石，
　　修得康庄通四方。

三十二、厚德载物

《象上传·坤》曰:“地势坤,君子以厚德载物。”坤与乾是一对各爻阴阳相反的错卦。乾卦六爻皆阳,质刚性健;坤卦六爻皆阴,质柔性顺。上卦坤象征地,下卦坤象征顺:坤者,左土右申,展示大地顺合伸延,所以说“地势坤”。

同样地,依据“天人合德”之理,效法“地势坤”,则可推论“君子以厚德载物”。

宋司马光认为,乾象谓“自强不息”,属于勉励;坤象谓“厚德载物”,属于安济。“德不厚则物不得而济也。是故自强不息则道无不臻,厚德而载则物无不济。”(《温公易说》)即“自强不息”体现完美行道,“厚德载物”体现广济万物。其实二者作为道德本体相互联系的两个方面:完美行道必致广济万物,广济万物则见完美行道。

有的学者将“厚”视为动词,释“厚德”为厚积德行。虽可自成一说,但并不完全合乎事理。须知大地之厚,始终如一,并非逐渐堆砌而成。其载物之心,虽千秋万代,亦绝无改变。看来,“厚德”之“厚”,以形容词解读为宜。

厚德,即宽厚之德。宽厚则其心安静,其居安敦,其行安定。孔子指出:“安土敦乎仁,故能爱。”(《系辞上传·第四章》)这里的“土”,既意味着所居之地,还隐含着坤地之德的内蕴。安身于宽厚之土,敦诚于大德之仁,爱心必油然而生。看来,厚而能安,安而达敦,敦而致仁,仁而生爱,一线串联。仁者爱人,其爱及物,则诚如张载所言:“民吾同胞,物吾与也。”其心所系,包容万民,包容万物。由此可知,“厚德载物”原于“厚德爱物”。唯如此,方能“己欲立而立人,己欲达而达人”。这种立人之心与达人之情普施万物,便自然而然地践行着“厚德载物”。

诗云：性柔势顺合天行，
德厚包容万物情。
安土敦仁生爱意，
胸怀宽广自心宁。

三十三、云雷经纶

《象上传·屯》曰："云雷，屯，君子以经纶。"

屯卦上卦为坎，象征水，水升于空则为云。下卦为震，象征雷。所以孔子说"云雷，屯"。

"屯"是会意字。由屮与一字组成。屮像草，一像土地。草破土而出，寓艰难之意。后延伸出围、包之义，将一片村舍称作屯。又延伸集、聚之义，都离不开土地。如屯垦、屯边、屯军等。但细加分析，因为乾天坤地之后产生的人为了生存，必先利用土地，适应和改造环境。《象上传·屯》剖析原始时代的境况是："刚柔始交而难生，动乎险中。""刚柔始交"指屯的上下卦均系一阳爻二阴之象，开始打破乾卦纯阳、坤卦全阴的格局。下卦震还象征"动"，上卦坎又象征"险"，自然"动乎险中"了。

原始人类在"云雷"的艰险环境中活动，须要组织协调，管控治理，所以孔子提出"经纶"之说。"经"是直的丝线，"纶"是青丝织带。用作动词，即整理丝线，错综编织。引申到人事领域，则指规范社会，治理国家。它也体现着自然之道与人文之道的意念会通。

朱熹对"云雷经纶"深有体会。他说："坎不言水而言云者，未通之意。经纶，治丝之事。经引之，纶理之也。屯难之事，君子有为之时也。"云为水汽，尚未成雨，所以"未通"。如何遇险而通？对策在引导治理，化险为夷。掌握了此中事理，你就会懂得：正是艰难困苦之时，方显"玉汝于成"，大有可为之机。

诗云：水升天际万层云，
雷动广原氤伴氲。
草昧自然生化日，
经纶家国启人文。

三十四、果行育德

《象上传·蒙》曰："山下出泉，蒙。君子以果行育德。"

蒙卦上卦为艮，象征山；下卦为坎，象征水，山下之水则为泉。

"山下出泉"怎么会同"果行育德"联系起来？可以听听程颐的解释。他说："山下出泉，出而遇险，未有所之，蒙之象也。若人蒙稺，未有所适也。君子观蒙之象，以果行育德，观其出而未能通行，则以果决其所行。观其始出而未有所向，则以养育其明德也。"大意是：山下流出泉水，一出便遇险阻（坎卦象征险），不晓得流到哪里去。这就是蒙卦给我们形成的印象。如同一个人蒙昧幼稚，不明白怎样适应生活环境。有识之士观察蒙卦之象，由此启悟到"果行育德"。因为看到泉水出现而不能畅通流行，就会启示人们果断坚决地落实行动。看到泉水开始出来而尚无明确的流向，就会启导人们修养培育优良的品德（认清人生的道路方向）。

育德以期存性，存性要求积善，积善造就德行，德行则须果决践履，继而积善存性。"果决践履"即是"果行"，而"果行"又常伴"信言"。《礼记·中庸》引孔子说："言必行，行必果。"《论语·子路》则谓"言必信，行必果"。其实，"言必行"也同样在强调"信"。纵使《论语》于"言信行果"之后加上一句"硁硁然小人哉"，但这种小人虽社会地位低微，其道德境界却远高于气量不过斗筲的"今之从政者"。须知信本于诚，无论在任何情况下，诚信都是不可或缺的基本品德。所以孔子赞赏之"硁硁然"，即现代语言所谓"响当当"，真是掷地有声。

"信"作为一种重要的德行，在《易传》中常与"孚"同义而广加宣扬。《彖下传·中孚》甚至提出，"孚乃化邦也。'豚鱼吉'，信及豚鱼也"。明确地认定诚信可以教化邦国。甚至感动江河中的豚鱼，呈现吉祥。应当说，“信行育德”与“果行育德”在根本上是完全一致的。前者强调言出必行以育德，后者强调果断践行以育德。既然“必行”，自当“果断”；为何“果断”？因其“必行”。一方面果行可求育德；另一方面，育德又促果行。两者融合，原于诚信。

必须注意，孔子的上述命题是以蒙卦为立论平台而伸延阐述的。他告诉人们，启蒙教育的首要一环恰恰在于“果行育德”。这里，“果”还可以解为动词，从而得出新的启示，即：坚定不移、始终如一地落实行动，认真负责地培育“童蒙”们的道德意识与道德品行。

诗云：清泉多隐大山明，
活水长流别样情。
启蒙始知前景远，
德臻化育果常青。

三十五、饮食晏乐

《象上传·需》曰:“云上于天,需。君子以饮食晏乐。”

需卦上卦坎,象征水;下卦乾,象征天。水升于天为云。“云上于天”概括出需卦的整体形象。孔子观象起意,思及“饮食晏乐”。“晏”古通“安”。餐饮日食,安乐自适。

《序卦传》曰:“蒙者,蒙也,物之稚也。物稚不可不养也,故受之以需。需者,饮食之道也。”说明蒙卦象征人物幼稚,既需要教育,还需要养育,所以需卦紧接蒙卦而列。“需”就是讲“饮食之道”。什么是“饮食之道”呢?《杂卦传》告诉我们:“需,不进也。”《说文》解释得更明确:“需,须也,遇雨不进。”程颐由此延伸发挥:“云气蒸而上升于天,必待阴阳和洽,然后成雨。云方上于天,未成雨也,故为须待之义。”总之,“需”即“不进”“等待”。那么,“不进”与“等待”如何体现饮食之道?且看程颐继续论析:“阴阳之气交感而未成雨泽,犹君子畜其才德而未施于用也。君子观云上于天需而为雨之象,怀其道德,安以俟时,饮食以养其气,体安乐以和其心志,所谓居易以俟命也”。简单地说,云气尚未化成雨泽,就像君子身怀才德而未获施用。对此,应当安心等待时机,吃饱饭,养足气,身体安康快乐,心态和平宁静,以期时来运转,顺天休命。这就是说,饮食之道在于耐心等待,安侯时运。

由此可知,“饮食晏乐”绝不是追求山珍海味,吃喝玩乐;也不是“将进酒”,以求“人生得意须尽欢,莫使金樽空对月”。而是要面对平常生活,得饮食而知所足,充分做好德、智、体各方面准备,顺时而动,以期人尽其能,利国利民。纵令现实生活艰辛,仍如孔子赞赏的颜回那样:“一箪食,一瓢饮,在陋巷,人不堪其忧。回也不改其乐。”(《论语·雍也篇》)

诗云：长天云积气濛濛，
欲降甘霖施未中。
安待时来机始动，
粗茶淡饭志犹弘。

三十六、作事谋始

《象上传·讼》曰："天与水违行，讼，君子以作事谋始。"

讼卦上卦为乾，象征天；下卦为坎，象征水。天朝上，水往下，逆向而行，所以说"天与水违行。"

《序卦传》曰："饮食必有讼，故受之以讼。""饮食"之议由需卦导出，进而引起争讼。为此《周易》以讼卦承接需卦。《杂卦传》补充道："讼不亲也。"由于有关双方互不亲近，各自"违行"，于是产生争讼。从中可以得到的启示，且举程颐之言："天上水下，相违而行，二体违戾，讼之由也。若上下相顺，讼何由兴？君子观象，知人情有争讼之道。故凡所作事，必谋其始。绝讼端于事之始，则讼无由生矣。"他进一步指出："谋始之义广矣，若慎交结、明契券之类是也。"大意是：天与水上下反向而行，相互背离，这是引发争讼的原因。如果上下顺和，怎么会兴起讼事呢！君子观察卦象，认识到人情关系中引发争端的道理。所以要对将做的一切事情，必须起头就要妥善筹划，以期在初始阶段即杜绝争端，讼事便没有因由发生了。程颐认为，"谋始"涵意十分广泛，比如谨慎交结朋友、明确签订合同契约之类，都可纳入"谋始"之列。

始与终作为事物发展过程的首尾两端，意义重大。《象上传·蛊》曰："终则有始，天行也。"天行，即客观世界自然运行，表现如春生、夏长、秋收、冬藏。终而复始，过程运变之情各异而自始至终之序不变。运变者，时也。不变者，道也。人们立足不变而适应运变，当须善始以求善终。切不可将"作事谋始"视为简单的程序设计或技术性操作，而应站在战略高度，做到"作事"如建楼，"谋始"若奠基，据楼高而定基深，核基深以保楼高。

诗云：谷种播来千顷金，
　　　松苗栽得万山青。
　　　蚁行当患长堤决，
　　　始谋周严讼不兴。

三十七、容民畜众

《象上传·师》曰:“地中有水,师。君子以容民畜众。”

师卦上卦坤,象征地;下卦坎,象征水;所以谓之“地中有水”。程颐认为:“水聚于地中,为众聚之象,故为师也。”师是军队,怎么与“容民畜众”联系得上呢?朱熹解释说:“水不外于地,兵不外于民。故能养民则可以得众矣。”这个“众”,就狭义说,应为士兵之众。其实孔子提出“容民畜众”,目的在启导人们既要看到师卦象寓军兵,更要从中想到亿万百姓。容民,就是胸怀广大人民;畜众,就是畜养包括军队的各方群众。容民是指导思想,畜众是实际行动。要像大地包容水源那样包容人民;要像大地畜养水源那样畜养群众。

“容民畜众”要同孔子以民为本的一贯思想联系起来。《论语》记载,孔子曾经评述郑国深得人心的贤良宰相子产具有四种“君子之道”,一种是对待自己的道:恭,认真负责;一种是对待君主的道:敬,尊重严谨。其余二种都是对待民众的道:“其养民也惠,其使民也义。”即在生产生活上坚持造福民众,在政策法规上坚持公平正义。(《论语·公治长篇》)。在《易传》中,孔子更从哲学思想的高度告诫当政者维护民众利益:“损上益下,民悦无疆。”还具体指出:接近民众,要“安其身而后动”;对话民众,要“易其心而后语”;动员民众,要“定其交而后求”(《系辞下传·第五章》)。身安态舒则民众不会疑虑,心平气和则民众乐与共语,结交朋友则可与民众商谈工作诉求。这可是二千五百年前孔子提出的古典群众路线啊!

孔子由“地中有水”联想到“容民畜众”,与“地势坤,君子以厚德载物”的思路一脉相承。“容民畜众”从一个重要方面体现“厚德载物”,“厚德载物”则必当落实“容民畜众”。诚然,“水可载舟,亦可覆舟”。

水具利害双性，所以大地既容之，又导之。

诗云：容民胸蕴践仁情，
畜众恒持公正行。
朗朗乾坤师欲隐，
载舟流水乐风清。

三十八、建国亲侯

《象上传·比》曰："地上有水，比。先王以建万国，亲诸侯。"

"地中有水"象征藏兵于民，"地上有水"则象征交往双方相互亲比。按《说文》解释："二人为从，反从为比。""从，随行也。"即二人同途，后跟前走为从，并肩而行为比。伸而延之，往来亲近，交结密切者，皆可称比。如毛泽东诗云："海内存知己，天涯若比邻"，其中之比便含此意。

为什么孔子从"地上有水"会联想到"比"，进而引出"建国亲侯"之说。程颐的理解是："夫物相亲比而无间者，莫如水在地上，所以为比也。先王观比之象以建万国，亲诸侯。建立万国，所以比民也；亲抚诸侯，所以比天下也。"朱熹补充道："伊川（程颐）言建万国以比民。民不可尽得而比，故建诸侯使比民。而天下所亲者诸侯而已。这便是比天下之道。"翻成白话，大致意思为：天下万物之间没有像"水在地上"那么亲密无间的情状了，所以其象为"比"。古代帝王观察"比"的卦象深受启发，于是建立万国（由诸侯掌控一方领地），为的是亲近民众。从而通过亲抚诸侯来亲近沟通天下人群。因为广大民众遍布四方，君王不可能直接与他们亲近交流，只能委任诸侯以期广泛亲近关爱民众。这就是亲近关爱天下的圣贤大道。

可见，建国亲侯只是一种形式，一种体制，其本质唯为亲民。实际上，"建国亲侯"之道也就是"大学之道"，其纲领"在明明德，在亲民，在止于至善。"而亲民则是"三纲"中的主纲。须知君子欲明正大光明之德，首当亲民。而唯有切实践行亲民之道，才能最终达到至善的境地。今天尽管我们再无历史的必要去重走"建国亲侯"的封建老路，但孔子孜孜不倦、一以贯之地宣教弘扬的民本思想，在当今条件下如何通过建构现代国家体制加以落实，仍然具有十分重大的现实意义。

诗云：建国唯期四海宁，
亲侯原本在亲民。
沧桑境异随时变，
立制为公诚正名。

三十九、畜懿文德

《象上传·小畜》曰："风行天下，小畜，君子以懿文德。"

小畜上卦为巽，象征风；下卦为乾，象征天。所以卦象可描述为"风行天上"。

风行天上的小畜怎么会同"以懿文德"联系起来？程颐解释说："畜聚为蕴畜之义，君子所蕴畜者，大则道德经纶之业，小则文章才艺。君子观小畜之象以懿美其文德，文德方之道义为小也。"他认为，"道德经纶"是君子的大蕴畜，"文德"指文章才艺，与道德义理比较就显得小了。所以君子观察小畜这个卦象，便联想到修养完美自己的文德。但朱熹却把"小"理解为不能持久。他说："风有气而无质，能畜而不能久，故为小畜之象。'懿文德'，言未能厚积而远施也。"这样的分析看来非常勉强。且不说风既有气而又有质，单就"懿文德"言，恰恰是一个不断完美、从小到大、从薄到厚的文德蕴畜过程，君子岂可不予厚积，浅尝辄止?!

打通由"小畜"而致"以懿文德"的通道，还须回归孔子的本义。《彖传》指出："柔得位而上下应之，曰小畜。""柔得位"指第四爻以阴柔之体而居偶数之位，表明其品行纯正而获得上下阳刚的积极和应（不仅象征民本的初九与之呼应，更且象征君权的卦主九五与之比亲）。依《周易》体例，阳刚为大，阴柔为小。全卦以四爻一介阴柔而竟畜留住五个阳刚，所以称为小畜。大家知道，阴柔之美，首先在于蕴畜文德。《文言传·坤》曰："阴虽有美，含之。""含之"即蕴畜。《文言传·坤》进一步指出："君子黄中通理，正位居体，美在其中，而畅于四支，发于事业，美之至也。"小畜卦恰恰体现了这种坤阴之美。而柔美、亲切、文明、和善之德，便是文德。

诗云：风行天下看山河，
幽谷碧溪同唱歌。
柔畜阳刚居位正，
密云不雨待时和。

四十、履定民志

《象上传·履》曰:“上天下泽,履。君子以辨上下,定民志。”

履的上卦为乾,象征天;下卦为兑,象征泽。所以说“上天下泽,履”。苍天在上,水泽在下,君子得到启示,面对世界万物,处理各种情事,要认真分辨上下,明确相互关系,这一点很容易理解。但“定民志”从何说起,须要作些探讨。

“履”,按《说文》解说,“此字本训践,转注为所以履之具也”。即“履”的本义是践行,转注为践行的工具,就是鞋子。但孔子通过《系辞传》对“履”作出了全新的解释,他将“履”列为“九德”之首,“德之基也”。这一基础性德行的表现是“和而至”,在和谐的气氛中达到合乎道义的目的。所以“履以和行”,履的功能是和谐地引导与调节人的行为。据此,历来的易学家们都把“履”直解为“礼”。“履如何都作礼字说?”朱熹的回答是:“礼主卑下,履也。是那践履处所行。若不由礼,自是乖戾,所以曰‘履以和行’。”他着重指明“履”在位置卑下处谦逊践行,因而与礼一致。倘然违反了礼的这种品格,就会产生诸多纠纷,各种矛盾。所以《系辞传》说“履以和行”。

程颐对“履定民志”有一番系统论述。其要点为:

第一,“天在上,泽居下”,反映了地位上下高低出乎自然,是人们应当遵守的正理。

第二,上下分明,民众思想才能安定,国家才能得到治理。

第三,古代君臣各居其位,各行其德。德以成位,学以修德。农工商贾则各勤其业,各享其分。因此思想安定,天下一心。

第四,后世至今,从广大士人到公卿高官,醉心于荣华尊贵,晋级提升。而农工商贾则追求富裕奢侈,芸芸众生竞相逐利。天下纷纷攘攘，思想怎么可能统一起来？要想国家社会不乱，实在困难。其根本原因在于思想情绪不安定。

第五，君子观察履卦之象得到启悟，认真分辨上下，各就各位，各守其职，才能稳定民心。

程颐的论述，在当下百官为权谋、万众向钱看的风行气流里，还有一定的现实指导意义。但按孔子的论述，履的功能绝不止于“辨别上下之分”。“定民志”不仅要重视履，而且要重视教，重视制，重视法，重视在一切社会领域落实公正与平等。

诗云：上天下泽自然分，
位也正来名也真。
何必趾高三百丈，
谦卑礼敬化斯文。

四十一、天地之宜

《象上传·泰》曰:“天地交,泰。后以裁成天地之道,辅相天地之宜,以左右民。”

泰卦上坤下乾,坤为地,乾为天,天往下而地向上,双方亲和交往,所以成泰。泰,平安通达,国治民宁。正如《彖传》所言:“天地交而万物通也,上下交而其志同也。”这个卦象给古代帝王(后)以深刻启发,所以力求“裁成天地之道,辅相天地之宜,以左右民”。

天地之道即阴阳交和、生生不息之道。它是自然的客观存在,有待人们化裁制作,辅导运用而尽得其宜。朱熹认为,“裁成以制其过,辅相以补其不及。”这个“其”,不应指天地,而应指人,指人的认识与实践。制约其超过限度,弥补其欠缺不足。因此,崇尚贤德的古代帝王肩负起“裁成”“辅相”的历史责任,指导与帮助广大民众顺应天时,汇集地利,掌握自然规律,共享天地之宜。程颐的解读是:“天地通泰,则万物茂遂。人君体之而为法制,使民用天时,因地利,辅助化育之功,成其丰美之利也。如春气发生万物,则为播植之法;秋气成实万物,则为收敛之法。”他将“裁成”设想为建立法制,将“辅相”理解为辅助化育。而宜者,利也,天地之宜即天地之利。诸如春播秋收,足以举一反三,丰美无比。

尤须注意,天地之宜,最宜利民,反映着孔子的内心诉求。所以他明确提出,古代帝王践行“化成”“辅相”,最终必须落实到“左右民”这个根本要求上。左右者,佐佑也。佐,辅助,支持;佑,保护,赐福。

孔子在《彖传》中指出,当泰之时,“君子道长,小人道消也。”就治国济世言,这个君子之道首先在于爱民、护民、惠民。唯其如此,才能真正奉行天地之道,尽得天地之宜。

诗云：天地交和大道行，
宜于社稷利于民。
谁来佐佑万千众，
古祈王恩今革新。

四十二、俭德辟难

《象上传·否》曰："天地不交，否。君子以俭德避难，不可荣以禄。"

否卦与泰卦正好相反，乾天在上，坤地居下。所以说："天地不交，否。"《说文》云："否，不也。"不可，不行，不通。当否之时，诚如《彖传》所言："大往小来，则是天地不交而万物不通也，上下不交而天下无邦也。""大"指阳刚乾天，往上而去；"小"指阴柔坤地，就下而来。相互分离，互不交往。天地不交，阴阳不和，以致万物不通。上下不交，政治不和，有令不行，有禁不止，虽然封侯列国，却如天下无邦。

否塞之世，君子顺时而为，办法就是"俭德避难"。收敛德能之光，缩减影响，回避奸邪耳目于市曹。切不可乘机出头露面，自命不凡。更不可与小人同流合污，甚至丧失品格，谋取一官半职，以获得俸禄地位为荣耀。

俭德辟难，其哲理意义在于审时度势，视情应变。《论语·公冶长》有云："道不行，乘桴浮于海。"坐在小船上浪荡海洋，一方面是俭德以别乱世，避难以远小人，另一方面则是为了改变环境，调适心态，更好地进行哲学思考，修养德性。所谓"俭德"，如朱熹所说是"收敛其德，不形于外"。其道德品性则始终如一，固存于内。一旦时来世变，反否转泰，又将日出东山，光明鲜丽也。

贤人俭德辟难与志士治乱克难并不对立。区别只在于条件不同，对策不同。前者着重于"不可荣以禄"而与当权小人同流合污，后者着重于组织力量反对小人的为非作歹。无论如何，都是对小人权势的打击，对道德正义的弘扬。

诗云：天地背离引否生，
　　　贤仁避难出围城。
　　　飘零秋叶春重发，
　　　俭德始终心亮灯。

四十三、类族辨物

《象上传·同人》曰："天与火，同人。君子以类族辨物。"同人卦上卦为乾，象征天；下卦为离，象征火，构成"天与火"之象。程颐说："天在上，火性炎上，火与天同，故为同人之义。"这个解释的根据出于《文言传》："同声相应，同气相求。水流湿，火就燥，云从龙，风从虎，圣人作而万物睹。本乎天者亲上，本乎地者亲下，则各从其类也。"地湿而天燥。"水流湿"，所以水性"亲下"，属于"本乎地"的物类。"火就燥"，所以火势"亲上"，属于"本乎天"的物类。但孔子对于"同人"的意蕴，在这里有独特的指向。他在《象传》中明确指出："柔得位得中而应乎乾，曰同人。""柔"指第五爻阴柔六五，"得位"指获全卦的主导地位，"得中"指居于上卦的中位，隐喻秉守中道。"应乎乾"则指与下卦乾阳和谐呼应。由此可见，孔子观象生意的"同人"，是领导者奉行中道以致上下一心的同人。

类族的基本特点在于包含其内的各个成员都具有某种相同的共性。这种共性表现为逻辑学关于一定概念所具有的一定内涵。依其内涵推而广之，即所谓外延。由此罗列聚合，乃成类族。

君子者，心有灵犀一点通。观"天与火"的同人卦，触象生意，自然地联想到"类族辨物"这一重要的认识方法。孔子告诫道："方以类聚，物以群分，吉凶生矣。"(《系辞上传·第一章》)为什么？因为各个类族具有各自不同的性格、气质、爱憎、好恶。人类社会同样各显差异。不同的肤色，不同的文化，不同的宗教信仰，不同的经济模式与政治体制等等，千差万别。对此，须要相互认识对方、了解对方，为此须要接近对方，交流开放，积极妥善地处理好相互关系，求得互利共赢。由此表现为吉。反之则凶。

认识与处理好以类族为依托的人与人、人与物的关系。其实正是孔子提倡“文化”的原初本义。他认为,“物相杂,故曰文。文不当,故吉凶生焉”(《系辞下传·第十章》)。“物相杂”表现为物与物、物与人、人与人,以至此类族与彼类族之间交错相处的情状及其内在关系,孔子将其表述为“文”,并通过《彖上传·贲》定义为阳刚与阴柔的交流往来。他把自然界的刚柔交往称为“天文”,人与人的交往称为人文。又进一步指出:“观乎天文,以察时变。观乎人文,以化成天下。”原初的“文化”之义,由此跃然纸上。从本质上看,“观乎天文”为的是认识世界以改造世界,“观乎人文”为的是认识社会以化成社会。而依据类族原理辨别人与物、辨别人群与物群,同样为的是认识各方异同以期求同存异,调整和处理好相互关系。所有这些,都是孔子阐述文化的本义。其要旨精蕴,不仅光照千秋,而且足以指引现代文化理念的道义创新。

诗云:类族自来存异同,
观乎天地见卑崇。
但期文化归原本,
辨物全球终为公。

四十四、遏恶扬善

《象上传·大有》曰:“火在天上,大有。君子以遏恶扬善,顺天休命”。

大有之上卦为离,象征火;下卦为乾,象征天。所以说“火在天上”。程颐解释道:“火高在天上,照见万物之众多,故为大有。大有,繁庶之义。君子观大有之象,以遏绝众恶,扬明善类。”“万物众多,则有善恶之殊。君子享大有之盛,当代天工,治养庶类。治众之道,在遏恶扬善而已。恶惩善劝,所以顺天命而安群生也。”

他把“大有”解释为“繁庶”,表现为“万物众多”,于是有善有恶。在这种大有的盛况下,君子“当代天工,治养庶类”,即替天行道,治理养育民众。他认为“治众之道,在遏恶扬善而已”。不错,社会大众须要遏制恶行,弘扬善举。但这只是一个方面。我们更要注意与此相关的另一个方面,即三国曹魏大思想家王弼在其《周易略例》中所指出的,“夫众不能治众,治众者至寡者也。”这个“至寡者”,就是现实的当政阶层。遏恶扬善要想真正取得成效,首先须从这个阶层加以突破。鲁国正卿季康子问政,孔子对曰:“政者,正也。子率以正,孰敢不正?!”(《论语·颜渊篇》)他在《象上传·师》中同样响亮地提出:“贞,正也。能以众正,可以王矣!”“遏恶扬善”就是“正”:正人心,正思想,正风气,正体制,首先要正当权者。看来,程颐没有完全说在点子上,颠倒了主次,或许是个“立场问题”。但官职比他高的司马光认知却有进步,认为“火在天上,明之至也。至明则善恶无所逃。善则举之,恶则抑之。庆赏刑罚,得其当然,后能保有四方。所以顺天休命也”(《温公易说》)。诚然,他崇扬高层的“至明”,如能提升到“至正”,绝对符合孔子的思路。因为“至明”仍停留于察照下层。“至正”则不仅正人,更重正己。当政阶层敢于正己，“遏恶扬善”问题必迎刃而解。

在易学史上，关于观大有之象而生遏恶扬善之意者，论说繁多。依照孔子关于“象者，像也”的经典要诀，离卦既像火，又像目。你看上下两个阳爻构成眼眶，中间一个阴爻形如瞳孔。据此推想，“火在天上”可以转化为“上天有眼”。天眼在上，自然足以遍察万物，洞悉善恶了。而在现实生活中，这个天眼，其实是人民的眼睛。

诗云：因缘果报有蹊跷，
仁义之心未可摇。
善恶终须民意判，
上天有眼奈何逃！

四十五、裒多益寡

《象上传·谦》曰:“地中有山,谦。君子以裒多益寡,称物平施。”

谦卦上为坤,象征地;下为艮,象征山。山本来高大雄伟,拔地而起。现在竟然屈居地中,生动地展示其谦逊自卑之象。“裒”(póu)含减少之义,“裒多益寡”,就是减损有余,增补不足。“称”含计量轻重之义,“称物平施”,就是权衡事物,公平分配。

“地中有山”的卦象怎么搭上“裒多益寡”的原则?程颐的解释是:“山而在地下,是高者下之,卑者上之。见抑高举下、损过益不及之义。”历代易学家大多从物质分配上理解“裒多益寡”,让多的减少,少的增多。明代学者杨启新却从观念形态上进行独特的阐析。他说:“人之常情,自高之心常多,下人之心常寡。不裒而益之,则自处太高,处人太卑。而物我之间,不得其平。故抑其轻世傲物之心,而多者不使之多。增其谦卑逊顺之意,而寡者不使之寡。多者裒之,则自观不见其有余。寡者益之,则视人不见其不足。而物我之施,各得其平矣。”大意为:人心常觉自己高明的多,认为低于别人的少。这种观念倘若不予减小反而增多,必将把自己抬得太高而把人看得太低。于是在自我与他人、外物之间关系便会得不到公平合理的处置。因此,抑制轻世傲物的心态,使自高自大者不再增多。增强谦逊卑顺的思想,使自觉比人不足者不再减少。多的减少,自我审视就不会只见自己的长处;少的增多,审视别人就不会只见其不足。这样,物我之间便会各得其宜,公平合理。看来,上述见解不无积极的现实意义。

“裒多益寡”是一种社会分配准则,属于意识形态观念。这种观念落实于行动,便会要求“称物平施”:度量事物,综合权衡,公平分配,各得其宜。这或者也算是中国古代的一种朴素社会主义思想吧!

诗云：不足当增损有余，
人情天道共通衢。
公平分配循常理，
综合权衡德未虚。

四十六、作乐崇德

《象上传·豫》曰:"雷出地奋,豫。先王以作乐崇德。殷荐之上帝,以配祖考。"

豫卦上为震,象征雷;下为坤,象征地。所以卦显"雷出地奋"之象。程颐解释道:"雷者,阳气奋发,阴阳相薄而成声也。阳始潜闭地中,及其动,则出地奋震也。始闭郁,乃奋发,则通畅和豫,故为豫也。坤顺奋发,和顺积中而发于声,乐之象也。先王观雷出地而奋,和畅发于声之象,作声乐以褒崇功德。"大意为:雷是阳气奋发而起,阴阳急速迫近形成的声音。阳气起初潜藏在地中,当它发作起来,就冲出地面强劲震动。开始时闭塞压郁,到奋发而出时,就变得通畅和悦,所以卦名为豫(和悦,快乐)。豫的下卦坤顺从阳气奋发,和顺内积而外发为声,构成音乐的征象。古代帝王观察雷出地奋、和畅发声的卦象,创作声乐来褒扬功绩,崇尚德业。

"殷"寓深厚、隆重、盛大等义。《礼经》中记载的"殷奠",即系盛大的祭祀。"殷荐之上帝",就是将和谐的声乐隆重地进献给上天的主宰者。"以配祖考",以期与建功立德的祖先一起,天人共享和悦欢欣的音乐盛典。须要指出,孔子并不迷信鬼神。他只是从阐扬道德、开风化俗的角度通过声和音美的乐章来歌天功而崇祖德。诚如《论语》所云:"祭如在,祭神如神在。"目的为"慎终追远,民德归厚矣"。所以他特别讲究声乐的纯正、朴实、和谐,足以振奋精神,感人为善。他说过,"不学礼,无以立";"不学诗,无以言。"在这里我们是否还可补充一句:"不作乐,无以崇德。"

须要指出,程颐关于卦名的解释并不完全符合孔子原意。孔子认为,"刚应而志行,顺以动,豫"(《彖上传·豫》)。"刚应"指阳刚九四与卦主六五亲比，阴阳和应而其志得以践行。同时下卦坤又象征顺，上卦震又象征动，两者结合，展示顺畅行动，所以称豫，以表和悦顺畅。在这里，孔子将“豫”的原因归之于“顺以动”，强调“天地以顺动，故日月不过而四时不忒。圣人以顺动，则刑罚清而民服”。这种“顺以动”，就是顺时而动，顺阴阳和应之道而动，顺民心所向而动。

诗云：五音谐振乐成章，
崇德歌功悦万方。
金玉天人同喜庆，
柔和顺畅志行刚。

四十七、向晦宴息

《象上传·随》曰:“泽中有雷,随。君子以向晦入宴息。”

随卦上为兑,象征泽;下为震,象征雷。所以卦象为“泽中有雷”。

程颐解释道:“雷震于泽中,泽随雷而动,为随之象。君子观象,以随时而动。随时之宜,万事皆然。”朱熹则谓:“雷藏泽中,随时休息。”其实孔子是从卦象展示的相互关系来阐析卦名的。《彖传》指出:“刚来而下柔,动而说(悦),随。”孔子设想上兑下震的随卦由上乾下坤的否卦转化而来。即否卦的阳刚上九来到底层与坤卦的初六相互交换位置,变为随卦。这时,阳刚初九取代原先的初六而主动屈居于六二、六三两个阴柔之下,形成动(下卦震)而悦(上卦兑)的新格局。动而悦者,阳刚运动而随从阴柔以得和悦也。由阳随阴、刚随柔进而引申,则程颐“随时而动,随时之宜”之说当无不可。由此联系“君子向晦入宴息”,君子在夜幕降临之际,入室安息,固属天经地义。而就孔子的哲学思想研析,向晦者,阴也;君子者,阳也;安息者,和也。

诗云:动而悦之斯谓随,
阴阳和合泽藏雷。
悠然向晦安休处,
迎得朝阳遍地晖。

四十八、振民育德

《象上传·蛊》曰:“山下有风,蛊。君子以振民育德。”

蛊卦上为艮,象征山;下为巽,象征风。所以卦象为“山下有风”。

说到蛊,一般都会想到蛊毒、蛊惑,涂上一层灰暗而神秘的色彩。须知,蛊是一个会意字,原义为生于器皿中的虫,或虫蚀器皿。但卦辞却很吉利:“元亨,利涉大川。”孔子则从“治世之事”方面引申阐释:《象传》提出“蛊则饬”,即遇蛊之事,就须整顿治理。程颐解释说:“山下有风,风遇山而回,则物皆散乱,故为有事之象。君子观有事之象以振济于民,养育其德也,”从“山下有风”到“风遇山回”而吹乱诸物,造成事件,程颐的想象颇为奇妙。其实,养蛊用毒,本来是一些原始山区先民的护身保家之术,其中夹杂着愚昧、迷信,甚或祸害他人之心。据《周礼·秋官》记载,周代曾设庶士之职,专管除治毒蛊。郑玄引东汉《贼律》注曰:“敢蛊人者,及教令者弃市。”对施蛊人及教唆者斩首市曹而弃其尸,刑罚不可谓不重。然而,山民养蛊,根源唯在缺乏文明意识,因此,更当重视教育。孔子在阐释蒙卦时,立足启发蒙昧,强调“果行育德”。现在阐释蛊卦,同样着意根除愚昧,强调“振民育德”。

振民,使民众振作起来,奋发起来,增智益慧,自强不息。育德,使民众认清人生方向,明确前进道路,择善去恶,近美远丑。两者相互联系,相互促进。其根基则在育德。德立而思明,思明而行正。虽个人有事,家庭有事,社会有事,国家有事,当可正确处置。所以,《象传》解释卦辞“元亨,利涉大川”时说:“元亨,而天下治也。利涉大川,往有事也。”

诗云:振民固本共兴邦,
育德安基正纪纲。
何惧事多忧未备,
预防风火筑高墙。

四十九、教思无穷

《象上传·临》曰:“泽上有地,临。君子以教思无穷。容保民无疆。”

临卦上为兑,象征泽;下为坤,象征地。所以呈“泽上有地”之象。

“临”是自上向下,从高到低,也有俯视、到来之义。《序卦传》云:“临,大也。”《杂卦传》则认为临含给予之义。两者都同“自上向下”有关。在帝制社会,“君临天下”,其临自属最大。而既临之,当予之。给予什么?孔子脑子里首先想到的,便是教育,思想。因为他自己“学而不厌”,同时还“诲人不倦”。朱熹的解释是“地临于泽,上临下也。二者皆临下之事。教之无穷者,兑也。容之无疆者,地也。”“容之无疆者,地也”容易理解,因为“大地无疆”。“教之无穷者,兑也”似颇费思量。对此,《周易集解》搜得一条三国时期吴国大学者虞翻的注解。他说:“兑口讲习,学以聚之,问以辨之。坤为思刚浸长,故以教思无穷”。“学以聚之,问以辨之”为孔子《文言传》所述。“刚浸而长”即“阳刚逐渐成长壮大”是孔子《彖传》关于临卦卦象发展趋势的分析。“兑口讲习”中,“兑口”来自《说卦传》“兑为泽、为少女、为巫、为口舌……”“讲习”则来自《象下传·兑》“君子以朋友讲习”。总之,虞翻的注解字出有因,拼凑成文,亦尚能自圆其说,但总觉十分勉强。不过,“教思无穷”与兑卦确有一定关联,这并不是由于兑象征口。因为读《论语》可知,孔子宁愿喜欢木讷结巴的老实人而绝不赞赏伶牙俐齿的狡佞者。在这里,兑的重要意义在于它展示泽中一泓碧水。“仁者乐山,智者乐水。”面临知识与思想微波荡漾之境,兑还表现出特有的和乐与喜悦。尤其是,泽临于地,深受大地“厚德载物”之恩。而兑水盈盈,自当以道德为本的教思润泽广大人众,永无穷尽。

孔子从临卦之象引出“教思无穷”的现实课题，又顺文乘势提出“保民无疆”的君子使命，再一次揭示了深藏内心的教育情结与民本观念。

诗云：清泽一泓情自容，
涟涟教思际无穷。
保民怎有休停处，
旭日腾空遍地红。

五十、观民设教

《象上传·观》曰："风行地上，观。先王以省方，观民设教。"

观卦上巽下坤，巽象征风，坤象征地，故见"风行地上"之象。

程颐阐释道："风行地上，周及庶物，为由历周览之象。先王体之为省方之礼，以观民俗而设政教也。"翻成白话说：风在地上飘荡，周围事物巨细无余，莫不触及，显示出普遍赏览之象。古代圣王由此体悟，部署巡视四方的仪礼，观察民俗，设置政制，推动教化。

程颐的阐释大体到位。但"观民设教"的内容应当扩充。观民，统观民情，不仅是观民俗，而首先是观民生。人民生活状况如何，当系领导者必须首当了解的内容。与此同时，勤听民意而观民心，然后才能真正想民之所想，急民之所急。从而求得按需"设教"，缺什么，教什么，存在的实际问题，通过教育与政策的途径以求化解。这里，要把思想教育、道德教育放到重要位置上去。而更当指出的是，教育者在认真反思民情、民生、民风、民心的基础上自己先须自觉进行自律教育。诚若《象传》对观卦卦主九五爻辞"观我生"所作的鲜明评述："观我生，观民也。"以民为鉴，反躬自观，成为高层领导是否真正心系人民的试金石。《彖传》更提出了"中正以观天下"的政治思想准则，其教育对象恰恰是"观民设教"的所有领导人。

"观民设教"既体现哲学思想，也体现教育思想，还体现政治思想和民生思想。《论语·季氏篇》引孔子说："困而不学，民斯为下矣。"领导者要让民众走出始终处于低下的弱势地位困境，"观民设教"是必由途径。

诗云：一从大地始经纶，
设教即成贤智尊。
八面威风何日止？
观民还在此心敦。

五十一、明罚敕法

《象上传·噬嗑》曰:“雷电,噬嗑。先王以明罚敕法。”

噬嗑(shì hé)上卦离象征火电,下卦震,象征动雷。故呈雷电之象。若依观象惯例自上而下,则如朱熹说,“雷电当作电雷。”

程颐解释道:“电明而雷威。先王观雷电之象,法其明与威,以明其刑罚,饬其法令。”也就是说,先王效法火电之光明而明定刑罚,效法动雷之声威而颁布法令。

那么,孔子又是如何看待刑罚执法的呢?且看他在《象传》中的论述:“颐中有物,曰噬嗑。噬嗑而亨。刚柔分,动而明,雷电合而章。柔得中而上行,虽不当位,利用狱也。”“颐中有物”是一个非常有趣的说法。“颐”是六十四卦之一,除上下两头为实(阳爻)外,中间四爻皆虚(阴爻)。噬嗑卦恰恰将第四爻由阴变阳,化虚空为实体,于是呈现“颐中有物”之象。腮巴中夹着一块坚实的东西,自然很不舒服,于是发生“噬嗑”,亦即咬嚼。“噬嗑而亨”,一咬嚼,嘴巴里面便通畅了。大家知道,孔子是崇尚德治的,但不少人可能尚未了解,他同时还坚持法治。颐然生养固合理想,但若“颐中有物”,硬要阻塞人的生机,则必须运用法律的牙齿将其咬碎。他的这种法治观念,在蒙、贲、丰、旅等卦的相关阐述中,同样鲜明地得到体现,并且各具特色和一定的针对性。言简意赅,富蕴指导意义。比如噬嗑之说,我们还可以得到以下深刻的启示:

第一,“刚柔分。”从卦象看,它表明噬嗑卦的结构为阳刚之爻与阴柔之爻各占六爻全体的一半,平分秋色。而其涵藏的意蕴则是:宽严适度,执法公平。

第二,“动而明。”程颐强调执法的明与威,朱熹也认为“治狱之道,惟威与明”。但孔子只讲“动而明”。法治必须落实行动：立法必当，有法必依，执法必严。如何当？如何依？如何严？一言以蔽之：明——光明正大，清明无误。

第三，“雷电合而章。”雷是动，是行为；电是明，是准则。章则是文采奕奕的乐篇，协和完善的规制，周全缜密的体系。它展示出孔子心目中国家法治的生动景象。

第四，“柔得中而上行。”“柔得中”指阴柔六五主宰全局，得中位而持中道，公平端正，宽严适度。虽其个人才力尚非完全过硬，而风清气正，上行下效，创设了一个经得住实践检验的体制、作风与环境，形成良好的法治体系，从而有利于法令的正确贯彻执行。

诗云：雷是权威电是明，
法无特区但公平。
刚柔相济通情理，
禁止令行民自宁。

五十二、贲明庶政

《象上传·贲》曰:"山下有火,贲。君子以明庶政,无敢折狱。"

贲卦上为艮,象征山;下为离,象征火。故显"山下有火"之象。

程颐云:"山者,草木百物之所聚生也。火在其下而上照,庶类皆被其光明,为贲饰之象也。"意思是,火从山下照到山上,照得聚生山间的各种物类一片光明,从而表现为贲饰之象。《说文》释曰:"贲者,饰也。从贝,卉声。"贲(bì)的原义应是与贝、草之类相关的装饰。《序卦传》也说:"贲,饰也"。但《杂卦传》却说"贲无色也"。这种无色之饰究竟是怎样的装饰?答曰:文饰,文明之饰。它是精神之饰而非物质之饰,所以"无色"。其根据则在《彖传》。《彖上传·贲》曰:"贲亨。柔来而文刚,故亨。分刚上而文柔,故小利有攸往,天文也。文明以止,人文也。观乎天文,以察时变;观乎人文,以化成天下。"这段文字非常重要,它是孔子关于文明与文化的原始经典论述。让我们细细体会:

第一,贲卦之饰,是一种非常特别的文饰。表现为柔来文刚或刚上文柔。即刚柔相互文饰。柔来文刚,结果为"亨",顺畅通达。刚上文柔,结果为"小利有攸往"。小者,阴柔也。即阳刚文饰阴柔,助其顺利前进。

第二,刚柔相互文饰,表现在卦象上,就是阴阳相互交流来往。在自然界,无论柔文刚或刚文柔,反映于宏观宇宙,构成星光灿烂的物质体系,这就是天文。现代科学关于星球之间、星系之间,以至物质与暗物质、能量与暗能量之间的种种运变格局,就孔子哲学观说,无不皆系阴阳之交,刚柔之文。

第三,反映于人类社会,刚柔相文表现为人与人之间的交流往来。

它要求做到“文明以止”,形成“人文”。“文明以止”的意念来自卦象的启发:贲的上卦艮,象征山与止;下卦离,象征火与明。但这里的“明”,主要不是程颐解析的“光明”,而是孔子阐述的“文明”了。文明以止,即到达文明之境地,那就是与天文相对应的人文的实践过程。

第四,观察研究天文,为的是了解与掌握时空运变的规律,使人类得以认识世界,改造世界,更好地适应世界。

第五,观察研究人文,为的是调整、改善与优化人与人、人与物的关系,最终化成一个美好的天下。

孔子以一个貌不惊人的贲卦为思想平台,竟然勾画出一幅文明与文化的宏伟图景,令人叹为观止。而这个文明与文化的落实点,竟然又首先放到有关老百姓的日常政事上:要求当权者“以明庶政”,“无敢折狱”,即文而明之地深入了解与公正处理涉及广大民众的各项政务,尤其要以敬畏之心严谨慎重地处理涉法案件,切不可自以为是,草率判案定罪。诚如程颐所言:“折狱者,人君之所至慎也。岂可恃其明而轻自用乎?!”判案定谳确系性命攸关的大事,必须十分谨慎。但朱熹却将折狱与明庶政二者生硬地分割开来,认为“山下有火,明不及远。明庶政事之小者,折狱事之大者”。看来,这样的理解并不全面。因为,折狱之事固大,而明庶政之事岂能说小哉!并且,《象传》的文意很明白,“明庶政”,着重要求“无敢折狱”,后者应系前者题中应有之义。唯有胸中放着一颗亲民之心,脑中竖着一支文明之尺,从人文高度看待“庶政”与“折狱”,力求文而化之,才能真正体会孔子关于“贲明庶政”的精深理念。庶政者,有关老百姓的日常政经、文教、安保、衣食住行、社会诉求等诸多纷杂事务也。它直接攸关广大民众的利害权益,岂容等闲视之。庶政之明,是清楚分明、正大光明、公平透明,还要亲和文明。庶政之明,首先在明民之苦乐、民之爱恶、民之思虑,以期解民意、顺民心,真正执政为民。

诗云：庶政情牵亿万人，
　　　等闲未可疾关门。
　　　升堂折狱恒严谨，
　　　正大光明复重文。

五十三、厚下安宅

《象上传·剥》曰："山附于地，剥。上以厚下安宅。"

剥卦上为艮，象征山；下为坤，象征地。故呈"山附于地"之象。

程颐认为："山高起于地而反附着于地，圮剥之象也"。这里提出了一个问题：高起于地而又附着于地的山是否一定会圮(pǐ)剥，即毁损剥蚀。其实，山无论多高，自然附着于地。至于它是否会剥蚀，固有风化等外因，更有其自身不稳定的内因。这种内在的稳定性，依据孔子的哲学观，皆因缘于阴阳推移，刚柔变化。《彖传》为此明确指出："剥也，柔变刚也。"所谓"柔变刚"，不是阴柔变成了阳刚，而是阴柔改变着阳刚，取代着阳刚，使原来的阳刚世界逐渐变为阴柔领地。从卦象看，剥卦自下而上五爻已全成阴柔之体，唯剩最上一个阳爻也开始显出日薄西山之态，看来形势比较危急。

面对"剥"的危象，君子有何启悟？宋司马光在《温公易说》中深有感触地说："基薄则墙颓，下薄则上危。故君子厚其下者，所以自安其居也。"他认为，基础薄弱，立在上面的高墙容易倾毁。下面薄，上方危。所以君子应当厚待下属，安置好他们的住宅，以自保安居。这番议论不无道理。唯对照孔子思想，君子"厚下安宅"如果只为"自保安居"，在道德层面上，其境界显得低了一些。

事实上，山不仅依附于地，而且根连于地。虽上下有分而山地一体。地稳则山安，地动则山摇。山安身于地，人安身于宅，因此，上层必须切实关注下层而认真落实好他们的安身之地。须知住宅是民众生活的基本需求，力保居者有其室是当政者的一项重要社会使命，岂能单从自身安危着眼而定住宅政策？要说孔子的理念，便是《彖传》中的劝告："损上益下，民说(悦)无疆。"

诗云：山连于地吉凶明，
厚下须持安宅经。
广厦砌成千万幢，
宜从市井听公评。

五十四、至日闭关

《象上传·复》曰:“雷在地中,复。先王以至日闭关。商旅不行,后不省方。”

复卦上为坤,象征地;下为震,象征雷。所以说“雷在地中”。

程颐解释道:“雷者,阴阳相薄而成声。当阳之微,未能发也。雷在地中,阳始复之时也。阳始生于下而甚微。安静而后能长。先王顺天道,当至日阳之始生安静以养之,故闭关使商旅不得行,人君不省视四方。”大意是,阴阳相互迫近,产生雷声。复卦之时,一阳初生于下,还很微弱而不能发声,须要使之安静才能成长壮大。于是古代帝王顺依这样的天道,在阳气刚开始发生的至日,关闭城门,停止商旅通行,君主自己也不去四方巡视。

程颐这番“至日闭关”的大道理,概而括之为:静养阳气。倘若联系实际,其实简单得很。

众所周知,《周易》有十二个消息卦,即根据全卦六爻连续不断的阴阳消长过程,排列出十二个卦象分别代表农历全年十二个月份。十月阴气最盛,表现为纯阴的坤卦。紧接着就是“一阳复生”的复卦,代表十一月。此时黄河流域气候严寒,所谓“至日”,即当其时,大体上开始接近于冬至之日。古代帝王在物质条件极其简陋的情况下,为了保护民众免遭外出时的冰冻伤害,所以规定“至日闭关”。因此,至日闭关既见“以静养阳”之情,更寓“时止则止”之义。以静待动,以止免害。它体现古代帝王的圣贤之心:亲民,爱民,保民。这也就是《彖传》提出的“天地之心”,亦即生生之心,据以尊重生命,珍惜生命,护佑生命。

诗云:春去秋来冬自临,
一阳回复未时宁。
风霜刀剑冰寒烈,
至日闭关唯为民。

五十五、以茂对时

《象上传·无妄》曰:“天下雷行,物与无妄。先王以茂对时,育万物。”

无妄卦上为乾,象征天;下为震,象征雷。所以说“天下雷行”。

程颐解释道:“雷行于天下,阴阳交和相薄而成声,于是惊蛰藏,根萌芽,发生万物。其所赋与,洪纤高下各正其性命,无有差妄,物与无妄也。先王观天下雷行,发生赋与之象,而以茂对天时,养育万物,使各得其宜,如天与之无妄也。”大意是,天下滚滚雷动,表明阴阳二气交和触发而成隆隆之声。由此惊醒冬眠深藏土中的虫类,振作草木发芽成长,催生万物。不论大小高低,赋予它们各自端正自身性命(的环境条件),毫无差错混乱,这就叫“物与无妄”。古代帝王观察“雷行天下”,万物获得天赋生机的卦象,受其启示,以积极的作为繁茂庄稼、兴盛农业以对应天时,畜养万物,使之各得其宜。如同上天赋予而为“无妄”。

这里需要探讨的,一是何谓“物与”?程颐(包括朱熹)解释为(天)对万物的赋与。看来它颠倒了主谓关系。“物与”者,万物自然地参与到“雷行天下”的时空大局中。“与”不是“赋予”“给与”,而是“参与”“相与”(交往、会同)。二是何谓“无妄”?《说文》云:“妄,乱也”。无妄,即不乱,秩序井然。“物与无妄”,即万物响应,自然参与,不错不乱,井然有序。倘如我们由下卦震象征动而上卦乾象征天联想到“万物之动,遵行天道”,又可以从一个新的视角发现“无妄”的涵义。借用一句佛语,亦可称之“真实不虚”。至于“各正性命”等说法,作为推论未尝不可,不过只是外加于《象传》原文的一种想法而已。

弄清了“物与无妄”的原义,再来联系“以茂对时”,当即顺理成章:

既然万物都自然有序地响应天时，展示生机，那么人类自当在圣明帝王的指引下“以茂对时，育万物”了。“茂”寓盛大、兴发等义，亦寓积极奋发之义。以茂对时，可从两个层面进行理解：

第一，客观层面，创建一个蔚然繁茂、百业兴旺的局面来对应“天下雷行”的时空，养育万物，发展生态。

第二，主观层面，确立宏大志向，振奋精神，动员亿万民众，声势隆重地推进生产生活的新过程，顺天而动，与时俱进。

倘如进一步潜心思考，你还可以又一次体会到孔子以人为本，关注民生的厚意深情。

诗云：天下雷行万物稠，
对时以茂志方遒。
春风得意三千里，
生命萌芽盛九州。

五十六、多识畜德

《象上传·大畜》曰:"天在山中,大畜。君子以多识前言往行,以畜其德。"

大畜卦上为艮,象征山;下为乾,象征天。所以说"天在山中"。

程颐解释道:"天为至大,而在山之中,所畜(通蓄)至大之象。君子观象以大其蕴畜。人之蕴畜,由学而大,在多闻前古圣贤之言与行。考跡以观其用,察言以求其心。识而得之,以畜成其德。乃大畜之义也。"

诚若程颐所说,天作为最大的客体辉映山中,构成了所畜极大之象。而与小畜卦呈以阴畜阳之象对比,则大畜卦具有以阳畜阴的特点。天者,道也,德也。山者,仁者之所乐也。怎样畜积道德,孔子提出了一条重要途径:多识前言往行。

前言往行,亦即前人的言论、文字与过去实践的经验,当然是今天人们增长知识的重要来源。但增长知识与畜积善德既有联系,又有区别。尽管西方古典哲学大师苏格拉底认为"知识就是美德",他的后继者们也始终未能就此得出完满的逻辑论证。到了18世纪,著名哲学家康德将前者的获得归入"纯粹理性",而将后者的展示归结于"实践理性"。中国传统儒学则通过格物致知而诚意正心以求知识与美德的统一。心学大家王阳明又以"致良知"来自圆其说。那么,孔子对此又持何见解?请大家特别注意"前言往行"之前的两个字:多识。"前言往行"是已经成为经验的宝贵知识,当今的人们理应认真加以吸收。但孔子告诫我们,在吸收过程中更要注重"多识",多加识别,多作分辨,弄清前言往行中的功过善恶,是非曲直。不要前人怎么说,你就照样说;前人怎么做,你就照样做。而应如《论语·为政篇》所诫:"多闻阙疑，慎言其余则寡尤。多见阙殆，慎行其余，则寡悔。”即广纳听闻，对存在疑问的部分要留存待辨，只谨慎地述说明确肯定的内容，错误就少。广开见界，对存在险难的方面要善予放置，只谨慎地践行确有把握的经验，后悔就少。“多闻”如此，“多见”如此，“多识”更是如此。多识者，不仅要多求识见，而且要多方识别，特别是在前言往行中识别其主体，识别实施言论行为的人。“前言往行”的主人可能识别吗？子曰：“视其所以，观其所由，察其所安，人焉廋哉？人焉廋哉！”（《论语·为政篇》）在前言往行中，常常可以发现言行者的“所以”（目的起因），“所由”（方式方法），“所安”（意愿倾向）。诚然，它要求识者具备相应的知识涵养与道德操守，从而达到“多识前言往行，以畜其德”。

诗云：足赤黄金疑有假，
晶莹白璧亦存瑕。
前言往事明分辨，
德比青枝识若花。

五十七、慎言节食

《象上传·颐》曰:“山下有雷,颐。君子以慎言语,节饮食。”

颐卦上为艮,象征山;下为震,象征雷。故得“山下有雷”之说。

程颐解释道:“以二体言之,山下有雷,雷震于山下。山之生物,皆动其根荄,发其萌芽,为养之象。以上下之义言之,艮止而震动,上止下动,颐颔之象。以卦形言之,上下二阳,中含四阴,外实中虚,颐口之象。”这段论述既富想象力,又具启示性。它从三个维度向我们展现颐卦的征象。一是从颐卦由上卦艮山和下卦震雷二个单体构成一个整体的维度看,山上的植物经过雷震而活动根系,萌发新芽,所以显示出给养之象。二是从上下两个单卦涵义的维度看,上卦艮为止而下卦震为动。比之进食,则上颚静止而下颚运动,所以呈现颐(面颊)颔(下巴)之象。三是从卦象图形看,上下两个阳爻代表口部上下两边的实体,中间四个阴爻代表口腔的空虚,所以可见颐口之象。总之,颐联系着养,联系着口。于是程颐继续引申说:“口所以养身也,故君子观其象以养其身,慎言语以养其德,给饮食以养其体。”

程颐解释“颐”有给养的涵义,又由颐联系到口而述及言语与饮食。但尚未找出言语要“慎”和饮食要“节”的由来,只是就道论理,认为“慎之则必当而无失”“节之则适宜而无伤。”其实,孔子提出“慎言语,节饮食”,仍是从卦象中提炼出来的“圣人之意”。须知下卦震象征动,上卦艮象征止,意味着人的行动应当适可而止。子曰:“言行,君子之枢机。枢机之发,荣辱之主也。言行,君子所以动天地也。可不慎乎!”(《系辞上传·第八章》)《象上传·需》则强调“君子以饮食宴(安)乐”。言语行为是君子取得荣誉或耻辱的总开关,由此震天动地,怎么能不审慎呢!而饮食要安乐,亦必适当节制。

俗语道:病从口入,祸从口出。"病从口入"在于饮食不适当,"祸从口出"在于言语不审慎。所以,孔子将"慎言语,节饮食"联系起来,是经过一番生活的思考的。曹操《龟虽寿》有云:"盈缩之期,不但在天。养颐之福,可得永年。"口颐是天生的器官,言食是口颐的功能,养颐则是主管意志及其导致的行为。慎言节食,养颐有方,虽难"永年",亦可延缓衰老,争取长寿。但既要祈求养颐之福,尤须修积养颐之德。

诗云:节食慎言诚有因,
和中守正胜千金。
永年之福何处接?
养在口颐存在心。

五十八、遯世无闷

《象上传·大过》曰:“泽灭木,大过。君子以独立不惧,遯世无闷。”

大过卦上为兑,象征泽;下为巽,象征木。所以说“泽灭木”。

程颐解释道:“泽,润养于木者也,乃至灭没于木,则过甚矣。故为大过。君子观大过之象,以立其大过人之行。君子所以过小人者,以其能独立不惧,遯世无闷也。”他认为,泽水本来是润养木头的,现在竟灭没了木头,实在太过度了,所以成为大过。君子观察大过之象,(据此效法)确立超越过人的品行。这种超越过人之处,就在他能够特立独行而不畏惧,退避世俗而无愁闷。

这里,大过不是大过失或大过错,而是大超越,大过人,寓褒义而非贬义。据此而言,程颐关于“泽灭木”是泽太过度的说法显然自相矛盾。泽灭了木,能够表现“独立不惧,遯世无闷”的过人品行吗?否。当然,“灭”不是消灭,而是淹没。木头本应浮游泽水之上,可是它太坚硬,太刚劲,太结实了,竟至超过一般人的常识,深深地沉入泽水下面。所以称得上大过者,并不是泽,而恰恰是木。木沉于水中,尽管一片昏暗,依然独立不惧。木沉于水中,尽管无人看见,无人知晓,始终遯世无闷。遯即遁也。遯世,远离世俗;无闷,不觉懊恼。尤其应当指出的是,这个君子立意远离的世俗,当是大道不行,小人得志的世俗。“道不行,乘桴浮于海。”(《论语·公治长篇》)大海浩茫宽广,一舟浮于其上,人莫能知。泽的体量远不如海那么宽阔,木唯沉于水下,方可无人知晓,远避世乱。

《彖传》释“大过”,还展现卦象的另一种境界:“刚过而中。”刚过,指全卦除上下两个阴爻外,其余均系阳爻,显示出阳刚气势过常的强大、坚定。“大”者，阳刚也。“中”则指阳刚全体居中，特别是九二、九五两个主爻，各居上下卦之中，后者既中且正，更足以表现无惧无畏无私无闷的精神气质与宏伟志向。

遯世无闷者，其所避离之世当为乱世。一般认为，“乱世出英雄”。这些“英雄”，正面的是君子英豪，负面的是小人奸雄。而那些避乱隐世的贤人智士，其实也可列为另一类默默无闻的英雄，他们值得赞赏的，主要不在于明哲保身，而在于毅然拒绝利用形势，发挥个人的独特影响力去为虎作伥。反之，一旦时机成熟，他们同样可能振臂而起，出山济世，如诸葛亮之所为。

诗云：乱世纷纷出远门，
忍看落叶筑花坟。
一朝旭日消雾霾，
又乘清风迎早春。

五十九、常德习教

《象上传·坎》曰:“水洊至,习坎。君子以常德行,习教事。”

坎卦上下两个单卦均为坎。坎象征水,所以说“水洊至,习坎”。洊(jiàn),连续不断之意。“习”的原义是小鸟几度试飞,现含学习、复习、修习之意,也有重复之意。水源源不断地到来,即系上下重叠的坎卦之象。

程颐认为:“水自涓滴至于寻丈,至于江海,洊习而不骤者也。其因势就下,信而有常。故君子观坎水之象,取其有常,则常久其德行。”“夫发政行教,必使民熟于闻听,然后能从。”程颐的前半段话大体上是对的。水从一点一滴流到几尺(古代一寻为八尺)几丈,终入江海,是一个持续不断而非突然达到的过程。它要求顺势而下,扎扎实实地经常持久。所以君子观察坎水之象,获得的启示在于保持恒常,经常坚持依德而行。但他的后半段话就值得推敲了。主要问题在于“习教事”的对象:是君子自己受教还是君子施教于民?程颐的回答是后者,而《象传》的本意则是前者。君子效法源源不断的流水,不断反复地修习教学课程,以增长知识,积厚德行。看来司马光的解释比较简单明了,符合《象》义。他说:“水之流也,习而不已,以成大川。人之学也,习而不止,以成大贤。故君子以常德行,习教事。”“习教事”不是经常教训别人,而是反复修习自身。

坎又含险难之意。所以《彖传》说:“习坎,重险也。”由此进一步展开论述:“天险不可升也,地险山川丘陵也。王公设险以守其国,险之时用大矣哉!”面对险难,须积极对待,顺时而用,借以守国卫疆。而由“习坎”导向“习教”,恒守德行,修习教事,则也是另一种对待险难的态度与方式方法。坚持恒常守德,既是修习教事的前提,也是设险守国的精神动力。所以，“常德行”体现指导思想，“习教事”展示实践内容。

诗云：常德有恒无定时，
守诚习教寓深思。
险情但逢精诚解，
逆水行舟未见迟。

六十、继明四方

《象上传·离》曰:“明两作,离。大人以继明照四方。”

重卦离的上下二个单卦均为离。离象征火、太阳与光明。两个离卦串合在一起,所以延伸出“继明”的概念。朱熹《周易本义》云:“作,起也。”《朱子语类》补充道:“‘明两作’犹言‘水洊至’。今日明,来日又明。明字便是指日而言,只是一个明,两番作。”认为“作”指升起。离卦的“明两作”好比说坎卦的“水洊至”。“明”指太阳,太阳今日升起,来日又升起。一个太阳,两番升起。看来,他并不同意其前辈程颐的解释。程颐将“明两作,离”读为“明两,作离”。他说:“若云两明,则是二明,不见继明之义。故云‘明两’。明而重,两。谓相继也。‘作离’,‘明两’而为离,继明之义也。”(《程颐易传》)简言之:“明两”即“明”相重叠而成“两”,“作离”即“明两”而构成“离”,具有“继明”的涵义。他还把“继明”释为“世继其明”,甚至竟要“世袭继照”,把“明”视作可以世袭的爵禄,表明其为封建体制的正统说教而背离了孔子原文之本意。其实,“继明”之义不难理解。《说文》云:“继,续也”。“续,连也。”“继明”即“连续不断地普照光明”。“大人”则指德高望重、爱国爱民的权威人士。大人观离卦“明两作”之象,要求自己连续不断地保持公正,使光明普照四方,造福万民,岂会忽然想到让子孙后代世袭其荫?!

孔子崇尚大明,也赞赏继明。大明着重以空间论,所以要补充时间意念而示“大明终始”。继明着重以时间言,所以要补充空间意念而训“继明四方”。可见孔子哲思何等缜密周备。言简而意赅,文短而味长。对于治国理政、为民立命的大人说,应当持久关注建功立业,明继四方。这个明,政治上是公正而清明,经济上是惠民而精明,军事上是谋远而英明,文化上是善美而昌明,思想上是自由而开明。毫无疑问,欲求清明、精明、英明、昌明与开明，绝非一蹴而就，必须继以时日，长期守持，方能遂明之功，成明之业。孔子《象上传·离》曰："离，丽也。日月丽乎天，百谷草木丽乎土，重明以丽乎正，乃化成天下。"这里的"丽"，既含亮丽之义，亦含依附之义。"重明"即"明两"或"继明"，"丽乎正"即"作"。它表明，《彖传》与《象传》阐释卦象卦辞，尽管视角不同，但在总体思想脉络上则保持着文理，尤其是道义的一致。《彖传》清晰地告诉我们：日月之耀，依附于天；草木之盛，依附于土，重明之照，依附于正。"政者，正也。"正者，大人理政之本，继明之原也。

继明，大人之所以正，万众之所以望也。一些文人学士常以此语歌颂君王。唐代文豪刘禹锡的《陋室铭》"明"扬四方，继而又写过一篇《武陵书怀五十韻》，其中有句云："继明悬日月，出震统乾坤。"所谓"出震者"，帝也。韩愈则以更加明白的语言歌颂君王："圣上以继明之初，垂惟新之泽。"(《皇帝即位降赦贺观察使状》)这里的"继明"是继老子皇帝之明，可以作为程颐解释"继明"的前朝依据。约定官成(亦有俗成)，宋司马光也拟文赞美"陛下继明"(《论西夏扎子》)。然而，包括君王的大人是否真正"继明四方"，最终还得由历史事实(而非历史学家)盖棺论定，由人民大众(而非少数精英)万口断案。

诗云：亮丽光辉日月情，
化成世界继重明。
民先君社从经训，
正则大公中则平。

六十一、以虚受人

《象下传·咸》曰："山上有泽，咸。君子以虚受人。"

咸的上卦为兑，象征泽；下卦为艮，象征山。故谓"山上有泽"。

"山上有泽"之象如何引出"以虚受人"之意？程颐解释说："泽性润下，土性受润。泽在山上，而其渐润通彻，是二物之气相感通也。"朱熹则认为"山上有泽，以虚而通也。""山泽通气"是《说卦传》提出的一个论断，究竟是"气相感通"还是"以虚而通"呢？其实二者并无大矛盾。因为虚以纳气，气自虚出。如人之肺泡，具有空腔，所以可能呼吸空气。山上之泽即是山之空腔，若一储水深谷，山土容泽水，泽水润山土，即《彖下传·咸》所谓"柔上而刚下，二气感应以相与"。"柔上"指泽居上，"刚下"指山处下。上下通气，皆"虚"之功。

以虚受人，即以虚怀若谷的气度待人处事，谦让往来。目的在调适改善人与人之间的关系。程颐云："夫人中虚则能受，实则不能入矣。虚中者，无我也。中无私主，则无感不通。以量而容之，泽合而受之。""中"即人之心胸，心胸虚广，接受容量自然宽大。反之，心胸压缩得结结实实，任何金玉良言、美食珍馐都难进入其中。心胸如何虚展？程颐提出"无我"，不能让私念主宰心中。道理当然不错，只是或许有些过"中"，要求过高了些。照孔子的说法，则主要解决思想方法问题，注意"四毋"："毋意，毋必，毋固，毋我"(《论语·子罕篇》)。即不凭空臆想，不绝对肯定，不固执己见，不唯我独尊。"毋我"不是"无我"，前者属一般地提高认识水平，较易做到。后者属高境界的品性修养，较难达成。

元代学者胡炳文说得好："以虚受人，无心之感也。"(引自《周易折中》)"感"字无心，即为咸卦之"咸"。《彖下传》曰："咸，感也"。"感"即

“二气感应”,“无心”则是无“自以为是”之心。

诗云:无心之感别成咸,
毋我主中思自谦。
泽水渐滋山土润,
却崇空谷纳容宽。

六十二、立不易方

《象下传·恒》曰:“雷风,恒,君子以立不易方。”恒卦上卦为震,象征雷;下卦为巽,象征风。所以构成“雷风,恒”。

程颐解释说:“君子观雷风相与成恒之象,以常久其德。自立于大中常久之道,不变易其方所也。”他将“恒”释为“常久之德”,“方”释为“方所”。方位所在,即“大中常久之道”。“立方”,即“自立于大中常久之道”。

“恒”是孔子在《系辞下传·第七章》提出的“九德”之一。其表现是“德之固也”,坚定不移,固守其德。其特色是“杂而不厌”,面对万物复杂运变,从不厌倦。其功能为“恒以一德”,认定所崇之德,一以贯之践行到底。《论语》记载,孔子向学生讲述恒德。首先联系现实进行告诫:“南人有言曰:‘人而无恒,不可以作巫医’。善夫!”告诉大家:“南方人有句话说,‘一个缺乏恒德的人,不可以担任巫医之职’。”对此,孔子的评价是“说得好!”因为古时巫医是受人尊崇的职位,没有恒常之德,显然不能做这个工作。接着,孔子朗诵《周易·恒·九三》爻辞:“不恒其德,或承之羞。”即不能经常守德的人,将可能遭受羞辱。因此,孔子明确肯定地告诉学生:“不占而已矣!”即对于这种不讲恒德的巫医,还是“不去占问罢了”!

孔子对于恒德深有感受。他在《彖传》中多方阐明:“恒,久也。”“天地之道,恒久而不已也。”“日月得天而能久照,四时变化而能久成,圣人久于其道而天下化成。观其所恒而天地万物之情可见矣!”由此可知,“恒”就是恒久之德而久于其道。它可以表现天地万物之情,当然也可以表现人的性情。所以,从“恒”推论到“君子以立不易方”,完全顺理成章。问题在于:“立”的内涵究竟是什么,程颐尚未说清楚。

中华传统文化重“立”。《左传·襄公二十四年》云:“太上有立德,其次有立功,其次有立言。虽久不废,此之谓不朽。”有子曰:“君子立本,本立而道生。”(《论语·学而篇》)孔子自己说:“三十而立。”还说过:“不患无位,患所以立。”(《论语·里仁篇》)“兴于诗,立于礼,成于乐。”(《论语·泰伯篇》)。“不学礼,无以立。”(《论语·季氏篇》)看来,除立德、立功、立言三大专门领域外,就普遍性意义说,“立”的主要对象有“本”,有“身”或“业”,有“位”,有“礼”,还有“行”。所有这些“立”的内容,最终皆归结于“人”,即孔子在《论语·雍也》中所说的“立己”或“立人”。“立不易方”者,无论自己之立、别人之立或君子之立,都不能改变“方”。“方”也可以有多种意涵,程颐释“方所”,也可释“方位”“方向”“方正”“端方”。然而,此“方”彼“方”,“方”必循道。所以,恒,君子以“立不易方”,比较确切的解释应当是,君子以恒为德,绝不改变立人之道。《周易注疏》引孔颖达编纂的《周易正义》曰:“君子以立不易方者,君子立身得其恒久之道,故不改易其方。方犹道也。”综观各家论述,此说似较明晰。

诗云:立不易方长起疑,
揣摩圣意竞猜谜。
寻根究底推敲去,
终见哲思精且奇。

六十三、不恶而严

《象下传·遯》曰:“天下有山,遯。君子以远小人,不恶而严。”

遯卦上为乾,象征天;下为艮,象征山。全卦视之,确然“天下有山”。

程颐解释道:“天下有山。山下起而止,天上进而相违,是遯(遁)避之象也。君子观其象以避远乎小人。远小人之道,若以恶声厉色适足以致其怨忿。唯在乎矜庄威严,使知敬畏,则自然远矣。”天向上与下面静止之山背道而行,显示遁避的景象。君子对小人如果板起脸孔大加责怪,恰恰会使其怨恨恼怒。唯有保持端庄威严,使其知道敬畏,便不敢来靠近了。

张载《横渠易说》认为:“‘恶’读为憎恶之恶,远小人不可示以恶也。恶则患及之,又焉能远?!‘严’之为言,敬小人而远之之意也。”这一说法不如程颐更贴近《象传》文意。对小人“不恶”,并非不憎恶,不厌恶。唯其憎厌,所以才要远离。所谓“不恶”者,只是指不要在表面上装出一副疾恶如仇的难看形相,而换之以程颐所言的肃穆端庄,凛凛然使小人遇中正而退。这种态度,无所畏惧而不怕“患及之”。即不怕招来祸患。亦非“敬小人而远之”,恰恰相反,是庄敬自尊而让小人趋避之。

“不恶而严”的一个实例,是《论语·阳货篇》所载:“孺悲欲见孔子,孔子辞以疾。将命者出户,取瑟而歌,使之闻之。”描述孺悲想见孔子求教,孔子以生病为由推辞。传话的人刚出房门,孔子就弹起瑟来唱歌,故意让孺悲听到(自己好好的,并未患病)。诚然,孺悲是孔子的学生,算不上小人,但有一些小人的毛病,喜欢拿着孔子的话夸夸其谈。这一点,孔子有些“恶”,而对其整体为人,孔子并不恶。只是找到机会,借故拒见,“严”以教育他改正缺点。诚如程颐所说:“此孟子所谓不屑之教诲,所以深教之也。”

诗云:不恶于形尤显严,
小人君子两牵连。
心胸宽广海无际,
高屋建瓴多玉言。

六十四、非礼勿履

《象下传·大壮》曰:“雷在天上,大壮。君子以非礼勿履。”

大壮卦上卦震,象征雷;下卦乾,象征天。可谓“雷在天上”。如何据此推论“君子以非礼勿履”呢?程颐的解答是:“雷震于天上,大而壮也。君子取大壮之象以行其壮。君子之大壮者,莫若克己复礼。”张载也说过:“克己复礼,壮莫盛焉!”朱熹《朱子语类》云:“雷在天上,是甚生威严。人之克己,须是如雷在天上,方能克己非礼。”他们都认为,要以“雷在天上”的大壮态势,践行“克己复礼”,这个论点值得商榷。

首先,克己复礼常常是一个朴实宁静的自我修养过程,无须声势大壮。程颐、张载所言之“壮”固然还含仁德之威的意思,属于内心之壮。其实亦无“内壮”的必要。子曰:“安土敦乎仁,故能爱。”(《系辞上传·第四章》)仁爱之心重在“敦”,朴素稳实;不在“壮”,自恃强大。

其次,“克己复礼为仁”是孔子早年对学生颜渊的一次口头传教,并非关于“仁”的周密定义。《论语》中提到“仁”的,据杨伯峻先生统计,多达109次。如“人而不仁,如礼何?人而不仁,如乐何?”(《八佾篇》)“泛爱众而亲仁”;“孝弟也者,其为仁之本与?!”(《学而篇》)等等,从中都可以发现“仁”的涵义绝不止于“克己复礼”。

再次,“克己复礼”包括“克己”与“复礼”两个相互联系的方面。克制自己固然是返归礼制的前提。但“克己”的可能涵盖目标远不止于“复礼”。将“克己复礼”视同“非礼勿履”并不恰当。事实上,孔子晚年在精心传述《周易》的过程中,对整个道德体系进行了缜密的哲学思考。在确立了天地之道的基础上,他首先把仁与义两项主德定格为人道。接着昭示“元亨利贞”即仁礼义正(宋代理学家归纳为“仁义礼智”)“四德”。继而又阐发九个卦象,使“履、谦、复、恒、损、益、困、井、巽"归为"九德"。并通过《象传》，宣扬六十四卦象义，开启人德，从而编织成一张层次井然的道德网络。这张条理清晰的网络，以"中正"为大纲，以"中孚"（诚信）为连线，形成纲举目张的生动局面。而"礼"则是道德网络体系中的一个重要科目，但在层次上还不能与"善之长也"的仁相并举。与仁并列者，义也。从中体现道德的刚柔相济。

"非礼勿履"给《论语》"非礼勿视，非礼勿听，非礼勿言，非礼勿动"作了一个综合概括，意义深远，意味深长。唯须注意，作为社会规范的礼，其内容与形式总会随着历史进程变化发展。孔子是一位头脑清明的革新家而非墨守成规的保守派。他赞赏周礼而并不拘泥周礼。他主张"行夏之时，乘殷之辂，服周之冕"，广采众长便是明证。时代在前进，礼亦须"与时偕行"。

诗云：玉带蟒袍岂足贵，
谦谦君子礼尤威。
一朝雷动长天日，
大壮恭迎亲友来。

六十五、自昭明德

《象下传·晋》曰:“明出地上,晋。君子以自昭明德。”

晋卦上为离,象征明;下为坤,象征地。所以显“明出地上”之象。

程颐解释说:“昭,明之也。”“君子观明出地上而益明盛之象,而以自昭其明德,去蔽致知,昭明德于己也。明明德于天下,昭明德于外也。明明德在己,故云自昭。”

《礼记》云:“大学之道,在明明德,在亲民,在止于至善。”接着指出明明德的程序:格物、致知、诚意、正心、修身、齐家、治国而平天下。据此,“明明德”的涵义应当一目了然。现在须解答的问题是,为什么一定要“自昭”? 程颐认为,“明明德在己,故云自昭。”明明德,就是凭借自身的觉悟与行为亮出正大光明之德,当然要靠自己去认知,去实践,通过“修齐治平”,明昭天下。关键在于,这个“自昭”,不是靠自己的嘴巴去昭,而应靠自己的表现去昭。至于有人不仅用自己的嘴巴昭,而且更发动别人的嘴巴昭,则“昭”已非“昭”而转化为“炒”了。这种自炒明德者,常常会见光死。这个光,便是人民大众雪亮的目光。

孔子提出“自昭明德”,依据于“明出地上”,即太阳升起于地平线上。太阳依靠自身发出的热能,高悬长空,明照四方。《彖下传·晋》曰:“晋,进也。明出地上,顺而丽乎大明,柔进而上行。”“晋”寓前进之义。“顺”指下卦坤地,“丽”指上卦离明。“柔进”指阴柔六五进入两个阳刚之间而上升为系统之主。由此可见,自昭明德,也须阴阳和合,刚柔互济。

诗云:自昭明德德方明,
去蔽致知勤践行。
步步为营营起步,
修齐然后治升平。

六十六、用晦而明

《象下传·明夷》曰："明入地中，明夷。君子以莅众，用晦而明。"

明夷上卦为坤，象征地；下卦为离，象征明，所以见"明入地中"之象。对此，程颐采取正反对比，解述较详。他首先指出："明所以照，君子无所不照。然用明之过，则伤于察。太察，则尽事而无含弘之度。故君子观明入地中之象，于莅众也，不极其明察而用晦，然后能容物和众，众亲而安，是用晦乃所以为明也。"他认为，光明是拿来照亮用的。君子（要认识世界、服务社会）而无所不照。然而"用明"所出的问题，在于察见。察见太细太宽，精力全部陷入琐碎事务而缺乏包容深广的宏大度量。所以，君子鉴观"明入地中"的卦象，在面对大众的场合，不搞极端的明察细究，相反地要表现一点无知，然后才能包容事物（的多样性），调和众口，恰和众心。大众亲和，全局安定。这就是运用愚昧而反显明智的缘故。

与此相反，程颐提到另一种情况："若自任其明，无所不察，则已不胜其忿疾，而无宽厚含容之德，人情暌疑而不安，失莅众之道。适所以为不明也。"大意是：如果自己认为禀赋聪明，察知一切，（样样事情一管到底），就会给自己带来挡不住的气恼怨艾，丢掉了宽厚包容的德性。人情却变得离异散乱，疑虑不安，丧失了与群众交往沟通之道，恰恰因而成为并不明智之人。

孔子在《彖下传·明夷》中点出了两个"用晦而明"的历史典型人物。一是周文王，"内文明而外柔顺，以蒙大难"。他内蕴知识丰富，清楚明白。外表却柔和温顺，即使被商纣囚禁，仍然推演八卦，不动声色。最终增强国力，联合各方力量灭殷兴周。二是商末太师箕子，"内难而能正其志"，因告谏纣王而反遭迫害，于是装疯卖傻，披发为奴，逃至箕山。后应周武王请，讲授《洪范·九畴》，但坚决不为周臣。据传带领随从东渡朝鲜，建国立业，受封一方之侯。

孔子崇赞的上述两位圣贤，其“用晦而明”皆针对反方，而非如程颐所论针对群众。就文议文，“用晦而明”译成白话是：故意表现晦暗而实存其明。其手段可谓“隐而不发”。因此，对敌对众皆可使用。不过，对广大群众说来，不必装糊涂，卖关子；而是不要自以为是，自作聪明。所以，要旨不在“隐而不发”，而在“引而不发”。“引而不发，跃如也。”通过引导，让人跃跃欲试。比如处理祭祀，孔子一方面认为这是一种“慎终追远，民德归厚”的礼仪形式，另一方面又觉得不应宣扬无中生有的鬼神，所以又告诉大家：“祭如在，祭神如神在。”（《论语·八佾篇》）引导人们懂得，鬼神实际上是并不存在的。这是又一种“用晦而明”的高超艺术。

诗云：大智若愚难及愚，
糊涂原本不糊涂。
慧明只在善心里，
一动歪门有化无。

六十七、言物行恒

《象下传·家人》曰："风自火出，家人。君子以言有物而行有恒。"

家人卦上为巽，象征风；下为离，象征火。因而可说："风自火出。"

程颐解释说："正家之术，在正其身。正身之道，一言一动不可易也。君子观风自火出之象，知事之由内而出，故所言必有物，所行必有恒也。"他认为，风从火内呼啸而出，启示我们，一个家庭外面出事，因由总起于家庭内部。正家的方法是家长先须正身。而正身之道在于言行始终如一而不随意改变。所以言谈要有具体内容，行动要持之以恒。程颐还指出，"'物'谓事实，'恒'谓常度法则也。"释"物"为"事实"，当系常识。释"恒"为"常度法则"，颇有新意。它与恒卦之"恒"的"恒久"意涵适当地区分开来。后者强调时间，前者强调规范。正家国须恒久，更须规范。程颐进一步指出："德业之著于外，由言行之谨于内也。言慎行修，则身正而家治矣。"中华优秀传统文化中，保存着许多"言物行恒"的家规家训。三国时期诸葛亮《诫子书》、南宋《朱熹家训》与清代《朱伯庐治家格言》更是脍炙人口。前者"静以修身，俭以养德；淡泊明志，宁静致远"。言有旨而理有据。后者就事论则，生动实在。如"黎明即起，洒扫庭除，要内外整洁"，在平常中言之有物；而"既昏便息，关锁门户，必亲自检点"，则在细微处持之以恒。比之中者《朱熹家训》泛论"仁忠慈孝友恭和柔"实在得多。

其实，治家要"言物行恒"，在社会生活中同样如此。特别是上层人士，切不可夸夸其谈，却空空洞洞，言之无物。一举一动更不能随心所欲，超俗出常，自立规范。须知"风自火出"是自然现象，"火由风扬"也是客观事实。事发于外，其因于内。而内因之动，又借外力。预防风火，实在须要内外结合，才能真正治之有效，理之有方。直至实现

《彖下传·家人》的要求:“治家而天下定矣。”

诗云:言之有物自成章,
行以恒常必见方。
火仗风威宜灭势,
风推火力制其狂。

六十八、以同而异

《彖下传·睽》曰:“上火下泽,睽。君子以同而异。”

睽卦上为离,象征火;下为兑,象征泽。故谓之“上火下泽”。

睽(kuí),《序卦传》说“乖也”。“乖”有背离、违反的意思。《杂卦传》则说“外也”。这是因为睽卦与家人卦的象形为相互倒立的综卦,家人主内,睽于是变成外了。《说文解字》从本原意义上释“睽”为“目不相视也”。即两只眼睛各自视物,不相协调。

程颐解释道:“上火下泽,二物之性相违异,所以为睽离之象。君子观睽异之象,于大同之中而知所当异也。”他认为,睽卦的形象是上面火,下面泽,两种事物的特性相互对立而背离各异。君子观此卦象得到启悟,懂得在大同中还要保持有所差异。为什么?他的回答是:“夫圣贤之处世,在人理之常莫不大同。于世俗所同者,则有时而独异。”这就是说,圣贤认定的“大同”,是社会伦理的大同,是恒常之道的大同。世俗之同则随时空情况而定,从而保持独特的差异。“盖于秉彝则同,于世俗之失则异也。”即世人守持常道,圣贤就和他们同。对于世俗中的恶习流弊,圣贤就划清界限,与之相异。程颐的结论是:“不能大同者,乱常拂理之人也。不能独异者,随俗习非之人也。要在同而能异耳。”据他分析,不能求大同的,都是违反常道、不讲事理的人。而不能特立独行保持应有差异的,都是随波逐流染习不良世俗风气之人。君子掌握的根本要点,在于求同而能存异。

《彖下传·睽》曰:“天地睽而其事同也。男女睽而其志通也。万物睽而其事类也。睽之时用大矣哉!”这里,“睽”即是“异”。天地之间有差异而其职能相同(生养万物);男女之间有差异而其思想互相沟通;万物之间有差异而其运动变化的事理类似(各正性命以维护自身存在)。差异的历时性(历史纵向发展)与共时性(社会横向关联)意义多么博大啊!

诗云:双目背离圆不圆,
同中存异本天然。
太阳自古随时转,
分立东西难共观。

六十九、反身修德

《象下传·蹇(jiǎn)》曰:“山上有水,蹇。君子以反身修德。”

蹇的上卦为坎,象征水;下卦为艮,象征山。因而描述为“山上有水”。

《序卦传》曰:“蹇者,难也。”蹇为什么难?程颐解释道:“山之峻阻,上复有水。坎水为险陷之象。上下险阻,故为蹇也。”山原来就是险阻,上面又有水,而坎水呈险阻之象,表明上下都是险阻。所以成为蹇难了。按《说文解字》,蹇的原义是“跛也”。足跛自然行难。问题在于,遇到险难怎么办?程颐的回答是:“君子观蹇难之象,而以反身修德。君子之于艰阻,必反求诸己而益自修。”即君子看了蹇难的卦象,认识到反身修德之义。在现实生活中遭遇艰难险阻,必定要回过头来,从自身着手寻求克服蹇难之道,从而加强德业的自我修养。这种自我修养首先是自我反省。由是,程颐针对遭遇险难的三种情况提出三条对策。第一种,“有失而致之乎,是反身也。”如果由于自己的过失招致险难,就要反过身来,不再继续已犯的错误。第二种,“有所未善,则改之。”如果还有一些不够完善的地方,就要加以改进。第三种,“无歉于心,则加勉,乃自修其德也。”如果自己觉得并无过错,心头坦然,那就要更加努力,把事情做得更好,这便是自己修养自己的品德。朱熹在《论语集注》中联系曾参的“吾日三省吾身”,将程颐的上述三条对策概括为“有则改之,无则加勉”。其实程颐还有最后一句话很重要:“君子修德以俟时而已。”碰着蹇难,反身修德,充分准备,进益自身。等待时机一到立刻行动,排险解难,建功立业。

《彖下传·蹇》曰:“蹇,难也,险在前也。见险而能止,知矣哉!”见险而止,不是停止一切活动。而是暂止于险,强化自身德能修养,待时而进,开辟一片新天地。这正是智者的识见。

诗云:蹇难反身何足难,
自修德业越重关。
待时而动机缘到,
发力千钧震万山。

七十、赦过宥罪

《象下传·解》曰："雷雨作，解。君子以赦过宥罪。"

解卦上震下坎。震卦象征雷，坎卦象征水(雨)，所以可说"雷雨作"。

雷雨大作，为什么说成"解"？程颐的看法是："天地解散而成雷雨，故雷雨大作而为解也。""解"指"天地解散"吗？意涵很模糊。而《序卦传》和《杂卦传》都将"解"说成"缓也"。看来，"解"指缓解而非解散。那么，"雷雨作"为何能显示"天地缓解"呢？让我们看看《系辞上传·第一章》的阐述："在天成象，在地成形，变化见矣。是故刚柔相摩，八卦相荡；鼓之以雷霆，润之以风雨……"雷雨正是天地之间的变化之象，它反映了"八卦相荡"，原因在"刚柔相摩"。阳刚与阴柔作为矛盾的两个方面，既有对立，又有统一。缓解对立而趋向统一，惟在相互磨合。所以，"雷雨作"展示着"刚柔相摩，八卦相荡"。就矛盾的对立双方言，则是一种"缓解"。试想雷雨未作之时，乌云密布，狂风怒号，天地之间一片黑暗。此时，由于刚柔相摩，生成雷雨，乾天与坤地之间存在的矛盾景象终于得到缓解，化散乌云，驱除黑暗，使矛盾化解出现转机。

《系辞上传》还启导人们：雷霆是用来鼓威的，风雨是用来润泽的。鼓雷霆之威，意味着严肃法治，润风雨之泽意味着合理宽恕。这就是把"雷雨作，解"和"赦过宥罪"联系起来的哲理纽带。

关于"赦过宥罪"的含义，唐孔颖达在《周易正义》中注疏云："赦谓赦免，过为误失，宥谓宽宥，罪谓故犯。过轻则赦，罪重则宥，皆解缓之义也"。程颐认为，"君子观'雷雨作，解'之象，体其发育，则施恩仁；体其解难，则行宽释也。"总之，对于过或罪，都要以仁慈之心，考虑生命发育之珍贵，矛盾缓解之需要，宽厚对待。

一般说来，“赦过”不会有大争议，“人非圣贤，孰能无过?!”“宥罪”就须研讨了。因为“执法必严”“法无例外”。程颐便认为，“罪恶而赦之，则非义也。”当然他还添了一句：“宽之而已”，即赦过可以，赦罪就不符合正义，只能宥罪，放宽一点。其实，“宥”有宽容、原谅之义，也有赦免之义。赦罪与宥罪的区别只是程度略见不同。所以，“宥罪”有个正义原则与宽限尺度问题。不过，从《易传》的整体思想分析，这里的“罪”似乎尚未进入法治范畴，或处于礼治边缘，礼法交界。其罪可诉诸法，亦可不诉。《易传》论述法治，借喻于“雷电”而非“雷雨”。“雨”则常寓和缓、化解之意，如“密云不雨，尚往也”；“既雨既处，德积载也”等。由此推论，“赦过宥罪”之“罪”，或系过失造成之罪责，或系人际间发生的一般伤害(包括言语与行为)。对此加以赦宥，践仁而未弃法与废义。在《彖下传・解》中，孔子于“天地解而雷雨作”后，紧接着加上“雷雨作而百果草木皆甲坼”，大赞“解之时大矣哉”！甲坼(chè)，植物发芽时种子外皮开裂。孔颖达于《周易注疏》云：“雷雨既作，百果草木皆孚甲开坼，莫不解散也。”孔子描画的这幅生气勃勃的景象，隐喻“赦过宥罪”后人际关系改善，社会矛盾缓解，可以促进形成一个社会各个层面相互和解共同奋发上进的生态环境。可知孔子既崇仁，又尚义，以中正为怀，坚持将人道主义的旗帜高高举起。

诗云：赦过雷鸣示志坚，
春风化罪雨融愆。
个人恩怨抛天外，
一片仁心造乐园。

七十一、惩忿窒欲

《象下传·损》曰:“山下有泽,损。君子以惩忿窒欲。”

损卦上艮下兑。艮象征山,兑象征泽。所以卦象是“山下有泽”。此卦为何名“损”?程颐解释说:“山下有泽,气通上润。与深下以增高,皆损下之象。”即一方面,泽内之气上通,滋润山头;另一方面,泽深处山下,更显山高。所以,山得益而泽受损,这就叫损,损下。程颐认为,卦象之损启发人们减损自己(欲望),奉行修己之道。而“所当损者,惟忿与欲。故以惩戒其忿怒,窒塞其意欲也。”唐孔颖达解释说:“惩者,息其既往;窒者,闭其将来。惩窒互文而相足也。”因为忿怒是对已经发生之事的心理反应,所以“惩忿”意味着平息过去的经历。欲望是对未来情景的期求,所以“窒欲”体现着闭塞将来的妄念。“惩忿”与“窒欲”互相配合,修身就完备了。

程颐说“损”,采取以义理推导的方法。此外也可用象数之法。它的要点是,把上艮下兑的损卦视为由上坤下乾的泰卦转化而来。泰的下卦上爻九三(阳刚)与上卦上爻上六(阴柔)互换位置,即变成损卦。也就是说,泰的下卦受损(其中一个爻由阳刚变作阴柔)。当然,上卦相对受益了(上爻由阴柔变阳刚)。据此演绎,损卦还可由否卦等转化,兹不赘述。

在一般情况下,孔子不赞成“损下益上”而主张“损上益下”。它反映了孔子坚持维护广大社会下层群众权益的心情。不过,必要时(如国家面对战争,应付诸多危机等)也可“损下益上”。因此他在《彖下传·损》提出:“损刚益柔有时。损益盈虚,与时偕行。”

孔子通过“损”的阐发启导人们“惩忿窒欲”,可谓循循善诱,别出心裁。它与老子《道德经·第四十八章》“为学日益,为道日损”可谓异曲同工。遗憾的是老子强调“损之又损，以至于无为”，一步一步地走向虚无缥缈。孔子则注重落实行动，“与时偕行”。

窒欲之“欲”，当依常理。一些道学家笼统地宣扬“存天理，灭人欲”，已从另一个极端走向谬误而违反了孔子的中道。“饮食男女，人之大欲存焉。”其要义在于饮食须有节，男女不出轨。“熙熙攘攘，利来利往”，则唯应“利合于义”。由是惩忿窒欲，自必古今皆然。

诗云：静心惩忿悔曾经，
窒欲当求万里行。
山止泽安明损日，
前波顺落后波平。

七十二、迁善改过

《象下传·益》曰:“风雷,益。君子以见善则迁,有过则改。”

益卦上为巽,象征风;下为震,象征雷。所以卦呈风雷之象。

程颐解释道:“风烈则雷迅,雷激则风怒。二物相益者也。君子观风雷相激之象而求益于己。为益之道,无若见善则迁,有过则改也。”这一概括大体恰当。风与雷,相互激荡;迁善与改过,相互促进。这是益卦中蕴藏的道理。《说卦传》曰:“雷风相薄”。“薄”涵“迫”义,迫近,迫促,彼此较劲,增益强度。当然我们还可从另一意象视角理解卦义:以风的速度迁善,加紧修德,以雷的烈度改过,坚决正行。

益卦与损卦衔接,成为综卦,象义亦两相对应。程颐论损,“以损于己”。如今说益,亦“求益于己”。唐韩愈早在《原道》中提出:“足乎己无待乎外,之谓德”,修养品德只能内求于己而不能依靠外力。这在总体上是合乎孔子思想的。子曰:“仁远乎哉?我欲仁,斯仁至矣”(《论语·述而篇》)。你想得到仁,只要自己肯践行,这个仁便到来了。“见善则迁”,如同《论语·里仁》说的“见贤思齐”,都须靠自己。“见过则改”也如此,主要靠内省,“见不贤而内自省也。”这里的“不贤”多指别人的毛病,“见过则改”当指自己的“不贤”。面对过错与不贤,须下定决心整改。如《论语》开篇所言:“过则不惮改。”改过要不怕,不怕失面子,不怕人议论。孔子担心的就是人怕改过。“闻义不能徙,不善不能改,是吾忧也”(《论语·述而篇》)。带着这种忧虑,孔子晚年在传述《周易》中多次阐明经文中的“无咎”。“无咎”客观上指无灾无难,主观上则指无过无错。《系辞上传·第三章》明示:“无咎者,善补过也。”告诉人们,若想趋吉避凶,无灾无难,必应善于改正,弥补过错。“震无咎者存乎悔”,“无咎”之义撼动你的内心,关键在于“悔”。“悔”不是唉声叹气，而是认真反思，内省。改过自新，实即迁善。

雷风相薄，可以得“益”，这是依据义理的解释。与损卦一样，益卦亦可运用象数推导其名。这就是设想益卦由上乾下坤的否卦转化而来，下卦初六与上卦九四交换位置，由阴柔变阳刚，谓之“益”。当然，上卦阳刚九四化为阴柔六四，则相应为“损”了。而无论损益，根本在潜心修德，即经常持久地损其不善而益其善。损其不善就是改过，益其善就是迁善。

诗云：雷风相薄德相成，
迁善诚中大道亨。
改过何须施外力，
心头自挂照明灯。

七十三、居德则忌

《象下传·夬》曰:“泽上于天,夬。君子以施禄及下。居德则忌。”

夬(guài)卦上为兑,象征泽;下为乾,象征天。所以卦象为“泽上于天”。

程颐解释说:“泽水之聚也,而上于天至高之处,故为夬象。”意思是泽中之水越积越多,竟至高出天上,呈现溃决之象。这里,他把“夬”释为“溃决”。泽水溃决下落,意味着“施禄及下”,把好处分给下面。那么,怎样解释“居德则忌”呢?他说:“居德”谓安处其德。“则”约也,“忌”防也。谓约立防禁。有防禁止则无溃散也。他的这种阐释源出王弼。王弼《周易注》云:“忌,禁也。法明断严,不可以慢,故居德以明禁也。”孔颖达进一步疏解为“身居德复用明其禁令。”于是,“居德”成了“安处其德”,“则忌”成了“约立防禁”或“明其禁令”。上述解释与注疏,看来皆自言一理,实则似是而非。“居德则忌”,“忌”可以释为“防止”,“禁戒”,但防禁的对象绝非论者想象的“溃散”,而是文字明确的“居德”。“居德”不具褒义,而具贬义。“居德”者,心安理得地躺在功德碑前也。“居德则忌”,意即不可自恃有德而趾高气扬,要求回报。它与不要居功自傲的告诫大同小异。至于释“则”为“约”或“明”,更系牵强附会,义不及文。

诚然,王弼将“则忌”注为“明禁”,事出有因。须知王弼十分注重《周易》之“彖”(卦辞,及于《彖传》),认为它是“统论一卦之体,明其所由之主者也”(《周易略例·明彖》)。而《彖传》指出,“夬,决也,刚决柔也。”这个“决”,并非程颐说的“溃决”,而是关乎法治意义的“决断”。因此王弼认定,“夬者,明法而决断之象也。”由此出发,他接着推论:“法明断严,不可以慢,故居德以明禁也。”即法规需明,决断须严,不可马虎怠慢，所以要立足于德而作出明令禁止。程颐则将“法明”演化为“约”，误上添误。

我们如此详尽地讨论“居德则忌”，因为它具有十分重要而生动的现实指导意义。一个人不可由于“施禄及下”而自恃“居德”，一个领导，一个企业，一个单位，一个组织，乃至一个政党，又何尝可以居德而目空一切呢！须知“忌”到极点或将导致灭亡！

诗云：德贵日新何可居？
心安理得气平舒。
河山景色任君选，
江过富春好钓鱼。

七十四、施命四方

《象下传·姤》曰："天下有风，姤。后以施命诰四方。"

姤(gòu)卦上为乾，象征天；下为巽，象征风。所以卦象可谓"天下有风"。

程颐解释说："风行天下，无所不周。为君侯者，观其周遍之象，以施其命令，周诰四方也。"大意为：姤卦展示"风行天下"，吹遍四面八方。作为一国之主的君侯，效法卦象之意，发布命令，普遍周全地昭告四方民众。

风行四方，把高层意志传达下层大众，程颐强调的是"周"：完整普遍，不留死角。除此之外，它还蕴藏着一些其他值得注意的信息，发人深省。

一是明：清清楚楚地将高层决策情况直接告诉人民，无须层层传达，七折八扣。大众甚至可以通过辨识风向，测得"时令"。绝无任何媒体加工。

二是公：地无分南北，人不论贵贱，皆可同时共享来自最高层的信息。不必到处打探或设地下通道。

三是亲：杜甫称赞"当春乃发生"的"好雨"，其功能发挥正是通过"随风潜入夜"而"润物细无声"的。风者，气之流动也。风行天下，表明天上之气下来直接地气。天地通气，国泰民安。达到施四方以命而亲四方之民。

四是法：天风下地，必循规程。这一点，被《周易折中》的编纂者李光地看到，专门加了一个按语："施命申命，所以消隐患，除积弊。法风之吹，散伏阴也。""伏阴"是蛰藏暗角的隐患，必须用法风吹散。这个法风，就是阳刚，就是中正。《彖下传·姤》曰："姤，遇也。""刚遇中正，天下大行也。”诚然，古时限于历史条件，法治只能匹配君权，今天决无必要抄袭。但发扬其“刚遇中正”的精神，在新的时代完善健全新的法治体系，则是古为今用的正确途径。

也许还有人质疑，“风行天下”“施命四方”，只讲上通下，未讲下通上。我们的回答是：孔子哲学思想体系精妙博大，上述命题只是其中一目。如需展示“下通上”，可读《彖上传·观》：“中正以观天下”，可谓“省方”，即君王直接到下层体察民意，求得下情上达。“省方”之“省”，在提醒领导人视察地方时，要联系民情反省自身；讲求实效，不搞排场。无论如何，“诰方”与“省方”，都应心系地方，心系人民。于此，则可谓异曲而同工。

诗云：施命四方风远行，
后王有令入门庭。
上情下达无声息，
只为平常不扰民。

七十五、除器不虞

《象下传·萃》曰:“泽上于地,萃。君子以除戎器,戒不虞。”

萃卦上为兑,象征泽;下为坤,象征地。所以卦象为“泽上于地”。

程颐解释道:“泽上于地,为萃聚之象。君子观萃象以除治戎器,用戒备于不虞。”大家应当记得,前面的夬卦是“泽上于天”,泽水过高溢出而呈溃决之象。如今则在地上,正好蓄水,所以为“萃聚之象”。“萃”的原义是杂草丛生,引申为聚集、聚合。《序卦传》直言“萃者,聚也”。“除”的涵义,孔颖达注疏引王肃的说法是“修治”。“虞”本系虎头之兽,此处寓忧虑或猜测之意。所以,“除戎器,戒不虞”,意即维修整理军械,以防不测。而文题为简洁统一,写成“除器不虞”,意为维护整理军械,以免忧患,在总体构思上是一致的。

为什么集聚之时,要整理军械,以防不测而免忧患呢?程颐的阐析是:“凡物之聚,则有不虞度之事。故众聚则有事,物聚则有夺。大率既聚则多故矣。”即物类(包括物与人)集聚起来,常会发生不可预测的事情。所以大众集聚,就会出事。器物集聚,就起争夺。大概一旦集聚形成,事故便多。针对事故可能发生,当然要“除戎器,戒不虞”了。

从根本上看,无论人聚或物聚,都体现着人类社会的文明进步。前提在于聚的合理性,正当性。因此,《彖下传·萃》指出:“萃,聚也。顺以说,刚中而应,故聚也。”萃聚的原因,在于地顺而泽悦,卦主阳刚守中,阴柔群起和应。而“亨,聚以正也”。即道路通达,在于聚得正确。

“除戎器,戒不虞”,实际上反映了孔子的忧患意识。他曾推测:“《易》之兴也,其于中古乎?作《易》者,其有忧患乎?”(《系辞下传·第七章》)生于春秋乱世,他针对噬嗑卦上九爻辞“何校灭耳,凶。”敏锐而严肃地作评:“危者,安其位者也。亡者,保其存者也。乱者,有其治者也。是故君子安而不忘危,存而不忘亡,治而不忘乱。是以身安而国家可保也。”(《系辞下传·第五章》)

当今时代,科技集聚,在发展中藏隐忧;人口集聚(人口爆炸),在资源上现缺口;碳能集聚,在气候上起变化;信息集聚,在导引中生论争;而一个新的大国崛起,或将意味着在力量集聚的道路上受到种种挫折与阻难。写到这里,我们又一次感受到孔子哲学思想的时代意义。

诗云:青红萃聚入阳春,
岸上杏花映酒醇。
但愿游人毋醉倒,
醺然归去患舟沉。

七十六、积小高大

《象下传·升》曰："地中生木,升。君子以慎德,积小以高大。"

升卦上为坤,象征地;下为巽,象征木。卦象因之为"地中生木"。

程颐解释道:"木生地中,长而上升,为升之象。君子观升之象,以顺修其德,积累微小以至高大也。"程颐说"顺修其德",是因为《易传》古本原为"顺德",至东汉王肃改为"慎德",被朱熹认可,遂通用迄今。其实"顺"本无错。升的下卦巽,即具和顺之义。《象下传·升》亦有明文:"柔以时升,巽而顺。""柔"即地中之木,顺时而升,语义很明白。程颐据顺阐述:"顺则可进,逆乃退也。万物之进,皆当顺道也。善不积不足以成名。学业之充实,道德之崇高,皆由积累而至。积小所以成高大,升之义也。"中心论点是顺道而进,从低处、小处开始,一步一步积累、攀缘,达到又高又大。

程颐坚持"顺德",王肃、朱熹认定"慎德",其实可以相互补充。慎者,严谨也,周到也,细心也。用这样的态度修养品德,同样能"积小以高大"。高自低起,大由小成,顺而又慎,德业自升。

元代学者胡炳文有言:"木之生也,一日不长则枯;德之进也,一息不慎则退。必念念谨审,事事谨审,其德积小高大,当如木之升矣"(引自《周易折中》)。他倡导的"积小高大"之路径,当为以慎致顺。

《序卦传》曰:"聚而上者谓之升。"聚,要求一点一点积累;上,要求一步一步攀登。慎而步实,顺而积成。实实在在,步步营成。初虽低小,终必高大。

诗云:修竹原由小笋生,
　　　高楼拔地万砖成。
　　　顺时日积百年德,
　　　慎思心通万物情。

七十七、致命遂志

《象下传·困》曰："泽无水，困。君子以致命遂志。"

困卦上为兑，象征泽；下为坎，象征水。水在泽底下，所以说"泽无水"。

程颐解释道："泽无水，困乏之象也。君子当困穷之时，既尽其防虑之道而不得免，则命也。当推致其命，以遂其志。"虽经事先防患而无效，困穷险难依然摆在面前，程颐认为这就是"命"。当此之时，就应将"命"推到它该落定之处，完成自己的志向。

前已申述，孔子晚年将"命"与"性"密切联系起来，以性统帅命，以命反映性，通过"正性"以求"正命"。而在这里，"遂志"便体现着"正性"的强烈意愿。"志"自"性"立，"遂"由"正"定。"遂志"的过程也是"正性"的过程。"致命遂志"其实是"遂志致命"：志是"因"，命是"果"。为了实现自己的志向，不惜将生命的结局推到可能发生危险的境遇中。由此可知，"君子以致命遂志"展示着一种高品位的正性，从而表现着一种高品位的修德。这种品德修养，是在被称为"困"的特殊条件下进行的。因此，"困"被孔子列入"九德"之一(《系辞下传·第七章》)。"困，德之辨也。"真德性，假德性，经历"困"的考验，将获明晰的检验而得以清楚辨识。孔子还指出："困穷而通"。坚持正性修德到底，困到极点，终将亨通。亨通的内涵，应为实现"正命"。无论"命"的表现形式如何，像汉代的苏武那样，还是像宋代的文天祥那样，他们的命均可谓"正"。

面对困穷，坚持正性励志，心胸充实，既不会感到恐惧，也不会产生怨忿。所以孔子认为"困以寡怨"。无怨无悔，则何困之有?!《论语·宪问篇》记孔子倡言的成人之道："见利思义，见危授命，久要不忘平生之言。”“见危授命”亦即“遇困致命”。“久要”亦即“长期穷困”，“不忘平生之言”亦即坚守志向。由此可见，“君子以致命遂志”本是孔子的一贯思想，时当晚年传《易》，见卦而生推陈出新之意。

诗云：泽中无水困穷临，
一念修身正气萌。
苏武牧羊冰雪泣，
性明命正志终成。

七十八、劳民劝相

《象下传·井》曰:"木上有水,井。君子以劳民劝相。"

井卦上为坎,象征水;下为巽,象征木。所以说卦象为"木上有水"。

"木上有水"为什么能象征井?程颐的解释是:"木承水而上之,乃器汲水而出之象。"他指"木"为盛水之器具。木托着水上来,就是木器把水汲出来,所以显示"井"的形象。但朱熹不赞成这一说法。《周易本义》说:"木上有水,津润上行。"意谓"木上有水",是指水液由下而上地浸润木头。《朱子语类》讲得更明确:"'木上有水,井'。说者以为木是汲器,则后面却有瓶,瓶自是瓦器。只是说水之津润上行,至那木之梢,这便是井水上行之象。""草木之生津润皆上行,值至树末,便是'木上有水'之义。"朱熹反对"木是汲水工具"之说,因为经文又说到用瓶打水,而瓶显然是瓦器而非木器。朱熹还把"津润上行"的说法进一步具体化,即草木在生长中都得到水分津润上行,直至末梢。这就是"木上有水"的涵义。两种说法,谁对谁错?看来还得研究孔子的思路。请看《彖下传·井》这样说:"巽乎水而上水,井。井养而不穷也。"巽是井的下卦,涵"顺""逊"之义。东汉硕儒郑玄注解道:"坎,水也。巽木,桔槔也。桔槔引瓶下入泉口,汲水而出,井之象也。""桔槔引瓶",意味着用一根圆木(或轱辘)卷绳挂瓶下泉,然后反转,汲水而上,这就是"顺水上水","木在水上"。它以象形生意的手法(转动圆木卷绳提升瓦瓶以汲水)描画出井的轮廓。

"顺水上水"只表现井的运行机制,而其恒常功能与根本意义则展示于"养而不穷"也。正是基于井的滋养生物,永不穷尽的德性,才引出"君子以劳民劝相"的推论。劳民,就是效劳于民众;劝相,就是劝导民众相互帮助,协力行动。共同的目的唯为养育人民而永无止息。

饮水思源,源出井泉。因此,孔子把“井”列为“九德”之一。他指出:“井,德之地也。”修养品性,当居井而效其生养之德。孔子又指出,“井居其所而迁”。告诉我们,井稳居一地,安然不动,却以清冽甘凉之水源源不断地施送各方。所以,孔子进一步作出论断:“井以辨义”,即以井滋养万众而不息的品德为法,努力践行劳民劝相,作为辨识是否真正符合道义的一条重要准则。

诗云:饮水思源忆井泉,
养生功德大无边。
劳民岂可扰民去,
形式装潢尽靠边!

七十九、治历明时

《象下传·革》曰："泽中有火，革。君子以治历明时。"

革的上卦离，象征火；下卦兑，象征泽。所以说"泽中有火"。

水泽中怎么会有火？说穿了，它描绘的是思想境界独特的意象，从而表明出现了一种必须打破常规加以对待的非常情况。诚如程颐所言："水火相息为革。革，变也。"水与火互不相容。二者相遇，必生变革：或水将火熄灭，或火蒸水化气。程颐认为，看到卦象反映变革，推知日月星辰也在变动迁移，君子于是调整修正历数，以便弄清四时变化的规律。历数亦称历法，它通过观察研究日月星辰运动变化的轨迹来推算年、月、日的时间长度和它们之间的关系，确定寒暑时节，指引生产生活。据说从黄帝制定第一部历法起到清代末年，中国先后修订的历法达102部之多。修治历法，目的在明时。明时方能顺时。顺时而动，人民安居乐业，国家欣欣向荣。因此，"治历明时"是古代一项十分重大的改革举措。

孔子以革卦为理论平台，一方面提出"治历明时"的观点，一方面大力阐发关于改革的重要意义与实践原则。首先，他认为改革在"其志不相得"即思想不统一的情况下应运而起。将会"已日乃孚，革而信之"，即到一定的时候就会得到大家的信任，通过改革增强信心。他强调："文明以说，大亨以正。革而当，其悔乃亡。"即改革进程文明和谐，各方高兴。政策措施公正，顺畅大通。改革部署恰当，不致后悔懊丧。(《彖下传·革》)在《象传》中，孔子还针对改革的不同阶段建言立策。直至最后提出"大人虎变""君子豹变""小人革面"的设想，在改革取得物质成果的基础上使参与改革各个阶层的精神面貌也发生重大变化而焕然一新。

作为勇立时代潮头的改革创新领军者，孔子认真总结历史变革的重大经验，以夏、商、周三代的兴亡交替为鉴，发明了一个惊天动地的概念：革命。他振臂高呼："汤武革命，顺乎天而应乎人。革之时义大矣哉！"如果人们能由此深刻认识，无论古往今来，革命的要义都在于"顺天应人"，即遵循客观规律，顺应人民心意，就会辨别是非，认清左右，实事求是，直道而行。

诗云：治历应观新旧情，
明时只为顺天行。
真诚鉴照古今事，
浑自浑来清自清。

八十、正位凝命

《象下传·鼎》曰："木上有火，鼎。君子以正位凝命。"

鼎卦上为离，象征火；下为巽，象征木。因而卦呈"木上有火"之象。

程颐解释说："木上有火，以木巽火也。烹饪之象，故为鼎。""巽火"，即顺和生火，象征烹饪食物。鼎原系古代炊具，后来演化为权力的标志。所以程颐又说："鼎者，法象之器。其形端正，其体安重。取其端正之象，则以正其位。""取其安重之象，则凝其命令。"简单说来，由于鼎的形态端正庄严，让人想到"正位"；由于鼎的体量安定稳重，让人念及"凝命"。

什么叫"正位"？程颐的解答是"正其所居之位。"所居之位，即指一个人在社会上所处的地位，当然也指从事社会工作的职位。孔子主张"不在其位，不谋其政"。我们可以反过来理解："人在其位，必尽其政"。就本质言，这就是"正位"：坐正自己的位置，正确行使其职责。超过这一界限，就是出位，越位，居位不正。未达这一标准，则是"失位""尸位"，或者说占着茅坑不拉屎，居位同样不正。

什么叫"凝命"？程颐解为"安重其命令也"。看来释未到位。凝命者，严肃稳重地坚守使命也。凝命与正位密不可分。认知正位之义，方能坚守使命。不能坚守使命，正位只是侈谈。

从提木升火的鼎推导到正位凝命，是一个面对具体事物的生动形象进而切入本质进行深刻抽象的过程。正位凝命作为人生的重大课题，其实经常地反映于日常生活的方方面面。由重大处着眼，从细微处入手，正是孔子修身养性的有效途径。他"席不正，不坐"；"割不正，不食"……而"入太庙，每事问"，在极其平凡的一举一动中严肃认真地待人接物，以求当时行令，正位凝命。直至实践“圣人之大宝曰位，何以守位曰仁”（《系辞下传·第一章》）凡此种种，均系正位凝命的现实表现。

诗云：水火不亲非不容，
或期改革各成功。
顺天循道尊规律，
治国应人向大同。

八十一、恐惧修省

《象下传·震》曰:“洊雷,震。君子以恐惧修省。”

震卦上下皆震,震象征雷。雷连着雷,谓之“洊雷”。即连续不断的响雷。或如程颐解释:“洊,重袭也。”洊雷即互相因袭重叠之雷。他认为:“雷重仍则威益盛。君子观洊雷威震之象,以恐惧自修,饬循省也。”意谓连续雷动,声威大震。君子观看卦象,感受恐惧而生自修性心之念,认真进行省察反思。

在当今,人们对“恐惧”一词因理解不同而态度亦不相同。有人举“彻底的唯物主义者是无所畏惧的”名言,认为恐惧反映意志的懦弱,应作负面评价。这个观点看来须加探讨。

科学描述恐惧,是一种纯心理表现,有些偏向负面评价。文学描述恐惧,是一种艺术形象展示,评价依作者倾向而定。如文天祥《过零丁洋》诗云:“惶恐滩头说惶恐,零丁洋里叹零丁”。实则一点也不惶恐,甚至连死都不怕。清龚自珍则以“九州生气恃风雷”表现对风雷之威的赞赏。而鲁迅的《无题》末句“于无声处听惊雷”又反映出他在“心事浩茫”中的执着期待。至于《象传》所言的“恐惧”,乃是哲学的描述,其特点为渗透文化理性。这种恐惧,绝非纯心理表现,却在很大程度上可以归结为一种认识活动:警觉连续雷震之异常,思考在道义上的应对之方。正如曾参病中引《诗·小雅》文句告诫弟子:“战战兢兢,如临深渊,如履薄冰”(《论语·泰伯篇》)。他说的“战战兢兢”,即系“恐惧”的另一版本。只有采取战战兢兢、小心谨慎的态度,才能认真修身,深刻反省,在反映复杂社会生活的道德领域里稳步前进。这就是“恐惧修省”的因缘结构。

基于以上论述,我们还须对程颐的一个说法作点评析。程颐说:

“君子畏天之威，则修正其身，思省其过咎而改之”。从而将恐惧之生归于对上天权威的畏惧。诚然，孔子说过“畏天命，畏大人，畏圣人之言。”(《论语·季氏》)但孔子从来不认为天像人一样具有意志。“畏天命”则指敬畏客观规律。孔子崇尚的是“天德”，“天地之大德曰生”。倡导的是“天人合德”，以“生生”为准则，确立社会价值观与行为规范。

诗云：一象飞来示异常，
连声雷响震心房。
反思猛省尊天道，
畏惧见诚心不慌。

八十二、思不出位

《象下传·艮》曰:“兼山,艮。君子以思不出其位。”

艮的上下卦均为三爻单卦艮。艮象征山。两个艮重叠,上下皆山,所以称“兼山”。

艮象征山,也象征止:山连着山,止而又止。程颐因之提出,“君子观艮止之象,而思安所止,不出其位也。”即卦象显示停止,君子于是将思想活动安稳地停止在适宜的范围内,不超出他所处之位。什么是“位”?程颐解释道:“位者,所处之分也。万事各有其所得,其所止而安。若当行而止,当速而久,或过或不及,皆出其位也。”即“位”是人所掌控的一种分寸。他认为万事都具有存在之环境,得到合适的环境,则留止而安稳。如果应当行进而停止,应当加快却久留,或者过了头,或者未达到,都是“出位”。这样说来,“位”成了万事合理处置的界限与依据。

“君子思不出其位”,《论语·宪问篇》亦有记载。那是曾参接着孔子“不在其位,不谋其政”的话说的。一般的解释,大体上都像杨伯峻先生《论语译注》所注那样:“君子所思虑的不超出自己的工作岗位。”工作岗位之“位”显然窄了些,因为仅系职事之位。此外尚有家庭之“位”,社会之“位”,德业之“位”等。不过,比之程颐所言,实在具体明确得多。

倘就《论语》“不在其位,不谋其政”的二度记述看,表明了孔子这一告诫在弟子中的影响力。而杨伯峻先生的注解也是合适的:“位”即工作岗位,政务职位。但在“思不出其位”的理解上,像历来儒学主流的论述一样,看来同样发生了方向性偏差。须知曾参的话是对孔子教诲的补充。孔子所说的“位”,正是职位。曾参所言倘如杨注,则不仅简单重复师教，而且还将行为指向的“不谋其政”而“不出其位”拉回到思想领域。岂非在画蛇添足之余还把蛇身抹去一截?！曾参所言的确切意思，其实应当是：君子要按孔子教导，经常思考“不出其位”，即“不在其位，不谋其政”的问题。内含隐语为：这是一个重大问题，原则问题。照当今用语说，这是一个大是大非问题！

孔子将“不出其位”当成一个重大原则问题，具有历史的针对性。其时也，诸侯欺君，大夫擅权，陪臣干政，甚至臣弑其君，子亡其父。凡此种种乱象，一个重要原因即在“出位”。所以孔子大声疾呼：“八佾舞于庭，是可忍也，孰不可忍也?！”“相维辟公，天子穆穆，奚取于三家之堂?！”对于季氏越位祭祀泰山，不免慨然长叹：“呜呼！曾谓泰山不如林放乎！”(《论语·八佾篇》)……

把“思不出其位”理解为思考问题不要超出其职位，这在逻辑上也很难说通。人脑固有范围，思想永无止境，怎么能“不出其位”呢！孔子提倡自由思考，鼓励举一反三，“举一隅不以三隅反，则不复也”。倘居一隅之位而不思三隅之存在，必成“斗筲之人，何足算也！”(《论语·子路篇》)事实上，孔子自己正是一位自由思想家。“七十而从心所欲”乃其思想驰骋天地的自我写照。诚然，个人思想自由还当保障社会整体的共同自由，所以孔子要设一条不逾之“矩”，包括规范、律令、道义、规律从而成为其不出之“位”。就这一点说，程颐对“位”的阐解也有某些道理。

看来，《象传》关于“思不出其位”的用意是很明白的：瞧，山连着山，止步呀！止步呀！多想想“不在其位不谋其政”吧！

诗云：重山连立步当停，
时止强行安得宁?
政事应居本位谋，
代庖越俎失声名。

八十三、居德善俗

《象下传·渐》曰："山上有木，渐。君子以居贤德善俗。"

渐卦上为巽，象征木；下为艮，象征山。卦呈"山上有木"之象。

程颐解释道："山上有木，其高有因，渐之义也。君子观渐之象，以居贤善之德，化美于风俗。"他认为渐的意义在于揭示树木能在山上高大起来的原因（逐渐成长）。从而观象以居贤善之德，美化社会风俗。这里要弄明白"居"的涵义。"居德自傲"之"居"，有停留（以至坐、躺于德）之意，属贬义。"居德善俗"之"居"，有积累，蓄留之意，属褒义。

程颐揭示渐的意义说："人之进于贤德，必有其渐。习而后能安，非可陵节而遽至也。"大意为，一个人进入贤明品德的境地，必然有一个逐步提高的过程。修习得一定功夫后才能安定心志。不可能拔节而起，突然达到。他进一步由"居贤德"之渐推论"善俗"之渐："在己且然，教化之于人，不以渐其能入乎?！移风易俗，非一朝一夕所能成，故善俗必以渐"。即以渐"居贤德"，对自己是这样，如果想教化别人，不采取循序渐进的方法怎能入门呢?！移风易俗事关社会全局，不是一朝一夕便能大功告成的。所以改善风俗必须遵循渐进的原则。

读者或许记得，升卦之象是"地中生木"，《象传》的教导是"君子以慎德，积小以高大。"渐卦之象为"山上有木"。山木高于地木，"居贤德"的要求显然也高于"慎德"。并且还要推己及人，美化风俗，渐卦的道德教育功能，委实别具一格。所以《彖下传·渐》评曰："渐之进也，女归吉也。进得位，往有功也。进以正，可以正邦也。"渐进而"女归吉"（婚嫁吉利）是对卦辞"女归吉"的补充分析。"得位有功"评述九五与六二两个卦主同心协力，坚持中正之道。由此渐进，国家当可大治。

贤善教化、移风易俗是一项伟大的社会工程与长期的历史任务，不可能一蹴而就。特别是当面临道德危机的时刻，领导者尤须宁神定志，立足长远，抓紧当下，从基础教育开始，步步为营，确立理性文化信仰，营造切中时弊的价值观气氛与社会环境，以求精神文明与物质文明逐步适应而渐入佳境。

在特殊情况下，如果"地中生木"和"山上有木"一时不足以改变积久难移的世风陋俗，则按孔子意象思维原理，可借鉴恒卦，"正风立木"。（恒卦上为震，既象征雷，亦象征木，为阳木；下卦巽，可象征风）亦即立威严之法纪，正官民之风气，持之以恒，坚定不移。倘如上层之木雷厉风行，真正"居贤德"而声威大振，则"善俗"又何难之有?!

诗云：百年树木上山兴，
　　　善俗居贤宜渐行。
　　　岂有乌云空自散，
　　　风雷曾激日方晴。

八十三、永终知敝

《象下传·归妹》曰:“泽上有雷,归妹。君子以永终知敝。”

归妹卦上为震,象征雷;下为兑,象征泽,所以卦象为“泽上有雷”。

“归妹”即姑娘出嫁。程颐解释道:“雷震于上,泽随而动;阳动于上,阴说(悦)而从。女从男之象也,故曰归妹。”归妹下卦兑性阴而和悦,上卦震性阳而活动。兑阴跟随震阳而动,象征女子嫁给男人。

男女婚嫁与“永终知敝”有何关联?程颐说:“永终谓生息嗣续,永久其传也。知敝为知物由敝坏,而为相继之道也。女归则有生息,故有永终之义。又夫妇之道,当常永有终,必知其有敝坏之理而戒慎之。”意思是:“永终”指生儿育女,永远代代相传。“知敝”指懂得事物总会因破旧而败坏,从而安排可以继续发展的途径。婚嫁就有生育繁衍,所以包涵着“永终”的意思。而夫妇之道应当恒常长久,和合到底,为此必须明白发生敝坏的道理而谨慎防范。

“永终”是男女婚嫁的积极意愿和长远目标。“知敝”则是达到“永终”的基本原则与实践路径。程颐还以为“敝坏谓离隙”,“离隙”即夫妇之间产生隔阂与间隙。原因在“情之感动,动则失正”。据此说来,“知敝”的落实点在于正言正行,防止一时感情冲动,丧失理智。当然,夫妇之正,正于伦常,正于事理。绝非事事一板一眼,处处谨小慎微,而使生动活泼的家庭生活陷入刻板枯燥的硬木屋中。

“永终”寄寓着美好愿望,很快引来赞同。“知敝”或将显露家丑,容易令人踟蹰。所以今天我们应当特别强调“知敝”,勇于正视自己家里的丑事,认识已经存在或可能发生的败坏现象,敢于揭短亮丑,并且认真采取彻底消除积弊的措施,从而有现实可能求得“永终”。

“永终知敝”的命题出自归妹卦象的启示,因而关联着婚嫁生养、嗣续传承之义。但其指导性原理则已远远超越这一范围，成为人生日常处事的一项重要原则。程颐说得对："天下之事，莫不有终有敝，莫不有可继可久之道。观归妹则当思永终之戒也。"万事既有终结，又有败毁，还有保障正常终结，防止破损败毁，以求长久持续发展的康庄大道。这就是孔子"一以贯之"之道。

诗云：永终当识德居先，
知敝宜防险在前。
善恶到头终有报，
莫行非理系心间。

八十五、折狱致刑

《象下传·丰》曰："雷电皆至，丰。君子以折狱致刑。"

丰卦上为震，象征雷；下为离，象征电（火）。由此显示"雷电皆至"之象。

"折狱"，即审理案件；致刑，即判定刑罚。程颐认为："离，明也，照察之象。震，动也，威断之象。折狱者，必照其情实，唯明克允。致刑者，以威于奸恶，唯断乃成。故君子观雷电明动之象，以折狱致刑也。"这就是说，丰的下卦象征离明，可以照见百事，明察各方。丰的上卦象征震动，体现威严肃穆，公正决断。审理案件，必须依照讼情事实，唯有清明才能求得公平。判罪定刑，以震慑奸伪邪恶，唯有公正决断方可成功。因此，效法照察威断之象审案判刑，是君子应当获得的思想启示。

《象传》将丰卦引申到法治领域，依据在于这个重卦由震与离上下两个单卦构成。与此相似，噬嗑卦也由震与离两个单卦构成，但震卦在下而离卦在上，《象传》描述为"雷电"（按惯例应为"电雷"），较丰卦"雷电皆至"少了"皆至"二字。从经文看，噬嗑卦的内容确实多涉法治，丰卦的内容则多系天文现象。因此，用以阐释卦辞经文的《彖传》着重从法治体系的严明"合章"、刚柔相济、秉持中道等方面论析"噬嗑"，而对丰卦则未加涉法之言。或许，孔子针对当时假公济私、擅权违法、误审错判等种种法治乱象深感忧虑，乃借丰卦之象进一步强化评述。《序卦传》曰："丰者，大也。"严明法治，当属国之大事。

毫无疑问，古代的法治与当代的法治在体制、结构、程式、管控以至价值观等等方面均已不同，但其认真守护公平、正义、严明、审慎等法治精神，仍然值得今天的人们借鉴反思，继承弘扬。而其有关严与明、察与断、柔与刚、上与下、正与中等对立统一的观念阐析，更能启导我们深化哲学思考、扩大人生视野。

诗云：致刑公正有威生，
折狱知情审贵明。
雷电成章法治日，
雄鸡早唱颂升平。

八十六、明慎刑狱

《象下传·旅》曰:“山上有火,旅。君子以明慎用刑,而不留狱。”

旅卦上卦离,象征火;下卦艮,象征山。所以卦象为“山上有火”。

“用刑”表明案件宣告判决执行,“留狱”则是审察未结期间的关押。程颐认为:“火之在高,明无不照。君子观明照之象,则以明慎用刑。明不可恃,故戒于慎。”大意为,火起于高山之上,四周无不照亮。君子观此卦象而得启示,认真做到事实清楚,情况分明,谨慎地处理刑事案件。“明”反映客观真相,不可违反事实,所以必须力戒轻率,谨慎从事。但应懂得,“明慎用刑”不等于审而又审,议而不决,把犯罪嫌疑人长期关押起来。所以还须提出另一个指标:“不留狱”,以免迁延时日,损害人权。这两个方面的完美结合,可以生动地见于卦象。按程颐的说法:“明而止,亦慎象;观火行不处之象,则不留狱。”即离卦明而艮卦止,显示谨慎之象。火烧起来不会停留,则象征“不留狱”。对此,朱熹的《周易本义》阐释得更加简单明白:“慎刑如山,不留如火”。

旅与丰两个卦象相互倒置,合为综卦。看来,孔子似乎对阐解丰卦“折狱致刑”意犹未尽,于是又以旅卦立论,申述“明慎用刑而不留狱”,使他的法治思想更趋完备。

诗云:火烧山草不停留,
更送光明亮四周。
审慎严明公正立,
法如旭日照千秋。

八十七、申命行事

《象下传·巽》曰:“随风,巽。君子以申命行事。”

重卦巽由上下两个单卦巽构成。巽象征风,上下双巽象征风跟着风飘荡而成“随风”之象。

程颐云:“两风相重,随风也。”“君子观重巽相继以顺之象,而以申命令,行政事。”巽涵顺和之义,所以两个单卦巽重叠,呈现上下相继的顺和之象。据此立意,顺利地发布命令,行施政事。程颐认为:“上顺下而出之,下顺上而从之,上下皆顺,重巽之义也。”符合“上顺下而出之”的,现举姤卦为例。其上卦乾为刚,下卦巽为顺,其象呈“刚上而顺下”。“出之”,就是命令、方略自上层向下层发出,即《象上传·姤》所说的“后以施命诰四方”。符合“下顺上而从之”的,可举观卦为例。其上卦巽为顺,下卦坤为柔,其象呈“柔下而顺上”。“从之”,就是下层服从上层的部署、安排。即《象上传·观》所说的“观民设教”。重卦巽“上下皆顺”,因此程颐看重它的意义,认为“命令政事顺理,则合民心,而民从之矣。”由此可见,程颐在这里讲的“顺”,是要顺合道理,而不是去顺合个别人的心意或少数人的私利。唯有公平顺理的号令、政策、法规、主张,下层民众才会心悦诚服地听从、随从、服从。“申命”之“申”,既有发布、公开之意,又有陈述、说明之意。只有说清楚上层政令的目的、意图、举措、成效,让广大民众心中有数,掂量轻重缓急,才能真正做到群策群力,落实“行事”。不然,申而不明,命而难行,政事如何顺通?唯有政通人和,才是“重巽”之真正意义所在。

诗云:行事当由申命来,
圣贤之教岂容违?
民心向背经纶业,
上下顺和邦不危。

八十八、朋友讲习

《象下传·兑》曰:“丽泽,兑,君子以朋友讲习。”

“丽”有依附而见美之义,如“日月丽乎天,百谷草木丽乎土。”兑的上下单卦均为兑,象征泽。上下二泽相互依附。所以程颐说:“丽泽,二泽相附丽也。”由此指出:“两泽相丽,交相浸润,互有滋益之象。”进而得出结论:“故君子观其象,而以朋友讲习。朋友讲习,互相益也。”即两泽相互依附而显美丽,呈现彼此交融、润养、滋补、增益的卦象。启示君子效法,开展朋友讲习交流,达到相互补益。

观兑卦之象而引出“朋友讲习”之说,包含着以下几层涵义:

第一,兑卦由上下两个单卦兑构成,就像一对朋友,亲密无间。

第二,兑象征悦。《论语》曰:“有朋自远方来,不亦说(悦)乎。”远方来朋,其机会难得;身边之友,可经常切磋。因而朋友相聚,无论远近内心都会感到喜悦快乐。

第三,兑又象征泽。泽水灌溉大地,滋润万物。双泽并蓄,相互补充,相互滋润,相互进益,相互依附而更增其丽。

除此之外,我们还可以得到以下几点启示:

一是,朋友讲习,不仅要相互讲,而且要相互习。既要习人之所学,又要习人之所行。相互鉴借,相互激励。力求“如切如磋,如琢如磨”。

二是,《象下传·萃》曰:“泽上于地,萃。”所以泽要立在“厚德载物”的大地上,形成萃卦之象。以利集聚水源,广施润泽。当然,也可建在仰之弥高的大山上,形成山泽通气的咸卦之象。《象下传·咸》曰:“山上有泽,咸。君子以虚受人。”虚怀若谷,则受益匪浅。

三是,泽水要清。两泽相邻,水质自清。朋友相交,内心自正。倘能各自“主忠信，徙义”（《论语·颜渊篇》），则讲习效益必将日新而大进。诚如孔颖达所言：“朋友聚居讲习，道义相说（悦）之盛，莫过于此也”（《周易注疏卷十》）。

诗云：象成双泽丽生光，
朋友相随会一堂。
讲习不离忠信义，
虚怀若谷志端方。

八十九、享帝立庙

《象下传·涣》曰:“风行水上,涣。先王以享于帝立庙。”

涣卦上为巽,象征风;下为坎,象征水。呈“风行水上”之象。

《说文解字》云:“涣,流散也。”“涣”常与“散”连在一起而成“涣散”。程颐也说:“风行水上,有涣散之象。”

“风行水上”为什么表现出涣散之象?先看小风、春风。五代南唐文人洪延巳《谒金门》词云:“风乍起,吹皱一池春水。”吹皱,就是水面产生波纹,荡漾散开。再看大风、秋风。曹操《观沧海》诗云:“秋风萧瑟,洪波涌起。”洪波,就是浪涛广阔,高离水面。比之波纹,更显离散声势之猛。水的涣散,还映照出风的困惑。前已申述,“风”在《周易》中常可代表高层向下传达指示、号令,如“天下有风”,则“后以施命诰四方”。“随风”,则“君子以申命行事”等。现在“风行水上”,却发生离散之状,而坎水又象征险难,可见视风为令的高层碰到了大麻烦:波浪叠起,邦国涣散。

如何扭转邦国涣散、风纪松弛的危难形势?孔子通过阐解卦象点出一条思路。按程颐的理解是:“先王观是象,救天下之涣散,至于享帝王立庙也。”先王应指夏商周三代贤明君王,他们“治而不忘乱”。一发觉国家开始出现涣散之象,立刻采取补救措施:“享帝立庙”。“帝”泛指黄帝、颛顼、喾、尧、舜等“五帝”。依司马迁评议:“维昔黄帝,法天则地。四圣遵序,各成法度;唐尧逊位,虞舜不台。厥美帝功,万世载之。”对这些万世传颂的圣帝,崇尚弘扬其丰功伟德的重要方法,便是“享帝立庙”。建立庙宇,参拜祭祀。孔子则将其列为消解涣散、促进共识、增强团结的一项治国之道。其中原理,据程颐的解释是:“收合人心,无如宗庙祭祀之报,出于其心。故享帝立庙,人心之所归也。”这就是说，前往宗庙参加祭祀，申述意愿，完全出于自己的内心，足可通过这一活动收拢人心。所以“享帝立庙”体现人心所向。

“享帝立庙”是形式，收聚人心是内容。子曰：“祭如在，祭神如神在”（《论语·八佾篇》）。同样地，祭帝如帝在。所在的既是上古圣帝的身姿颜容，更是他们的丰功伟绩、治国之道与拳拳爱民之心。由此统一思想，和合社会，团结各方，振兴邦国，正是物质变精神而精神又变物质的哲学实践过程。

中国，家大业大，人众域广，特别要加强核心凝聚力，慎防一盘散沙。但在当今，祭什么样的帝？立什么样的庙？须要周密思考。要知道，在信赖、信任、信心、信念的深层，还有一个哲学（而非文学或政治学）名词：信仰。孔子哲学，殆可立廟于人心耶？

诗云：邦基涣散险如何？
大厦一朝倾土坨。
立庙传承先帝业，
同心协力固山河。

九十、制度议行

《象下传·节》曰:“泽上有水,节,君子以制数度,议德行。”

节卦上为坎,象征水;下为兑,象征泽。所以卦象可见“泽上有水”。

程颐解释说:“泽之容水有限,过则盈溢,是有节。”泽的容积有限,如集水过多,超出可容之量,必然满出泽外,所以要求“节”。其实他还应指出另一方面:泽水有限,倘任意取用,不加限制,终将枯竭见底。因此须要“节”。

用水要有“节”,事物要有“节”,做人更要有“节”。“节”不仅指节约,而且指气节,指言行要适度。

程颐认为:“凡物之大小、轻重、高下、文质,皆有数度,所以为节也。数多寡,度法制。议德行者,存诸中谓德,发于外为行,人之德行当议则中节。议为商度,求中节也。”他认为,万物无论体积、重量、位置以至外形举止与内在品质,都有数度而可以衡量,所以可予节制。“数”展示多少,“度”体现法制。“议德行”的意思是:藏能于内的称德性,发力于外的称品行。人的德行应当以“中节”为准绳来“议”,“议”就是“商度”,商评度量,以求达到“中节”。“中节”是《礼记·中庸》提出的概念,是一种自我约束、自我调节的道德机制,其本质为“和”。“致中和,天地位焉,万物育焉。”“中节”的功能由此粲然可见。

以中节“议德行”,要求固然很高。而向此高度迈进的现实途径,则在“制数度”。它告诉我们:考察衡量人的德行,并非虚言泛语,而是可以量化,并且应当立规定制的。程颐说的“数多寡,定法制”,确有积极的现实意义。数多寡,就是要分门别类,明列行为事项,加强经常监察,定期统计。定法制,就是要颁布法规,订立制度,公开透明,认真推行。所有这些，对于当今的君子，包括社会精英，大V公知，特别是各级领导干部，显得尤为重要。《象下传·节》曰："当位以节，中正以通。天地节而四时成。节以制度，不伤财，不害民。"看来已经讲得明明白白。

诗云：泽容碧玉水存钱，
用必合规章法严。
修竹中虚身有节，
自珍当在法规先。

九十一、议狱缓死

《象下传·中孚》曰:“泽上有风,中孚。君子以议狱缓死。”

中孚卦上为巽,象征风;下为兑,象征泽。因而呈“泽上有风”之象。

《杂卦传》曰:“中孚信也”。《说文》《尔雅》均释“孚”(fú)为“信也”。中孚之“中”,意示内心。内心之信,可谓诚信。张载、苏轼等大家以古文“孚”与“孵”通,“孵”必“刚得中”而有定期,由此可导出中孚。《象下传·中孚》曰:“孚乃化邦也”。孚信之立,足以教化邦国,可见意义重大。

程颐认为:“泽上有风,感于泽中”。“风之动乎泽,犹物感于中”。他将风拂动水泽比喻为感动水泽,进而推论到事物对于人心的感动。紧接着联系“议狱缓死”,提出见解:“君子之于议狱,尽其衷而已。于决死,极于恻而已。故诚意常求于缓。缓,宽也。于天下之事,无所不尽其忠。而议狱缓死,最其大者也。”这就是说,一个正直的君子审理案件,唯为尽忠:忠于职守,忠于事实。而判处死刑,则当最大限度地萌发怜悯之情。为此,要保持真诚的心意,常须求助于“缓”,“缓”便是宽大。天下各种事务,无不要求守职尽忠。审判死罪而尽可能议处缓刑,表现着最大的忠实。

议狱缓死,体现对于生命的宽大情怀。显然,宽大不能无边,而贵持中。中致孚,孚见诚,诚则坚持忠实态度严肃议狱,并以宽大之心尽可能对极刑议处缓死。

孔子既倡行礼制,又崇尚法治。归根结底,礼制与法治均在寻求确立全社会的合理秩序。这种秩序的核心,必然要复归于道。应当明白,孔子哲学思想的基石是天人合德,主线是三才之道,要义在开物成务,宗旨则为生生不息。而渗透其间的意念,昭示着对于生命的关怀、尊重、怜惜、慈爱与护佑。议狱缓死,当系孔子观析中孚卦象,一时有感而发的法理哲学思考。

诗云:泽感风和情意妙,
极刑示信忠诚晓。
阴阳生命本刚柔,
法理归原终合道。

九十二、君子小过

《象下传·小过》曰："山上有雷，小过。君子以行过乎恭，丧过乎哀，用过乎俭。"

小过卦上为震，象征雷；下为艮，象征山。所以卦象为"山上有雷"。

朱熹说："山上有雷，其声小过。"但没有说明山上的雷声何以"小过"。其实，他的师祖程颐早已说得很明白："雷震于山上，其声过常。"即山上的雷声超过平常的声音与节律，所以谓"小过"。程颐认为："天下之事，有时当过而不可过甚，故为小过。""事之宜过者则勉之，'行过乎恭、丧过乎哀、用过乎俭'是也。"他对"小过"的理解是：待人处事，有时要超过一点常规，但不能太过头。对适宜于稍过限度之事，可予勉励，如行动恭顺、丧事哀伤、物用节俭等方面略有过度，均在此列。他认为"当过而过，乃其宜也。不当过而过，则过矣。"即"小过"有个适宜或恰当的问题。稍可过头的事情过头一点，可以谓之适宜。不应当超过常规的却做过了头，就会造成过失。

那么，究竟怎样掌握"小过"的尺度呢？看来还须从孔子的哲学思想中找答案。《彖下传·小过》曰："小过，小者过而亨也。过以利贞，与时行也。柔得中，是以小事吉也。"从而告诉我们三个要点：

第一，"小者过而亨也"。即无关大局的一般事情处理，可以稍许超过常规，但必须保持通顺。通顺反映公认的社会评价：通不通，顺不顺，即"小过"是否适宜，是否恰当。

第二，"过以利贞，与时行也。"小过应当有利于正常秩序，与时俱进。因为许多社会事务，基于不同的时代背景，不同的时空环境，会有不尽相同的常规(如周代的丧礼就与夏、商有别)。

第三,“柔得中,是以小事吉也”。“柔得中”在卦象上指六五与六二两个阴柔主爻分别占据上下两个单卦之中位,在事理上则指处事和顺,坚持中道。和顺是行为态势,中道是行为准则。怎样做到和顺得中?办法是按《论语·子罕篇》记述的“叩其两端”,取事物反向对应的两头作比较,找到中间的平衡点。例如子曰:“礼,与其奢也,宁俭。丧,与其易也,宁戚。”(《论语·八佾篇》)在礼事安排上,奢侈与俭朴为相反二端,经质与量的综合平衡,取得社会常用的礼事标准,这就是“得中”。以中为准,比较两端的社会总体认可度,如俭高于奢,则俭宜于“小过”,因而孔子宁取俭而弃奢。丧事也一样,易(十分简单;但也有译注为“仪文周到”的)与戚(十分悲伤)二端,经得中而比较,戚宜于“小过”,因而孔子认可“丧过乎哀”。总之,在“柔得中”的情况下“小过”,事情大多顺吉,“是以小事吉也”。

对照小过与前述大过的卦象,也许会增加一点你对意象的兴趣。大家知道,一般雷在空中滚动,风在空中飘荡。雷在滚动中自然经过山头,形成“山上有雷”之象,并无特别可怪之处,所以只是“小过”。而风在飘荡中突然钻到泽底,形成“泽灭木”(上卦为兑,象征泽;下卦为巽,巽象征风,也象征木)之象,实在过于张扬,所以应属“大过”。但这种“大过”截然不同于“小过”的意涵,它表现出一种特立独行、超越世俗、直道而行的风骨、品格与坚毅精神。从小过与大过的意象比较中,当可体会到《周易大传》中孔子哲思的生动与精妙。

诗云:小过吉多何足奇,
得中和顺事相宜。
行恭用俭丧悲戚,
复本归原道未移。

九十三、思患豫防

《象下传·既济》曰:"水在火上,既济。君子以思患而豫防之。"

既济卦上为坎,象征水;下为离,象征火,乃呈"水在火上"之象。

水在火上,可以加温、饮用以至生汽化能,所以可谓水火相济。济者,渡也,助也。既济说明已经到达,完成,取得了结果。程颐道:"水火既交,各得其用,为既济。当既济之时,唯虑患害之生,故思而豫防,使不至于患也。"即水与火已经交集在一起,各自得以发挥自身的功用,这就是"既济"(已经达到或完成)。这时候,最须考虑忧患祸害可能产生。所以要进行思考,加以预防,避免祸患。

大凡事物发展,都是波浪起伏,曲折前行的。在此过程中,既济表现为相对平稳、安定的阶段。对此,孔子特别提出告诫:"安而不忘危,存而不忘亡,治而不忘乱"(《系辞下传·第五章》)。思患预防,消患于未然,方可无患。既济是一个规规矩矩的卦象,六爻之中,阴阳各半,阴就柔位,阳居刚位,刚柔相宜,整体平衡。但水在火上,既可相济,亦可相克。火过旺则水尽,水过大则火灭。水火之际,变化多端,岂能安之若素,高枕无忧呢?!

防患未然,必先思考。思患之道,贵在"无咎"。"无咎"的客观表现是没有灾患,其主观意涵则是没有过错。孔子《系辞上传·第三章》指出:"无咎者,善补过也。""震无咎者存乎悔。"并在此前解析:"悔吝者,忧虞之象也。"嘱咐人们要经常观察忧患之象,心存悔意,认真反思,尤其强调要善于补过。"人非圣贤,孰能无过。"重要的是幡然思过,"过则不惮改"(《论语·学而篇》)。孔子甚至联系自身,深有体会地回顾人生沧桑说:"假我数年,五十以学《易》,可以无大过矣!"(《论语·述而篇》)这里的"无大过",亦即《易传》多次提及的"无咎"。而要实现“无咎”，必须“善补过”。即使亡羊补牢，亦未为晚。总之，要做到“思患而预防之”，当须经常警惕“忧虞之象”，及时悔悟，善于补过，求得“无咎”。这也正是我们今天应当大力倡导的忧患意识。

诗云：无忧高枕易心伤，
思患随时早预防。
安乐窝中歌少唱，
风光须待百年量。

九十四、辨物居方

《象下传·未济》曰:"火在水上,未济。君子以慎辨物居方。"

未济卦上为离,象征火;下为坎,象征水。卦象表现为"火在水上"。火炎上而水润下,水火背离,互不相交,所以程颐说"水火不交,不相济为用,故为未济。"他认为:"火在水上,非其处也。"即水火所处的地方不合适,为此,应观象得意,"以慎处于事物,辨其所当,各居其方。"即采取谨慎的态度处理事物,分辨其是否适当,是否各就各位,各得其所。

未济是《周易》六十四个重卦的最后一卦,按照有始有终的常理,原应终有所成,结果却来个"未济",事业并未达成。为什么达成不了?程颐认为是水火所居的位置不对。唐代硕儒孔颖达则在《周易注疏》中指出,问题出在"刚柔失正",即全卦六爻,三个阳爻各居阴位而三个阴爻则各占阳位。刚柔错置,男女颠倒,事业如何达成?!说到底,毛病仍出在位置上:水火不相交往,因为"居方"不正。

看来,若想谨慎地分辨事物,一个重要方法便是观察研析其所居之"方"。对此,《系辞上传·第一章》有一句箴言:"方以类聚,物以群分,吉凶生矣。"如果明白了事物所归之群,所属之类,就可以进一步推知其所居之方。如果明白了事物所居之方,又可以进一步分析事物之情状,从而不断接近事物的真实面貌,适应客观环境的运动变化,积极调整人的主观状态与认知能力,以期正确把握时空条件,适应变化,趋吉避凶,将"开物成务"、"化成天下"的实践过程不断推向前进。立足未济之现状,争取既济之达成。

孔子倡导"辨物居方",强调一个"慎"字。而谨慎与谦虚常常相辅相成。《彖下传·谦》曰:"谦,君子有终。"事有终始,人亦如此。从未济到既济，体现着自始至终，从既济到未济，体现着由终复始，并启动新一轮的自始至终。如此周而复始的循环更新，描画着人类社会历史发展的规律。启示人们着眼于客观，看“乾道变化”；立足于主观，思“各正性命”。从而让“天人合德”与“三才之道”的真理之光普照物质与精神交融的整个世界。

诗云：未济亡交水火狂，
慎思辨物察居方。
修齐志在治平业，
来日徐徐岁方长。

九十五、潜龙勿用

乾卦六爻象征潜藏地下之龙最终腾飞长天的六个时段，恰恰与孔子自我总结的六段人生经历对应吻合，值得深思与探究。

《周易上经·乾·初九》爻辞云："潜龙勿用"。什么是"潜龙"？孔子的回答是："龙德而隐者也。不易乎世，不成乎名。遯世无闷，不见是而无闷。乐则行之，忧则违之。确乎其不可拔，潜龙也。"（《文言传》）即"潜龙"是有德隐居而不显山露水者。其特点是不随从俗流凡风，不寻求炫耀扬名；避离尘世，不被认同毫无悔闷。心里欢喜的事就做，担忧违心的事就不做。志向明确，坚忍不拔。

潜龙为什么"勿用"？《象传》曰："阳在下也。"《文言传》则曰："下也"，"阳气潜藏"。即潜龙处于卑下的位置，阳气尚不旺盛，有待在隐伏中存藏积累。特别要懂得："君子以成德为行，日可见之行也。'潜'之为言也，隐而未见，行而未成，是以君子弗用。"《文言传》强调通过潜藏，在日常生活中存积德行。

如果联想对照，可以发现这个"潜龙"阶段，正是孔子"十有五而志于学"之时。由于三岁（虚令，下同）亡父，十七岁又丧慈母，孔子的青少年生活十分艰辛。但他以"确乎其不可拔"的精神，认真学习诗、书、礼、乐，研究数学，训练驾驭。孜孜不倦，虚心好学。不断地积累知识，修养德行。

诚然，孔子少年时尚未可能自觉确立潜龙意识。母丧不久，鲁国执政的季武子举行招待士人的盛大宴会，孔子穿着丧服，挂着麻带前去赴宴。不料被季氏家臣阳虎拦在大门前，并以不屑的口气发话："季氏飨士，非敢飨子也。"即季武子请客的对象是知名人士，不是你这种人。据《史记·孔子世家》记载，孔子"由是退"。退，实际上就是"潜"。既然时不我用，那就隐藏起来，增长知识，积累德能，凝聚阳气，然后再见机而行，待时而动。这段难忘的经历，使孔子晚年传述《周易》时，更深刻地认识到“潜龙勿用”的要义。

孔子不仅热衷研究文献，到处查阅历史文化资料，而且善于在实践中学习，在生活中学习。他当过管仓库的委吏，运用数学等方面的知识，账目搞得一清二楚，条理分明。却谦虚地说：“会计当而已矣。”一个“当”字，恰恰展示了他的才能与责任感。他改任管家畜的乘田后，顺时应变，积极掌握畜养技能，新的事业又见一片兴旺。而他仍淡然表示：“牛羊茁壮而已。”其实，牛羊的茁壮，正好体现着他的知识与道德修养的不断增进。体现着“潜龙”正在各个领域默默成长。

鲁国浓厚的周礼氛围与文化熏陶，触发青年时期的孔子想当一名儒者的愿望。为此，他博览礼事，四处求教。抱着“三人行，必有我师焉”(《论语·述而篇》)的虚心态度。一有机会便抓紧学问。《论语·八佾篇》载：“子入太庙，每事问。”有人因此讥笑他不懂礼仪，他只一言回复：“这正是礼呀！”

孔子认为：“学而不思则罔，思而不学则殆。”(《论语·为政篇》)在潜龙阶段，他尤其重视学习结合思考，以求融会贯通。二十九岁时，孔子向师襄子学琴。一连十天，学会了弹奏技巧。师襄让他练习新曲，他却思考着如何掌握乐曲要领，并进一步体会情志意境，进而研察作者之为人。终于悟得此人“黯然而黑，几然而长，眼如望羊，如亡四国”。即那是一位肤黑身高、目光明亮远大、好像治理着四方各国的帝王。从而促使师襄子记起曲名，原来这是周文王作的《文王操》。

看来，从十五岁到三十岁左右，孔子以切身经历阐释了“潜龙勿用”的精深意义。“潜龙者”，无声无息地矢志于学也。

诗云：书山有径学无涯，
　　　诚意正心年正嘉。
　　　太庙修文每事问，
　　　潜龙冷看井中蛙。

九十六、见龙在田

《周易上经·乾·九二》云:"见龙在田,利见大人。"《象传》释曰:"见龙在田,德施普也。"即龙出现在田野上,象征着普施功德。《文言传》认为,此时"天下文明",龙刚由潜隐出土,不宜急功近利。"时舍也",放手大干的时机还没有到。但利于晋见大人,创造建功立业的条件。此时,重要的是修养龙的君德,"学以聚之,问以辨之,宽以居之,仁以行之。"长学问,辨是非,扩胸怀,行仁义。

对应"见龙在田",可以联系孔子"三十而立"的情景。此时,孔子经过一段时期的实践,总结经验,正式打出民间办学的旗帜。他的响亮口号是"有教无类"。学生中既有贵族子弟,如孟懿子、南宫敬叔;有富二代,如子贡、公良孺;大量的成员则为平民以至"鄙人贱夫"。孔子对他们一视同仁,因材施教。"文行忠信",各得其宜,受到全社会的敬仰与重视。一时名声大振,如龙现身于宽广的田野。

"见龙在田"的表现,为孔子提供了"利见大人"的机遇。其中最重要的有三次:

一次是,孔子大概三十岁时,齐景公和晏婴来到鲁国,听说孔子博学广闻,向他讨教:"秦国穆公国土狭小,地处偏僻,为什么能称霸?"孔子从国小志大、施政中正、任用贤能三个方面加以阐释。景公听了,心悦诚服。

一次是,孔子三十四岁时,通过学生南宫敬叔向鲁君表达赴东周京都洛邑参观访问之意。鲁昭公慷慨应允,赠车一辆,马两匹及童仆一人,予以资助。孔子此行,实地考察礼乐,查阅文献,体验风情,并且会见史官老聃与大夫苌弘,谈经论道,观礼闻乐,得益匪浅。进一步扩大了他的政治、文化、与社会的影响力。

还有一次是三十五岁时，鲁国发生内乱，昭公至齐国避难，孔子也离鲁赴齐。经高昭子推荐，孔子多次会见齐景公。《史记·孔子世家》载：景公问政，孔子回答说："君君，臣臣，父父，子子。"另一次，则答以"政在节财"。无论是君臣父子各守其位，各尽其职，还是节约财政支出，减轻民众负担，都击中了齐国当时的政治要害。齐景公原拟封地给孔子，以备任用。后因晏婴等大臣反对而罢。孔子居齐一年有余，于三十七岁返鲁。

孔子客居齐国，一方面为当政者提供政治咨询，一方面抓紧时间继续充实自身。他曾就近去杞国考察夏礼，又与太师谈论音乐，得闻韶舞古曲，感奋异常。《论语·述而篇》描述道："子在齐闻《韶》，三月不知肉味。曰：'不图为乐之至于斯也'。"欣赏音乐竟然在三个月里辨别不出肉食味道，确实想不到会进入如此美妙的境地。

仅就上述部分事例，就足以反映"见龙在田"在孔子人生道路上的历史实践，从而深刻理解孔子关于"见龙在田"的评析——"君德也"。"三十而立"，当然是立身，立业，而最重要的，则是阳刚居中，树立君德。

诗云：大人问道识才华，
长夜时终闪火花。
满地芳菲赏不尽，
田龙见处遍新芽。

九十七、终日乾乾

《周易上经·乾·九三》云："君子终日乾乾，夕惕若，厉无咎。"意谓君子整天兢兢业业地勤奋工作，到了晚上仍惕然戒备，虽遇危难也就不会有大麻烦了。

《象传》曰："终日乾乾，反复道也"。即"终日乾乾"是君子反复践行其道的表现。《文言传》进一步阐释说："君子进德修业。忠信，所以进德也。修辞立其诚，所以居业也。"即"反复其道"，就是不断地增进忠信之德，修习学业，完善文辞，秉持内心的真诚。《文言传》又指出，"君子居上位而不骄，在下位而不忧，故乾乾。因其时而惕，虽危无咎矣"。这里的"上位"，指九三位于下卦之上层；"下位"则指位处上卦之下方。在上不骄，在下不忧，所以始终"乾乾"，能够"与时偕行"，适应时情保持警惕，虽有危险而不致于引出祸患。

"君子终日乾乾"可以对应孔子"四十而不惑"的人生时段。

"不惑"，就是不迷惑于表面现象，不迷惑于声色权欲，不迷惑于陈规旧说。它表明，经过"志学"与"而立"，孔子已具备完全独立思考的能力，正在自我觉醒中形成认识世界、认识社会、认识人生的思想体系。表现在：

第一，他少年心仪的儒者形象发生了重大变化，从而对学生提出了"汝为君子儒，无为小人儒"（《论语·雍也篇》）的明确要求，为此后儒家体系的历史性创建奠定了坚实的思想理论基础。他对"君子"这一概念作了一系列论述。据杨伯峻先生统计，《论语》中言及"君子"者达 107 次之多。其中最简单的说法是"君子不器"，即君子不能停留在形而下的具体事物层面，而要由形而下向形而上探究思索，向一以贯之的道接近。君子儒不是只晓得按部就班的"礼"的司仪，而是"礼"的阐释者，教化者，倡行者。他启导学生深思："礼云礼云，玉帛云乎哉？乐云乐云，钟鼓云乎哉？"(《论语·阳货篇》)"诗，可以兴，可以观，可以群，可以怨。""不学诗，无以言"；"不学礼，无以立"(《论语·季氏篇》)。在《周易大传》中，孔子更以六十四卦为文化平台，对君子的音容笑貌、心性气度展开了全方位的描画阐述，从而使"儒"的内涵焕然一新。

第二，孔子对前朝的历史文献不仅进行了全面整理、校核、编集、总结，而且提出了自己富有创造性的全新见解。《论语·八佾篇》引孔子自述："夏礼，吾能言之，杞不足徵也。殷礼，吾能言之，宋不足徵也。文献不足故也。足，则吾能徵之矣"。在乐章的汇集研究方面，他也取得了重大成果。《论语》记载："子语鲁大师乐曰：乐其可知也：始作，翕如也；从之，纯如也，皦如也，绎如也，以成。"孔子向鲁国乐官太师如此清晰地讲述乐曲的结构机理(起始安宁内蓄，接着清纯顺和，继之明朗响亮，而以绵绵不绝告终)，足见孔子研析乐典之精。至于《诗》，更是他经常开导弟子们的功课。其名言为："诗三百，一言以蔽之曰：思无邪。"而关于"唐棣之华"(《论语·子罕篇》)的引申反思，鲜明地显示其入乎诗而出乎诗的独立批判精神。在传述《尚书》方面，孔子则突出宣扬尧舜文武修己爱民，以道治国的精神而不把他们神圣化，偶像化，这从孔子回答子贡"博施于民而能济众"是否称得上"仁"的评述中(《论语·雍也篇》)即可充分得到反映。

第三，孔子首创的规模化民办教育红红火火，如日中天。他以一往无前的精神撇除了官办教育的陈腐体系和制度枷锁，并在勇于创新的途中形成了"文、行、忠、信""文质彬彬""诗、书、礼、乐、御、射"博采广通而以道德人格为核心，以理论与实践相联系的全面素质教育思想。三千弟子，七十二士，大多肇基于这一时期。他们不仅尝试构建古代社会的精英阶层，而且掀起了一波信仰文化理性以求"大道之行"的时代浪潮。

第四，全面深入的学术研究与丰富生动的社会体验相结合，奠定了孔子政治思想的基本格局：以民为本，礼治与法治并举，行尧舜文武之道，中正理政，实现国泰民安。为此须要对现行体制革故鼎新，实施改革。改革的原则是视情损益。他认为："殷因于夏礼，所损益，可知也。周因于殷礼，所损益，可知也。其或继周者，虽百世可知也"（《论语·为政篇》）。这里的"礼"，就是政治体制与社会规范。所谓"损"，即废除不合时宜的法规。所谓"益"，即增加时代需要的内容。经过三代政制的历史比较，他明确作出判定："郁郁乎文哉，吾从周。"但他并不即此非彼，而是取长补短："行夏之时，乘殷之辂，服周之冕，乐则韶舞"（《论语·卫灵公篇》）。体现了博采众长的中道思想。

综上所述，孔子大约在四十至五十岁期间，已基本完整地确立了在学术、文化、教育、政治诸方面的思想理论体系。正如毛泽东《1939年在延安职工干部教育动员大会上的讲话》中所说："孔夫子的'孔夫子主义'，不是从学堂里，从他的老师项橐那里学来的，是他当先生的时候，在鲁国做官的时候才有的"（《毛泽东读批史记》卷二，921页）。孔子既然有了自己的"主义"，有了自己独立的思想理论体系，自当不惑于俗务世事，不惑于虚言华行，不惑于陈规旧说了。

毫无疑问，"孔夫子主义"的横空出世，要求孔子"终日乾乾"。尤其在当时，鲁国内乱，昭公逃亡而返国未成。定公受制贵族，大夫擅权，陪臣乱政。孔子在"终日乾乾"之余，还须自始至终小心谨慎，坚持"夕惕若"，以期"厉无咎"。

诗云：博古通今六艺精，
　　　乾乾终日与时行。
　　　滔滔论政齐君折，
　　　侃侃释疑吴使惊。

九十八、或跃在渊

《周易上经·乾·九四》云:“或跃在渊,无咎。”即龙在跳跃过程中可能跌入深渊,但无祸害。《文言传》解释道:“上下无常,非为邪也。进退无恒,非离群也。君子进德修业,欲及时也。”意谓龙上下跳跃,不合常情,但并非走邪路。进进退退,没有定规,但并非脱离群体。它象征君子为了增进德能,修习学问,创建事业,正在抓紧用功,以期与时俱进。

“或跃在渊”,正好对应孔子“五十而知天命”。此时,鲁国内政渐趋平稳,急需提用人材。鲁定公九年,孔子五十一岁,被任命为中都宰,相当于一县之长。据《史记·孔子世家》载:“一年,四方皆则之。”短短一年时间,政绩斐然,四面八方视为榜样,纷纷前来学习。定公召见孔子询问:“学子此法,以治鲁国,何如?”孔子信心满满地回答:“虽天下可乎,何但鲁国而已哉!”即运用他的中都经验,不仅可治鲁国,而且可治天下。次岁,即被任命管理工程建设的司空,不久又提升为掌管司法的大司寇,兼理相事,执管全国最高政事。夏日随定公与齐景公会盟于夹谷,外交大胜,迫齐归还郓、讙、龟阴等地。

孔子的辉煌政绩光照四野。但因“堕三都”(摧毁三家贵族的城堡)得罪当政的三桓(季孙氏、叔孙氏和孟孙氏),而齐国又担忧鲁国由此强盛,采取女色引诱等手段瓦解其上层斗志,违礼败俗。孔子被迫于定公十三年五十五岁时,带领学生离鲁,开始了周游列国之旅。首站游居卫国直至五十九岁。卫灵公对孔子礼敬有加,然终未任用。

离鲁入卫,孔子由名噪一时的政坛明星直线下落,不得不旅居他乡而寄人篱下,确实像跳跃而起的一条健龙跌进深潭。但正如他在《文言传》中对“或跃在渊”所作的阐释,这样大幅度地上上下下,进进退退，并非“为邪”，而是走正大光明之路，“进德修业，欲及时也。”他原来认为，“齐一变，至于鲁；鲁一变，至于道”（《论语·雍也篇》）。现在改革齐鲁二国政治文教体制的希望陷于渺茫，就地缘政治文化看，去卫国一试身手已成当时最佳选择，所以组建起一支数十人的精英队伍，踏上了历史的新征程。毛泽东在 1954 年 9 月 14 日的一次会议讲话中评论说：“其实孔子周游列国，就是哪里造反他就到哪里去。孔夫子是革命党，此人不可一笔抹杀”（《毛泽东读批史记》第 222 页）。孔子是不是革命党可以商榷，但他确是一位春秋末年铁肩担道义的乱世改革家。

乱世改革绝非易事，它要求改革者具有极其清醒与坚定的使命感。孔子“五十而知天命”。对于这位不信怪力乱神的思想家说来，“天命”不是听天由命，而是“顺天休命”。休命必当正命，正命可以改命乃至革命。他认为改命与革命是“顺乎天而应乎人”的正义行动。基于这种坚定明确的认识，他敢于直面个人政治生涯“或跃在渊”的大风大浪，义无反顾地踏上改革之路。顺乎天道，应和民心，通过改革争取美好命运，这便是孔子认知的天命观。在哲学思考上，这种天命观主要表现为顺时与守位。

孔子还以其超凡脱俗的天人观传述《周易》，剖析卦象。《文言传》指出，九四“或跃在渊”，就卦爻位置看，处于“重刚而不中。上不在天，下不在田，中不在人。”的状态。重刚，其性特别刚健；不中，左右难以平衡。“上不在天”，尚未真正进入领导核心；“下不在田”，缺乏地方势力支持；中不在人，不能与见利忘义之辈共处。他同时揭示：“或跃在渊，自试也。”“或跃在渊，乾道乃革。”即此时此地，他心无旁骛地上上下下、进进退退，正在尝试实践改革。奉行天道，必须改革。“因其时而惕，虽危无咎矣”。只要依据当时情势保持警惕，虽遇危难终将消避灾祸。孔子的人生经历，表明其在《周易大传》中的阐述完全符合他自己的历史体验。

诗云：会盟夹谷普天嘉，
难堕三都叹晚霞。
或跃在渊何足惧，
花开花落惜谁家？

九十九、飞龙在天

九十六题已经申述，乾卦九二爻辞为“见龙在田，利见大人”。而本题所论的九五爻辞则为“飞龙在天，利见大人”。前者之“大人”助人成长，为田龙所利见者。后者之“大人”即系“飞龙”自身，为万物所利见者。因此《文言传》说：“圣人作而万物睹”。“圣人作”与《象传》“大人造也”一致。“作”是作为，“造”是营造，大体意思相近。这里的“大人”也类同圣人，因为他“与天地合其德，与日月合其明，与四时合其序，与鬼神合其吉凶”（《文言传》）。总之，“飞龙在天”象征大人或圣人横空出世，行道施德，广受万众敬仰。

“飞龙在天”之时，恰合孔子人生的第五阶段“六十而耳顺”。

一般以为，“飞龙在天”意味着事业飞黄腾达。而《文言传》的阐释“乃位乎天德”。德高望重的孔子，此时正周游列国，冲破重重阻力，义无反顾地宣传其政治改革主张与人道主义思想，可称达到了天德的高位。

公元前493年秋天，五十九岁的孔子带领学生离开内讧剧烈的卫国京都帝丘，途径宋、郑，于次年季春抵达陈国。途中，宋司马桓魋图谋杀害孔子，孔子毫无畏惧地告诉弟子们：“天生德于予，桓魋(tuí)其如予何!”（《论语·述而篇》）这就是他在《文言传》中所说的“天德”。这种天德，不仅强固他的精神支柱，而且增进他的理性慧思。如到卫国不久，传闻鲁国宫城大火，孔子由礼制触发灵感，推断应烧掉桓、僖二庙。此后证实预测正确。陈湣公佩服得五体投地，赞佩圣人可贵（事见《左传·哀公三年》，《孔子家语·辨物》）。

道德与智慧，时有会通之处。“飞龙在天”昭示德高，“六十耳顺”则显慧明。《庄子·外物》云：“耳彻为聪”。“耳彻”便是“耳顺”。所以,“耳顺”即“聪”。《说文》释“聪”为“察也”,与《管子·宙合》“闻审谓之聪”释义大致相同。“聪”这个字,左边是“耳”,右边是“心上开窗”,说明耳与心通。耳通心灵,自然慧明。因而《说文》释“察也”,明察秋毫。《管子》释“闻审”,一听即明。皆系“耳顺”的根本特色。

孔子年逾六旬而自谓“耳顺”,显然不只指听觉灵敏,而主要是表明自己识别能力有了大幅度提高,达到“多闻,择其善者而从之”。(《论语·述而篇》)这反映于识事及识人两个方面。识事,他可以随时解答从学生到列国君侯的疑问。识人,他具有非同寻常的鉴别力。孔子对弟子们的个性了解得一清二楚而能“因材施教”,对其关注的各类人物的言行心态同样洞若观火。对此,他自信地总结经验说:“视其所以,观其所由,察其所安,人焉廋哉?!人焉廋哉?!”(《论语·为政篇》)即认真观察一个人的言行目的、方式方法和得失取舍,其人的真实面貌怎么能隐藏得了呢?!

对于孔子“飞龙在天”的实践,有人支持,有人赞赏,也有人怀疑、嘲讽,乃至反对。公元前486年,六十五岁的孔子带着弟子们在楚国汉水一带游历。子路找人询问渡口,遇一隐者桀溺提出批评:“滔滔者天下皆是也,而谁以易之?!”意谓(世风败坏)如洪水滔滔,泛滥天下,有谁可以改变呢?!并动员子路离开孔子,与他们为伍避世。孔子的回答掷地有声:“天下有道,丘不与易也。”(《论语·微子篇》)即倘若天下秩序井然,公平安定,我孔丘就不会搞改革了。他还认为,“鸟兽不可与同群”,人要找准目标,坚定志向,不能随波逐流。对此,他在《文言传》中就“飞龙在天,利见大人”引起的各种反响作出哲学归纳:“同声相应,同气相求。水流湿,火就燥。云从龙,风从虎。圣人作而万物睹。本乎天者亲上,本乎地者亲下,则各从其类也。”联系《系辞传》“物以类聚,方以群分”的箴言,倘然我们注意对照当今中国的改革现状,将会获得何等深刻的启示呀!改革的飞龙正在长天翱翔,其声为玉振金声,其气为浩然正气。它俯视着社会各类人等,究竟随云还是随风?

本天还是本地？

诗云：吉人辞寡躁人多，
善恶分明出摩诃。
施雨行云泽万物，
遍听乐舞爱韶歌。

一百、亢龙有悔

《周易上经·乾·上九》云:“亢龙有悔。”什么是“亢”?《说文》谓:“亢,人颈也”。属于人体既高又窄的部位。《文言传》解释道:“亢之为言也,知进而不知退,知存而不知亡,知得而不知丧。”亢,只懂得前进,存续,获得;不懂得退却,消亡,丧失。“亢龙有悔”的表现是:“贵而无位,高而无民,贤人在下位而无辅,是以动而有悔也。”即身份尊贵却没有实权职位,高高在上而缺乏联系民众,下有贤良人才但得不到支持帮助,所以行动起来便出问题,会有后悔。这是“穷之灾也”,即达到极点而发生的灾祸。“与时偕极”,事物的时间发展过程已至尽头。

孔子“七十而从心所欲,不逾矩”。即思想彻底解放,自由奔驰,但不超越规律,违反常道。这是一种何等崇高的精神境界!他怎么能在人生的最后阶段登上此种高度?一个重要原因在于他晚年沉下心来研究传述《周易》,深切地认识到了“亢龙有悔”,从而选择了一条顺时回归故土编集六经来引领教化社会,并使自己实现思想升华以最终得理成位的正确途径。

如前所述,孔子长期行进在改革体制、弘扬道义的征途上。由于诸侯各国互相征伐,君不君,臣不臣,勾心斗角,争权夺利,以致英雄无用武之地。鉴于年龄、身体、环境、时势等诸多因素,如若继续率领大队人马四方游说,或将成为“亢龙”。因此,他选择时机,于六十八岁归返故国。

“从心所欲”,表明孔子晚年依然是“飞龙”。“不逾矩”,表明老龙飞而不亢。

孔子如龙飞而不亢,反映于政治上是当仁不让而不越位,举两个鲜明事例:

一、孔子返乡不久，齐国大夫陈桓在舒州杀死君主简公。孔子闻之义愤填膺，斋戒沐浴而朝见鲁哀公，建议出兵讨伐齐国。哀公不加可否，让他向季孙、仲孙、孟孙三个执掌实权的人物去说，结果仍被否定。事后孔子数次表白："以吾从大夫之后，不敢不告也"（《论语·宪问篇》）。即我是从大夫职位退下来的，不能不提出自己的意见。

二、季孙拟采用田赋制度以增加税收，要家臣冉求去征询孔子意见以取得支持。孔子主张"施取其厚，事举其中，敛从其薄"。即主政者给民众的实惠要多，对民众的赋税负担要少，影响国计民生的举措要适当。不赞成加税。但季孙子不顾孔子反对，强推"新政"。孔子虽不可能直接干预政事，却以老师身份发动弟子们围攻冉求："非吾徒也。小子鸣鼓而攻之可也！"（《论语·先进篇》）即冉求不再是我们团队的人了，你们这些学生可以大张旗鼓地去批驳他！

孔子龙飞而不亢，反映于学术上是"述而不作"，创则有道。孔子自谓"述而不作"，并非指只口述，不写作。而是指他忠实地传述广泛搜集得到的大量古典文献，从中决不加入自己臆想添造的东西。凡不能明确肯定者，则阙以存疑。"盖有不知而作之者，我无是也"（《论语·述而篇》）。绝不自作聪明生拼硬造。但在忠实传述古文献的同时，他又充分发挥自己广博深厚的学识与超乎常人的智慧，"从心所欲"地加以阐解，评论，以至提出大量创造性的新见解，新命题。《论语》中，不仅可以读到孔子关于仁义礼智信的深博论说，而且还可以读到许多新鲜、生动、深邃的箴言、警句、妙语、佳辞，如"益者三乐，损者三乐""益者三友，损者三友""君子三愆""君子三戒""君子三畏""君子九思""六言六蔽""五美四恶"等等。尤其重要的是，孔子在精心编集以"六艺"为基本内容的教材体系过程中，突出中正之道，为树德育人构建起一座百花齐放、潜移默化的精神园圃。诚如董仲舒《春秋繁露·玉杯》所言："《诗》《书》序其志，《礼》《乐》纯其美，《易》《春秋》明其志。六学皆大而各有所长：《诗》道志，故长于质；《礼》制节，故长于文，《乐》咏德，故长于风；《书》著功，故长于事；《易》本天地，故长于数；《春秋》正是非，故长于治人。""质"就是素质，"文"就是文明，"风"就是风气，"事"就是事理，"数"就是明慧（董仲舒意谓术数），"治人"就是大一统之道。通过六艺教学，提高素质，修习文明，端正风气，认识事理，感悟明慧，践行大一统之道，则格物、致知、诚意、正心、修身、齐家、治国、平天下的基本功夫全在其中。这种"从心所欲而不逾矩"的教化思想，跃然纸上而生动活泼，焕然一新而旷古启今，可见孔子晚年飞龙不亢而无悔的品格风貌。

诗云：仰观俯察合人天，
褒贬春秋一字间。
高位飞龙无亢悔，
从心所欲慧思圆。

下编　题外哲论

一、孔子哲学思想的历史因缘与基本特色

(一)孔子哲学思想的历史因缘

冯友兰先生在《中国哲学史》中指出:“此哲学史自孔子讲起,盖在孔子之前,无有系统的思想,可以称为哲学也。”“今所传孔子以前之私人著作皆伪书,《老子》一书亦系晚出。”所以,“在中国哲学史中,孔子实占开山的地位”。我很赞成这样的分析。但遗憾的是,他受当时疑古思潮的影响,竟将孔子晚年传述《周易》后由弟子们编集为《易传》(《十翼》)的一系列精湛论说排除于其学术体系之外而另设缺乏来由的孤立篇章,以致从根本上遮掩了孔子哲学的主体内容及其思想光辉。而胡适之先生的《中国哲学史大纲》虽按生年纪序让孔子列于老子之后,却以更为钦敬的心情对这位圣哲的一生作出了高度评价。他认为:“孔子那样的精神魄力,富于历史的观念,又富于文学美术的观念,删《诗》《书》,订《礼》《乐》,真是一个气象阔大的人物”;一个“孳孳恳恳终身不倦的志士”。特别是,他以现实的针对性与时代的洞察力言简意赅地指出:“孔子学说的一切根本,依我看来,都在一部《易经》”

（译林出版社，2016 年 3 月版）。

“孔子学说的一切根本都在《易经》”绝非虚言。因为孔子晚年通过对这部古经的精心传述，融入了一系列全新的概念、命题与论说，使之完全脱离原来的巫术文化缠绕而焕然化成一部广大悉备、义理深邃的哲学经典，从中可以清晰地察见孔子一以贯之的世界观、人生观与价值观。

孔子晚年传述《周易》的史实，印证于《论语》，泛说于《庄子》，旁通于《礼记》，隐涵于《孟子》，明引于《荀子》，详考于《史记》，续载于《汉书》，验占于《论衡》，信据于西汉以来两千余年的所有主流易学著作，并且已经确证于当代文物考古（马王堆汉墓出土《帛书》等）。由此当知，《周易大传》总体上属于孔子的伟大思想成果无可怀疑，更不容否定。孔子以《周易古经》为文化平台，采取匠心独运的系统传述阐解，使其主旨由神道转化为人道，这一意义重大、影响深远的文化创新，反映着时代潮流的磅礴浩荡，萦绕着历史因缘的柳暗花明。

1.世乱起于人乱

西周末年，政治昏庸，外受夷狄侵侮，内爆公侯战伐，幽王在犬戎之乱中被杀，王子伯服为郑桓公所诛；周室不得不东迁洛邑苟安。其后 220 年孔子出世，乱象有增无减。礼崩乐坏，社会失治；诸侯争霸，大夫擅权。“八佾舞于庭。是可忍也，孰不可忍也！”《论语》记述的孔子这一声感叹，生动地道出当时世乱人乱的情景。而在此过程中，农业、手工业与商贸运输业不断发展，桎梏生产力的奴隶制逐步瓦解，“自由民”开始群增，部分贵族却失去权势，降为士吏，直至沦落贱民。历史告诉我们，世乱起于人乱，表现为经济基础的动摇寻求上层建筑的变革，社会结构发生急剧变化，从上到下，四面八方的利益链环重新串接，阶级分化与社会矛盾出现前所未有的混乱格局。

2.人乱伴生思乱

随着奴隶制与封建分侯杂糅的政治大一统局面逐渐瓦解，以神权与君权为根基的思想大一统局面也开始分崩离析。各种社会思潮此起彼落。有斥责诸侯放恣越权的，如《论语》所述："三家者，以雍彻。子曰：相维辟公，天子穆穆，奚取于三家之堂?"有批判社会不公的，如《诗经·伐柈》所言："不稼不穑，胡取禾三百廛兮；不狩不猎，胡瞻尔庭有悬狟兮！"有处心积虑，阴谋夺权的，如《左传》所记："（隐公）四年春，卫州吁弑桓公而立。""（桓公）二年春，宋督攻孔氏，杀孔父而取其妻。公怒，督惧，遂弑殇公。""（宣公）二年秋九月，晋侯饮赵盾酒，伏甲将攻之"；有隐身退远、明哲保身的，如《论语》中的长沮、桀溺、荷蓧丈人等；有"降志辱身"而仍能"言中伦，行中虑"的柳下惠、少连，以及"隐居放言，身中清，废中权"的虞仲、夷逸；有提倡"小国寡民，鸡犬之声相闻，老死不相往来"以避乱远祸的；有"损一毫以利天下不与也"的杨朱；也有仗义行侠、除暴安良的墨家先祖……。各种人物的各种思想观念各张其理，莫衷一是。诚如《庄子·天下》所说："天下大乱，圣贤不明，道德不一，天下多得一察焉以自好。"

3.拨乱要求反正

怎样扭转混乱的时世，澄清混乱的思想？孔子认为重要的是"辨"。他指出："积善之家，必有余庆；积不善之家，必有余殃。臣弑其君，子弑其父，非一朝一夕之故。其所由来者渐矣，由辨之不早辨也。"（《易传·文言·坤》）"辨"就是辨别是非，辨明善恶，辨析因果，及早处置，以冀"拨乱世，反诸正"。（《公羊传·哀公十四年》）

什么是"正"?《论语》中孔子作出了鲜明的解答：一是，"政者，正也。子率以正，孰敢不正?!"即当政者首先要以身作则，正身，正言，正行，带动上下一起正。二是，"诗三百，一言以蔽之，曰思无邪"。即像《诗经》三百篇韵文那样，金声玉振，心无邪念，保持思想纯正。三是，"必也正名乎！"因为"名不正则言不顺，言不顺则事不成，事不成则礼乐不兴，礼乐不兴则刑罚不中，刑罚不中则民无所措手足。"四是，"君君臣臣，父父子子"。在《易传》中，孔子进一步由正家推演到正天下。

他说："女正位乎内，男正位乎外；男女正，天地之大义也。家人有严君焉，父母之谓也。父父子子，兄兄弟弟，夫夫妇妇而家道正。正家而天下定矣。""天下定"便是"天下正"的表象。尤须指出，孔子在这里提出了一个"正位"的新概念。无论"子率以正"，或者"男女、君臣、父子、兄弟、夫妇"，都归结到一个"正位"问题。而正思想也联系着正位，"君子以思不出其位"（《象下·艮》）嘛！至于"正名"，同样关乎正位，因为怎样定义"名"，评析"名"，都必然会有一个视角，会有一个出发点，亦即会有一个定位问题。用当今语言说，亦即存在一个"立场"问题。所以，拨乱反正，"正位"具有全局性意义。

4.反正呼唤哲思

从正国、正家、正身、正言、正行、正思到正位，实际上已从政治领域、伦理领域、道德领域迈步进入哲学领域。

为了确立正位的合理性，孔子又从宇宙自然中探索究竟，告诉人们："天尊地卑，乾坤定矣；卑高以陈，贵贱位矣"（《系辞上·第一章》）；"天地设位而《易》行乎其中矣"（《系辞上·第一章》）；使"正位"的要求与客观规律紧密联系在一起。同时以圣人为范，提出了"守位"、"成位"的准则："圣人之大宝曰位，何以守位曰仁"（《系辞下·第一章》）；"易简而天下之理得矣，天下之理得而成位乎其中矣"（《系辞上·第一章》）。把圣人之位与圣人之仁、天下之理融为一体。

位既可以联系时，联系仁，联系理，联系宇宙自然，客观规律，当然也可以联系道，联系德，联系性命、义理、人生、社会，联系内在世界与外在世界。由此展开一篇篇微言大义、丰富多彩的精深文章，最终汇集成孔子哲学思想的宏伟体系。要旨则在因缘时势，启悟人性，拨乱反正，除旧布新，以期"开物成务，冒天下之道"。（《系辞上·第十一章》）

5.哲思化裁历史

《易传》曰："化而裁之谓之变"。历史就是人类通过社会实践不断化裁客观世界与主观世界的变化发展史。它有自身的运行规律，并且以其组成因子内隐地关联着人的“性”，外显地关联着人的“命”。从而要求人们在“乾道变化”的历史过程中“各正性命”（《彖上·乾》），同时按照人们的意愿与理想，反过来化裁历史。孔子信而好古，博学善思。他以一生的精力，几乎搜尽了此前两千多年中华民族珍贵的历史文献与经典佚说，有教无类、身体力行地传播后世。他拥有的渊博知识、高尚品德以及多姿多彩、复杂曲折的生活阅历与社会经验，足以为其晚年研究传述《周易古经》构建气象恢宏、博大精深的哲学篇章，进而创新学术，化裁历史。

春秋末年，对孔子哲学思想的最初社会反应，表现为在赞叹中附带惊奇，如《论语》中子贡所说：“夫子之文章，可得而闻也。夫子之言性与天道，不可得而闻也！”接着便面临各种质疑。首位挑战者当属墨翟，他满怀功利主义激情，倡兼爱以别仁爱，行苦节以批礼乐，明事鬼神以讽“敬鬼神而远之”。聚徒广说，遂成墨家。继而出现以老子为名的《道德经》，开篇即云：“道可道，非常道；名可名，非常名。”直接批驳“一阴一阳之谓道”并非恒常之道；正名自无必要；“进德修业”不如“常使民无知无欲”；仁义道德说教当属多余。到了庄子，空灵超脱，豁达大度，虽对“搢绅先生”多有揶揄，仍然保留着对于道德的一份珍重。他那生动的辩证法从“有”与“无”扩展到“是”与“非”，认为“道隐于小成，言隐于荣华，故有儒墨之是非，以是其所非而非其所是”。原因在“辩也者有所不见也”（《齐物论》）。他称老子为“夫子”，也借老子之口称孔子为“夫子”。常引仲尼之言或有所讥，但亦可见其对孔子哲思之熟悉与重视。他泛论“《易》以道阴阳”；“神何由降？明何由出？”乃至提出“内圣外王”（《天下》）之说，无不深受《易传》影响。诚然，就儒家正统言，孔子哲学思想经子思之传，《礼记》之运，到孟子而生气勃勃。他的性道论述隐寓《易传》之旨而未明言，被北宋思想家邵雍誉为“善用《易》者”。而战国时期最后一位儒家大师荀卿，更直截了当地引用

《易传》明道阐理。其间的阴阳家、名家与法家，亦从孔子哲学思想中各取所需，各尽其用。事实上，所谓诸子百家，无不是在孔子“有教无类”地推动民间学术文化普及的基础上，各攻孔子博大思想之一端，“极深而研几”地施展最大限度的自我发挥以亮出各自的旗帜，直至攻其一点，不及其余，甚或违反原义也在所不顾。因此，战国时期百家争鸣、百花齐放的广大学术园地，其实深深地因缘于孔子哲学思想提供的文化沃土，激荡着时代浪潮，化裁着历史变迁。

自秦汉至明清，孔子哲学思想“与时偕行”地激扬着中华文化优秀传统的沉淀积累，并在促进儒释道相互融合中发挥了强大的催化与黏合功能。《易传》关于“天下何思何虑，天下同归而殊途，一致而百虑”的论述，打开了不同思想观念、不同文明诉求的群体之间亲和交流、取长补短的心灵之窗。《易传》还明确指出：“天下之动，贞夫一者也”。这个“一”便是孔子集毕生精力探求得到的道，它推演出阴阳交和的天道、刚柔相济的地道与仁义兼行的人道。唐代韩愈概括的原自尧舜之道，即系以仁义为内核的人道。由此，代代承继的道统，加固着中华民族思想、文化乃至政治大一统的精神支柱。

近代以来，《易传》关于“顺乎天而应乎人”的革命观念与“革故鼎新”的改革意识，适应浩浩荡荡的世界潮流，启引着有识之士前赴后继地为推翻旧制度、建立新中国而不懈奋斗。今天，在建设中国特色社会主义的征途上，孔子哲学思想依然可以在两个文明建设中提供其具有中国文化特色的时代正能量。因为从根本上看，孔子哲学思想立足于“太极生两仪”与世界阴阳交变，对立统一，万物不停运动变化的观念，符合辩证唯物主义的基本原理。同时，《易传》倡导“神而明之，存乎其人”；以人为本，以民为根；“吉凶与民同患”“利用出入民咸用之谓之神”；以及“开物成务，冒天下之道”，即发展生产力，按照客观规律调整社会各方关系，也涵藏着历史唯物主义的古典基因。特别是“乾道变化，各正性命，保合大和”以及“天行健，君子以自强不息”“地势坤，君子以厚德载物”等鲜明论述，能够激励人们面对运动变化的世界，遵循客观规律，自觉端正德性，自主把握命运，坚持目标自信、理念自信与道路自信，积极构建和谐社会、和谐国家以至和谐世界。经《礼记》引申的“小康”和“大同”，正在新的历史条件下进行新的实践与探索。而“天人合德”的精深命题，将对人类社会的思想道德建设与生态环境建设产生毋庸置疑的重大影响。

(二)孔子哲学思想的基本特色

孔子哲学思想的基本特色，可以从三个方面加以阐析：

1.表现在价值取向上

1)崇道尚德

孔子崇道，《论语》记曰：“士志于道”；“吾道一以贯之”；“道不同，不相为谋”。他一生说过无数次“道”，但其涵义却不尽相同。概括起来，可以分为四个层次。第一层次是具体方法之道，如“道”“千乘之国，敬事而信，节用而爱人，使民以时”(《论语·1·5》)。第二层次是行为规范之道，如“夫子之道，忠恕而已”(《论语·4·15》)。第三层次是秉事处世的原则之道，如“富与贵，人之所欲也；不以其道得之，不处也”(《论语·4·5》)然而，孔子衷心向往、孜孜以求的，则是超越上述三个层次以揭示世界本原及其规律之道，即老子所谓的“常道”。他甚至为此感叹：“朝闻道，夕死可矣！”(《论语·4·8》)功夫不负有心人，晚年的孔子终于在研究传述《周易古经》过程中感悟：“圣人以神道设教而天下服矣！”并以超凡的智慧与理论创新勇气，把神道演化为自然之道，人世之道，即“一阴一阳之谓道”，从而形成其哲学体系的核心命题。

孔子紧接着“一阴一阳之谓道”后指出：“继之者善也”。并且认为“苟非其人，道不虚行”(《系辞下·第八章》)。从而表明，道不能清议空谈，必须落实于人的善德。为此，他在《易传》中精心编织了一张德行网络。其总纲为由天地之道演绎而得的人道:“立人之道,曰仁与义”;分纲为“元亨利贞”四德:“元者,善之长也;亨者,嘉之会也;利者,义之和也;贞者,事之干也”。即善、美、义、正。其下立“九德”为目:“履,德之基也;谦,德之柄也;复,德之本也;恒,德之固也;损,德之修也;益,德之裕也;困,德之辨也;井,德之地也;巽,德之制也。”而与纲目紧密联系的各条网线,则是《象传》就六十四卦分别作出的阐释:“天行健,君子以自强不息”“地势坤,君子以厚德载物”;“云雷,屯,君子以经纶”“山上出泉,蒙,君子以果行育德”……六十四卦“大象”,描摹出六十四项行为指南。如果加上阐释各爻的“小象”,还要增加三百八十四条德行细则。孔子哲学思想对于道德的崇敬与深刻的思辨分析,叹为观止。

2)守正持中

正与中是孔子价值观体系中占据重要地位的两个哲学概念。孔子关于“正”的论说,前已多有述及。在《易传》中,孔子还将“正”与天道、王道以及“天地之情”直接联系起来,认为“大亨以正,天之道也(《彖上·临》)”;“能以众正,可以王矣”(《彖上·师》);“大者,正也。正大而天地之情可见矣”(《彖下·大壮》)。使“正”这一哲学概念贯通宇宙自然和人类社会,达到无处不在,无事不存;守之则泰,离之则否。

“中”是“正”的合乎情理的发展。《礼记》云“喜怒哀乐之未发,谓之中”,这是就情志调节控制作出的解释。程颐云:“不偏之谓中”,这是就行为倾向尺度作出的分析。他还认为:“正未必中,中则无不正也。”诚然,正未必中,但应懂得,中须先正。不正之中,只能抛弃原则调和折中。所以,孔子纵使赞叹“中庸其至矣乎”,仍然以言“正”为多。在实践途径上,“中”是以“正”加“权”来实现的。《论语》里,孔子对“权”给予很高评价:“可与共学,未可与适道;可与适道,未可与立;可与立,未可与权”(《论语·9·30》)。因为通权达变绝对是一项硬功夫,它必须在“正”的基础上作出关于最适宜的对策与决断,以求得综合平衡、兼顾各方、有利全局的“正”。《易传》倡导守正持中，在《彖》《象》里几乎一以贯之。不仅分而示玉，而且合而见璧。如“柔丽乎中正，故亨”(《彖上·离》)；“刚遇中正，天下大行也”(《彖下·姤》)；“君子黄中通理，正位居体，美在其中而畅于四支，发于事业。美之至也”(《文言·坤》)等等，中正之善与美，可谓无与伦比。《周易折中·义例》乃言：“刚柔中正不中正之谓德”。

3)贵和尚同

《论语》中孔子关于“君子和而不同，小人同而不和”的述说几乎尽人皆知。“和”已形成儒家乃至中华民族传统文化的一个重要观念。但应懂得，孔子这里说的君子之和是内心之和而非表面之和，小人之同则是表面之同而非内心之同。“君子和而不同”，发乎内心，溢于言表。“小人同而不和”，表面顺同，内心不和。其实，在孔子哲学思想的根本取向上，和与同是相互补充，相互促进而非相互对立的。《易传》论“和”，其最高境界是“保合大和，万国咸宁，乃利贞”(《彖上·乾》)。而“同”的主要表现，一是同人，它在卦象上反映为“柔得位得中而应乎乾”，展示“文明以健，中正而应，君子正也”(《彖上·同人》)。二是同感：“柔上而刚下，二气感应以相与”。这个“感”很重要，“天地感而万物化生，圣人感人心而天下和平，观其所感而天地万物之情可见矣”(《彖下·咸》)。三是同心：“二人同心，其利断金；同心之言，其臭如兰”(《系辞上·第八章》)。上述“三同”通过《礼记》“引而申之，触类而广之”，描述出一个“大同”世界。“和”常常表现为境界，“同”则常常表现为过程，直至“大同”的终点。所以，求同存异，亦可谓和。而在世界各种文明、各种理念相互撞击与融合的长途上，孔子又高屋建瓴地提出了“天下同归而殊途”的针对性命题，引导人类走向理性文化阳光灿烂的未来。

4)人本民根

孔子哲学思想的人本精神极其鲜明，表现在：第一，宇宙以人为中心，人居天地之中。以单卦卦象模拟，象征中爻；以重卦卦象模拟，象征三与四两爻。第二，“立天之道曰阴与阳，立地之道曰柔与刚”，则“立人之道曰仁与义”。天地之道推演出人道，落实于人道。仁与义蕴含着阴阳刚柔。第三，“天人合德”，实则人合天德。而“天地之大德曰生”，即天地维护万物之生，首先是维护人的生命、生活与生存发展。人以自身的存在与保障自身存在发展的行为来和合天德。第四，要顺天，适时，通变；归根到底，在于发挥人的智慧掌握客观规律，正确地认识世界，改造世界。所以《易传》强调：“苟非其人，道不虚行”；“神而明之，存乎其人”。

孔子思想坚持以人为本，并且坚持扎根于民众。首先，孔子把人民的广泛实践与以行动表示认可视为检验真理的最高标准，一切社会活动及其指导原则都必须据此评审。他以日常生活中利用门户开关这一普遍现象为例，生动地比喻说：“是故阖户谓之坤，辟户谓之乾，一阖一辟谓之变，往来不穷谓之通。见乃谓之象，形乃谓之器，制而用之谓之法。利用出入民咸用之谓之神。”这里，“乾坤变通”概括了所有社会现象与社会活动。“象”反映可见的客观世界，“器”反映人类创造的物质成果，“法”体现总结实践经验得出的一般原则与制度规范，“神”则意味着对于真理的深刻认识以至融会贯通，它只能通过“民咸用之”才可以确立。其次，关心民生，让利于民。《易传》提出，“上以厚下安宅”（《象上・剥》），即当政者要厚待民众，搞好住宅安居工程。政策一般应“损上益下”，以期“民悦无疆”（《象下・益》）。尤须“节以制度，不伤财，不害民”（《象下・节》）。再次，在如何对待民众问题上，孔子明确要求“君子安其身而后动，易其心而后语，定其交而后求”。即君子先要接近民众，立足安身，然后才可开始行动；先要平心静气，真诚恳切，然后才可同民众讲话；先要建立友好交往的感情，然后才可以向民众提出诉求。孔子还指出了如果不这样做的种种严重后果。看来，早在两千多年前，中华民族的先哲就提出了一条根植于人民大众的“群众路线”。最后,孔子的民本思想集中地体现于简洁明白的六个字:“吉凶与民同患”(《系辞上·第十一章》)。即领导者要与人民群众同呼吸,共命运,生死相依。

5)生生不息

孔子哲学思想从天人合德出发,以“三才之道”为通衢,终极止于“生生”。他对经典要义的鲜明概括是:“生生之谓易”。何谓“生生”;晋韩康伯云:“阴阳转易,以成化生”(《周易注疏》)。宋司马光曰:“形性相续,变化无穷”(《温公易说》)。张载曰:“生生,犹言进进也”(《横渠易说》)。程颐曰:“生生相续,变易而不穷也”(《程氏易传》)。朱熹曰:“阴生阳,阳生阴,其变无穷”(《周易本义》)。杨万里曰:“易者何物也?生生无息之理也”(《诚斋易传》)。明来知德集诸说曰:“阴生阳,阳生阴,消息盈虚,始终代谢,其变无穷”(《周易集注》)。明末清初的王夫之作了更为广泛详尽的阐释,认为“生生者,有其体而动,几必萌以显诸仁,有其藏必以时利见而效其用;鼓万物而不忧,则无不可发见以兴起富有日新之德业。此性一而四端必萌,万善必兴生生不已之几”(《周易内传》)。众说纷纭而大旨有同,即阴阳互动,生生不息。进一步研析可知:其一,生生反映生命运动,体现一阴一阳之道,如《易传》所云:“乾道成男,坤道成女。”其二,孔子高度珍视与尊重生命,《彖传》开篇便赞美:“大哉乾元,万物资始”,“大哉坤元,万物资生”!《系辞传》则明确指出:“天地之大德曰生”。其三,生生既反映生命运动,又反映自然运动与社会运动。《易传》云:“易有太极,是生两仪。两仪生四象,四象生八卦,八卦定吉凶,吉凶生大业”(《系辞上·第十一章》)。由此可见,太极是世界之本原,也是生命之本原,社会之本原。两仪在自然为时空,在生命为二性,在社会为物质与精神,生产力与生产关系,上层建筑与经济基础。四象在自然为春夏秋冬,在生命为生、长、消、亡,在社会为兴、盛、衰、竭。八卦是人类创造的伟大文化符号,可以广泛地模拟世界万物、生命情状、社会变迁,因而可以推定吉凶。

人类则在趋吉避凶的社会实践中认识世界，改造世界，创建物质文明与精神文明的宏伟事业，达到生生不息。其四，实现生生的核心要求是阴阳亲善交流，即“刚上而文柔”“柔来而文刚”；“二气感应以相与”；最终求得“保合大和”。

2.表现在思维方法上

1）当名辨物

《论语》告诉我们，孔子十分注重“正名”，但怎样正名并无下文。《易传》则有明确阐述：“开而当名辨物，正言断辞”（《系辞下·第六章》）。“开”，《周易注疏》解为“释卦爻”。《周易折中·案》则谓：“文王因卦画而为之名辞，故曰‘开’”。就原文整体分析，“开”宜释为“开发阐明义理”。“当名辨物”，就是对照（卦象）名称辨别相应事物。这与《象传》关于“君子以类族辨物”的原理异曲同工。它运用分门别类、演绎归纳的方法确定事物的外延与内涵。《易传》还特别指出：“其称名也小，其取类也大”。即概念（名）的内涵越简约，则其外延越宽广，从而为逻辑推演确立了正确的原则。在此基础上“正言”，就是命题要符合逻辑规范；“断辞”，就是要合理地作出推断。同时，由于《易传》使“称名”与卦象融合起来，将图像与人文符号引入语言文字，从而为辩证逻辑的适时运用创造了合乎情理的条件。

2）唯变所适

《易传》云：“《易》之为书也不可远，为道也屡迁。变动不居，周流六虚，上下无常，刚柔相易，不可为典要，唯变所适。”（《系辞下·第八章》）它告诉我们，《周易》作为经书不可远离现状，远离实际。《周易》之道展示于经常运动变化的过程中，不能把经书视为一成不变的金科玉律，条条框框。一切只能以如何适应不断运动的世界、不断变化的事物为唯一准则。面对经典，应当“初率其辞，而揆其方，既有典常”（引文同前）。即起初要依据经文，观象明义；而后启动思想，揣度察究方略要旨，以掌握典范常道。《系辞传》还指出：“吉凶见乎外，功业见乎变。”趋吉避凶,建功立业,必须“唯变所适”。而识变应变,关键在于人,在于人的品性、德能,在于人对客观世界事物运动变化的敏感度、智慧心与道德辨识力。所以,《系辞下·第八章》的结语是:“苟非其人,道不虚行”。唯变所适,终究要落实到人。

3)极深研几

《易传》指出:“夫《易》,圣人所以极深而研几也。惟深也,故能通天下之志;惟几也,故能成天下之务。”(《系辞上·第十章》)“极”,《说文解字》释曰:“栋也”,它处于房屋柱梁框架的最高处。“极深”是动宾结构,意味着从最高点着眼深入实际,深察实情。这个高点,正是象数。因为《系辞传》此前即已提出,“极其数,遂定天下之象”。这种定象之数,亦即《系辞上·第九章》阐述的“天地之数”:自一至十的十个自然数。其中奇数为天数,偶数为地数。“天数五,地数五,五位相得而各有合。天数二十有五,地数三十,凡天地之数五十有五,此所以成变化而行鬼神也”。“行鬼神”,指运行于运动变化、“阴阳不测”之世界。孔子居科技未兴之古代,却以超凡脱俗的智慧赋“数”以神奇的功能,认为“数往者顺,知来者逆”,即顺数可以明辨既往,逆数可以推知未来。他的大胆假设经过两千多年的历史实践,已经开始为当今数字世界的生动图像所证实。

什么叫“研几”呢?孔子解释道:“几者,动之微,吉(凶)之先见者也。”(《系辞下·第五章》)“几”是事物运动发展过程中呈现的一种具有方向性态势的细微苗头,据此可预见后续结果的祸福吉凶。在“极深”的基础上“研几”,目的在于“知几”,认识判明事物发展的几微。孔子曰:“知几其神乎!君子上交不谄,下交不渎,其知几乎?!”(引文同上)。可见,“知几”是认识升华直至近于“神明”的境界,由此指导人的行动,无论上下交往,均能洁身自好,运作自如,始终立于不败之地。孔子还谆谆告诫:“君子见几而作,不俟终日。”一旦看清事物发展的趋势,就该当机立断,迅予处置,切莫犹豫等待。

4)缘象得意

《易传》指出:“象也者,像也。”“爻也者,效天下之动者也。”(《系辞下·第三章》)卦爻图像,是模拟世界、仿效万物运动变化的人文符号。“圣人立象以尽意,设卦以尽情伪。”(系辞上·第十二章)作为古代人民集体智慧化身的圣人,为了表达自己的思想感情而创设卦象。卦象概括事物的本质属性,标示事物的集群类族,并且可以展现事物运动变化的种种情状及其所处的时空特色。孔子曰:“吉凶者,失得之象也;悔吝者,忧虞之象也;变化者,进退之象也;刚柔者,昼夜之象也。六爻之动,三极之道也。”(《系辞上·第二章》)卦象可以察见失得、忧虞、进退、昼夜,从而推断吉凶、悔吝、变化、刚柔。为什么?因为全卦六爻始终处于周流不止的消息盈虚运动中,外显种种情境与状态,揭示着天地人三才之道在特定条件下的特定表现。通过对卦象的观察研析而揣度道的精微,就有可能获得圣人之意。这种圣人之意,其实就是事物运动变化的内蕴之理。

就逻辑学说,卦象可视为客观事物的类族模型,近似于柏拉图所说的“共相”,展示事物的外在形式而内藏事物的本质属性。孔子认为:“书不尽言,言不尽意。”而卦象却包容着无穷无尽的意念,可以“仁者见仁,智者见智”。因此,“缘象得意”应与前述“极深研几”密切结合起来。它要求人们“及时进德修业”,扎扎实实地打好道德功底与知识基础,一旦“观象玩辞”“观变玩占”,便有可能融会贯通,豁然开朗。因为“得意”常常依赖于直觉,而一种具有创意的直觉总是在蕴储着大量知识、经验和道义感的潜意识中接受某种信息(《易传》名之“消息”)启引而喷薄腾起的。这就叫“心有灵犀一点通”。孔子云:“《易》无思也,无为也,寂然不动。感而遂通天下之故。”(《系辞上·第十章》)无论周敦颐的《太极图说》或者王阳明的“龙场悟道”,概莫例外。

3.表现在实践路径上

1)道器会通

《易传》指出:“形而上者谓之道,形而下者谓之器,化而载之谓之变,推而行之谓之通,举而错之天下之民谓之事业。”(《系辞上·第十二章》)这段言简意赅的论述,包涵着多层精义。一是,道与器构成不可分割的对立统一关系,道无器不立,器无道不成。道借器以升华,器循道而生发。二是,道与器之间的中介曰“形”。从文字整体看,此“形”当指卦象之“形”。这种象形,形中寓意。得意上究,即通过归纳而至于道;得意下探,即通过推演而及于器。三是,器须化裁制作以适变,道须推行弘扬而通达,二者会通于人的实践过程。四是,无论道的推行与器的化裁,都要符合人民的心愿。唯有站在这一根本立场上,一切举措才会成为生气勃勃,积极推进时代潮流,发展物质文明与精神文明建设的伟大事业。

2)文以化成

关于“文”,《论语》有多处记述。如:“子以四教;文、行、忠、信”(《论语·7·25》);“博学于文,约之以礼”(《论语·12·15》)等。其中“文”的涵义是知识,学问。“质胜文则野,文胜质则史”(《论语·6·18》)。“文”的涵义是仪表、形态。“文王既没,文不在兹乎”与“天之将丧斯文也”(《论语·9·5》)一样,“文”既指学识,又指行为规范、社会风俗、礼乐体制。在《易传》中,孔子赋“文”以全新的意义。他说:“物相杂,故曰文。文不当,故吉凶生焉。”(《系辞下·第十章》)“文”由此表现为物与物(万物包括人类)之间的共处情状与相互关系,处理得是否适当,直接影响到人事结果的吉凶祸福。孔子还以贲卦的图像结构模拟刚柔相文的格局。他说:“柔来而文刚……刚上而文柔……天文也;文明以止,人文也。”阴柔下来文饰阳刚,阳刚上去文饰阴柔,表现为自然之文,即星辰交错的天文;人与人之间相文而止(以上卦艮为象征)于明(以下卦离为象征),表现为人文。孔子接着指出:“观乎天文,以察时变；观乎人文，以化成天下。”即通过天文可以察见时令的变化，通过人文则可以化裁建成文明美好的天下。“文以化成”，这就是中华民族最早形成“文化”共识的本原理论根据，并已经受住两千多年来的实践检验。

3)审时度位

“时”与“位”，是孔子哲学思想中两个十分重要的概念。顺时、当位，是《易传》关于把握人生运变、进退动静的基本实践原则。顺时先须审时，当位先需度位。二者互联互动，密不可分。

《易传》所言之时，包含时间、时候、时势、时局、时情、时机、时事、时物、时理等诸多意涵。孔子曰：“天地盈虚，与时消息”(《彖下・丰》)；“君子尚消息盈虚”(《彖上・剥》)。“消息”即阴阳消长；“盈虚”即刚柔推移。其运变过程的每一节点表现为各种各样事物之“时”。《周易折中・义例》据此认定：“消息盈虚之谓时。”《易传》强调顺时，随时，适时，“与时偕行”。“时止则止，时行则行。动静不失其时，其道光明”(《彖下・艮》)。而审时察势，实则审察事物运动发展中的消息盈虚。所以，掌握事物的消息成为判断形势，指导行动的首要环节。如果我们把孔子两千多年前提出的“消息”概念与现代社会方兴未艾的“信息”热词相比较，会惊奇地发现：“信息”源自“消息”，它是“消息”产生的某种信号。现代科学还认为：信息、物质和能量是构成系统的三大要素。信息离不开“消息”，物质也离不开“消息”，因为阴阳消长是物质运动变化的根据。同样地，能量只是在系统消息盈虚过程中才有可能获得存储与释放。由此不能不让当今的人们把“消息”观与现代系统论联系起来。诚然，孔子倡言的“消息”，当时仅系哲学设想，但令人耳目一新的是，与此同时，他竟然又发明了古典的“虚拟技术”，通过模拟 64 类事物的 64 个卦象观察实验阴阳消长、刚柔推移的情景。而这些卦象，还被赋予数理内涵，从而使其化裁为古典的数理模型，以期通过特定的程序运作“数往”“知来”。它又让人们联想到 1953 年美国物理学家费米通过建立64个工作站来模拟64个原子，并以其成功的实验首创电脑模拟技术而在科学技术领域无孔不入地代替着客观真实世界。毫无疑问，孔子的卦象模拟是哲学，费米的电脑模拟是科学，哲学当然不能替代科学。但孔子哲学竟然具有如此敏睿的想象智慧，确实称得上“广矣大矣”。

如果说审时就是审察掌握事物系统的运动变化消息，那么度位就是揣度确定置身于事物系统环境中行为主体的对应地位。《论语》记孔子言：“不在其位，不谋其政。”在《易传》中，孔子更对“位”作了大量阐述。如“六位时成，时乘六龙以御天”等等。为了阐明位在特定系统中的情景、意义与功能，孔子又以卦象为文化载体进行生动的模拟。他怀着感慨与遐思指出，在一个六爻重卦中，“二与四，同功而异位；二多誉，四多惧，近也……三与五，同功而异位；三多凶，五多功，贵贱之等也”（《系辞下·第九章》）。所谓“同功”，即偶数的阴位同具柔顺的功能，奇数的阳位同具刚健的功能。但为什么“同功”不能“同酬”；原因在所处地位不同。《周易折中·义例》指出：“贵贱上下之谓位”。“五，君位也；四，近臣之位也；三虽非近，而位亦尊者也；二虽不如三、四之尊，而与五为正应者也。此四爻皆当时用事，故谓之有位。初上则但以时之始终论者为多，若以位论之，则初为始进而未当事之人，上谓既退而在事外之人也，故谓之无位。”总之，度位的目的是为了正位，成位，孔子之初衷前已论及。而在当代实践中，则可结合信息理论、系统理论与数字虚拟技术加以理解、演绎与发展。

4）各正性命

孔子哲学思想的核心概念是道。道怎样付诸实践？《易传》解答说：“一阴一阳之谓道。继之者善也，成之者性也。”（《系辞上·第五章》）“成性存存，道义之门”（《系辞上·第七章》）。即道须要落实于善德，完成于人性。持续不断地积存善性，自然进入了道义的大门。由此可见，孔子认为人性是可以改变的。《论语》云：“性相近也，习相远也。”这个“性”是人的本性，先天之性，大家都几乎一样（如告子说的“食、色”）。这个“习”实际上反映人们各自经历不同的反复实践而改变了的性，可以称做习性，即后天之性，人人不尽一致，甚或相去颇远。《中庸》提出：“天命之谓性，率性之谓道。”这里的“命”是天命而非人命。就人而言，性是命的前提，命是性的后果。乾天之道展示于世界及其万物不断运动变化的过程中。命表现为万物受性的支配沿循这个过程持续运动而在诸多节点的必然表现直至终点的结局。想要获得善命，先当存养善性。所以，孔子明确倡言：“乾道变化，各正性命”（《彖上·乾》）。正性可以正命，正命必当正性。“各正”则在于强调各个主体内在的自觉性以及发展个性的自主原则与选择命运道路的平等权利。其实，“各正性命”的主体甚至可以由个人扩展到集团、区域直至国家。例如，在当今时代，倘若各国都能尊重与实践“各正性命”的原理，世界将有可能通过不同的道路从费孝通先生倡言的“各美其美”走向“美美与共”的大同。

5）观民设教

孔子晚年苦心孤诣地传述《周易》，目的非常明确：以《周易》为教材，感化四方，拨乱反正。他借阐释观卦经文发挥说，所谓“观”，昭示“大观在上，顺而巽（谦逊深入），中正以观天下”。“观”表现诚信庄重，达到“下观而化也”（《彖上·观》）。它指明了上层身教对于下层大众的积极影响。接着孔子直言内心的体会：“圣人以神道设教而天下服矣！”与此相呼应，他又通过《象传》宣称：“风行地上，观，先王以省方，观民设教”。即以圣人为范，神道设教服天下；以先王为法，通过观民设教治天下。无论服天下或治天下，都不能离开设置教育。设教既须“省方”，省察各地，接触实际；尤须“观民”，视民之情，知民之需，从而增强教育的针对性、现实性、全民性与适时性。

《易传》还对专业教育与基础教育进行论证分析。对于前者，按四条“圣人之道”因需设教：“以言者尚其辞，以动者尚其变，以制器者尚其象,以卜筮者尚其占。"(《系辞上·第十章》)"言者"即当今的思想、理论、宣传、教育工作者和各级领导,他们应着重于弄懂经典文辞,明白积德修身、成事立业的道理。"动者"包括军、政、经、文各界活动家,他们应着重于接受"通变知几""与时偕行"的教育。"制器者"相当于今天的科技、生产工作者,他们应着重于缘象得意,增强开发创新的想象力。"卜筮者"近似于当今的决策咨询工作者,他们应着重于诚敬思考,结合数理分析"数往知来"。关于基础教育,中心在于启蒙。孔子认为"蒙以养正,圣功也"(《彖上·蒙》)。并且借助《象传》把启发蒙昧的情状生动地描画为"山下出泉",让荒山野岭流出晶莹的活水。继而谆谆教导说:"君子以果行育德",坚持将育德置于首位。

6)革故鼎新

《易传》云:"革去故也,鼎取新也。"孔子根据图像互呈倒置状态的革、鼎二卦,循名训义,推导出"革故鼎新"的深刻意涵,显示其强烈的创新意识与改革精神。为什么要改革?他通过卦象模拟幽默地比喻说:"二女同居,其志不相得,曰革"。即由于人事矛盾(以"两个女人心思各不相合"比拟)导致有关社会关系不能同心同德,和谐相处,就产生改革的要求。他还为实践改革提出了一整套原则、方法与目标:第一,改革(乃至极端状态下的革命)要"顺乎天而应乎人"。顺天,即遵循客观规律,应人,即符合人民心愿。第二,"革而信之",即改革须有明确的信念,坚定的信心。第三,文明以"悦",即改革要文(正确处理人际关系)而明(磊落光明),让大众喜悦。第四,"大亨以正",秉持公正以求畅通无阻。第五,"革而当,其悔乃亡"(以上均见《彖下·革》)。即改革部署恰当,一切怨言悔语均会消失。第六,"君子以治历明时"。历法是古代的一项治国大法,功用在于顺时组织生产,安排生活。改革的成果最终应纳入法制规范。第七,"已日革之,行有嘉也"。到已经作了充分准备之日进行改革,行动将会获得美好成果。第八,"革言三就,又何之矣!"改革之议通过再三研讨而臻完善,又何必另找什么道路！第九，“改革之吉，信志也”。即改革成规旧令吉祥如意，在于坚定信念，伸张志向。第十，“大人虎变，其文炳也”。即领导者通过改革变得虎虎生气，文采奕奕，光明亮丽。第十一，“君子豹变，其文蔚也”。即社会精英通过改革，变得像豹子一样胆大心细而举止文明，蔚然一新。第十二，“小人革面，顺以从君也”（以上均见《象下·革》）。即老百姓通过改革得到实惠，改变面貌。按照兴国治政的主导理念和顺生活，同心协力维护社会安定。

创新呼唤改革，改革推动创新。从孔子的哲学观出发，革故鼎新，除旧布新，温故知新，当是实践“天人合德”“得理成位”“开物成务，冒天下之道”的一条现实路径。孔子在《易传》中将“富有之谓大业，日新之谓盛德”与“生生之谓易”直接串联在一起，“一以贯之”，鲜明地昭示其哲学思想与时俱进、与日俱新、与生俱存的不朽品质与崇高境界。

二、孔子哲学的理性文化观

提要：凭借渊博的知识、丰富的阅历与出类拔萃的智慧，孔子晚年的哲学思想发展到了形上形下交融一体的精深境界。他在《周易大传》中提出的道、德、义、理，阴、阳、刚、柔，易、简、性、命，时、位、中、正，变、通、文、化等一系列创造性的概念，不仅可以单独发意，萌生观念；而且可以相互会通，系统立论。从中还可以提炼出一条理性文化观的哲思通道，指引人类与时偕行，生生不息。

一、孔子哲学思想关于"文化"的意涵

孔子既是其生前两千五百年中华文化的集大成者，又是其身后至今两千五百年中华文化的重要启引者。孔子与中华文化因缘相系，融溶于五千年历史长河。

关于"文化"的定义，历来争议不断。作为中华"文化"词源的开创者，孔子自己对其意涵的阐述也有一个从实义层面向哲学层面转化的认识发展过程。

首先，"文"指文献、学问、知识。子以四教："文、行、忠、信"(《论语·7·25》)。"文"居四教之首。因为"文"可以启发理智，从而指导行为，认知忠诚，明白信义。

其次，"文"指礼制。"郁郁乎文哉，吾从周"(《论语·3·14》)。其中之"文"，即指礼乐规范与典章制度，并演绎至社会风尚。

第三，"文"指人的文采、仪态、风度、才华。体现于"质胜文则野，文胜质则史。"(《论语·6·18》)

第四，"文"指道德修养。"公叔文子之臣大夫僎与文子同升诸公。子闻之曰：'可以为文矣'"(《论语·14·18》)。这里的"文"，凸显其道

德修养。文子的全称为“贞惠文子”。郑玄《礼记注》云:“不言‘贞惠’者,‘文’足以兼之。”即“文”已包含了“贞惠”的道德意蕴。

孔子在《论语》中的种种“文”说,一般表现为人应该追求的一种知识与品格,为此而需对人进行教育。“文”经教而成化,其途径谓之教化,其过程与归宿即系文化。

晚年的孔子在传述《周易》的切磋岁月里,对“文化”现象展开了深刻的哲学思考。最重要的两点是:一、使“文”实现道德层面的提升。如《象上·小畜》云:“君子以懿文德”,赋文以善美之义。《象下·革》云:“大人虎变,其文炳也”;“君子豹变,其文蔚也”。这个“文”,不仅显示外观举止、气度,而且显示内在品质、德性。其二、使“文”容纳真诚之心与善美之意而成为待人接物的行为典范,从而由名词转化为动词。《彖传》阐释贲卦卦辞“亨,小利有攸往”时说:“柔来而文刚,故亨;分刚上而文柔,故小利有攸往。”由此揭示刚柔相文的意义:(阳刚)为什么会“亨”(顺畅通达)?因为从卦象看,阴柔到下卦来文合阳刚。阴柔(小)为什么利于前行?因为下卦居中的阳刚(分刚)到上卦去文合阴柔。这种阴阳互文的情景,孔子概括为“天文”,即宇宙自然之文。根据“天人合德”的原理,孔子进一步推论道:“文明以止,人文也。观乎天文,以察时变;观乎人文,以化成天下。”告诉大家,刚柔相文,谓之天文。反映于太空,星球错综,互依互存,合成体系。可见时间的流驶,宇宙的运变。刚柔相文而明(彼此理解,情真意明),谓之人文。反映于社会,平等交流,和谐来往,互动互助,进而齐心协力,化成一个合乎共同理想的世界。概而括之,始名“文化”,即文以化成。著名社会学家、全国人大常委会原副委员长费孝通先生生前曾言:“美己之美,美人之美;美美与共,天下大同。”可谓深得此中精义。

文以教化与文以化成是相互补充、相互渗透的两个命题。前者着重于社会学论析,后者着重于哲学探究。前者“文”是目的,“教”是手段(行为),“化”是主体素质的提升过程;后者“成”是目的,“文”是手段

(行为),“化”是主体带动客体共趋善美(目的)的过程。

为了加深对“文”的理解,孔子进一步作出阐释:“物相杂,故曰文。文不当,故吉凶生焉。”(《系辞下·第十章》)明确指出:“文”是人与人、人与物、物与物错综相处的行为与由此生成的内在关系。这种关系处理是否适当,将造成截然相反的后果:一种曰吉,人类之所趋;一种曰凶,人类之所避。它反映人类推进物质文明与精神文明的主观意愿与客观实践。所以孔子说“吉凶生大业”(《系辞上·第十一章》)。而或吉或凶,完全取决于一个“当”字。“当”是什么?当者,合理也,合情也,合时也,合势也。“文”之合理、合情、合时、合势,则取决于主体的理性。由此可知,孔子哲学思想阐述的“文化”,是理性的文化。这种文化的核心思想,就是人与人、人与天、人与物之间的亲和、诚信与平等交往。

二、孔子哲学思想关于理性的阐释

理性作为哲学的一个重要范畴,其定义始终见仁见智。在西方,理性(reason)一词源于古希腊语“逻各斯”,据说赫拉克利特最先使用,认为它是天地万物具有的一种隐蔽的智慧或理性,是统帅世间万物生灭变化的依据或规律,也是每个人进行生存活动的根本。亚里士多德则指出,求知是人类的本性,人是理性的动物;人的德性源于理性功能的卓越展开。他们的理念在十一世纪后传入欧洲,促使当时占主导地位的经院哲学不得不在以神学为中枢的机制中添加理性的润滑剂。随着十四世纪发端于意大利的文艺复兴运动席卷欧陆,开启了十七、十八世纪西方理性与启蒙的全新时代,在哲学思想上准备了近代科技脱颖而出的文化环境。接着,实用主义在美国兴起,以其追逐功利的实用理性风靡世界。科学主义更加强调物化理性,并力图以科技原理改造哲学思维。如今,后现代主义又以流派纷纭的述说掀起批判现代理性的浪潮,对自柏拉图、亚里士多德以降由笛卡尔、康德等知名学者中继发展直至现代科学主义不断修缮的理性范畴提出了强烈的挑战。

它山之石，可以攻玉。西方哲学对于理性的"一半偏爱一半愁"，触动我们反思当下中国的现状，在新的历史条件下认真探究理性的蕴涵。而在见仁见智中依据孔子哲学思想对其作出全面阐析，鉴古议今，当有助于扩大我们的哲学视野，认清推动时代潮流的正确方向。

立足于中国传统文化的一般认识，理性乃依理而思、依理而行的品性，即以理主导人之性。那什么是"理"呢？《说文解字》云："理，治玉也，顺玉之文而剖析之。"具体的实例如《韩非子》所载："王乃使玉人理其璞而得宝焉。遂命曰和氏之璧"。由此可知，理的本义是顺着玉石（璞）的内存纹路进行剖析，去原石之粗而得宝玉之精。粗者，外装之伪也；精者，内蕴之真也。所以，理的基本功能是由表及里，去粗存精，除伪得真，从而使之具有客观规律与真实无妄之义。宋代儒学在释道思想的强烈冲击下勃然中兴，所举便是理学之大旗。然而对"理"的认识，始终未臻一致。程朱认为"性即理"，陆王认为"心即理"。有人说"理在气先"，有人说"理在气中"。唯能统一之处是：大家都自认忠诚于孔子学说。因此正本清源，要想确切地认识理性，还须回归于孔子哲学思想。

《中庸》云："天命之谓性，率性之谓道，修道之谓教。"按照孔子的道德性命观，所谓"天命"之性，即人的先天之性。子曰："性相近也，习相远也。"天性即人人相近之性，如告子所谓"食，色，性也。"习性则系各自相远之性。为什么会相远，因为实践之道不同。而《中庸》之"率性"，从郑玄注"率，循也。循性行之，是谓道"起，历来的主流理解是"循性而行"。这当然是按照思孟学派性善论作出的阐释，认为依循人的本性行动，即可实现道的要求。但这样的阐解恰恰背离了孔子关于性与道的基本原理，颠倒了它们之间的位置关系。孔子明确指出："一阴一阳之谓道，继之者善也，成之者性也，成性存存，道义之门。"（《系辞上·第五章》）。它表明，道是德与性的统帅。道的承继弘扬，在于行善积德；而完成行善积德者，则凭借于后天教化而获得善良之性。

所谓“成性存存”，就是在行善积德的过程中不断形成良好的习性。因此，道是第一位的，道引善而化性。性当循道，非道循性。所谓“循性行之”，此性实非人之天性，即自然之性。而已是程朱“即理”之“性”，陆王“即理”之“心”。实际上是须要通过后天修养获得的心性。因为天性既不本善，也不本恶。而是本自然之然。孔子哲学认为唯有在道的指引下通过后天社会实践形成含有善德的习性，方能区分人们的性心境界，步入道义之门。所以孔子十分强调“乾道变化，各正性命”，在运动变化的世界中循道匡正人性。

明确了道对于性的主导地位，我们再来进一步探究孔子哲学关于理性的阐释。

其一，孔子哲学的理性，是“理”与“性”的有机统一：理存于性，性达于理。孔子在《说卦传》中指出：“穷理尽性以至于命”。“穷理”就是千方百计地探究道理，“尽性”就是最大限度地完善人性。通过“穷理”而致“尽性”，最终达到人生的某种必然结局，即所谓“命”。其间透析的关系是：理完善性，性导引命。因此，孔子哲学的原典，坚持以理（终极为道）为本的道德性命观而非传统儒学以天为本的道德性命观。

其二，宋代理学将理抬至道的高度。朱熹的“理一分殊”说，源出孔子关于“天下之动，贞夫一者也”的论述（《系辞下·第一章》）。天下万物运动变化，各见其理，而正溯其原，唯归于一，一者，道也。所以，“理一分殊”实即“道一理殊”。从本质上分析，孔子哲学的理性亦即道性。道性融合德性、智性及慧性于一体。德性体现正，智性体现明，慧性体现中。中正而明，孔子赞为神明，认为“神而明之，存乎其人”（《系辞上·第十二章》），昭示“神明”是人的文化理性的最高境界。

其三，理性既是人的根本品质，又是人的根本功能。这种功能的集中表现，一是主体内省，认识自己，“各正性命”。二是指导实践，认识客体，“化成世界”。在认识自己与认识客体的思想活流中，这种功能有时会一跃而起，冲荡出浸润智慧的晶莹浪花。孔子称之为“感”。

他描述道:“易无思也,无为也,寂然不动。感而遂通天下之故。”(《系辞上·第十章》)。所谓“感”,启自《周易》理念,发自主体理性。因为主体感悟了《周易》之道,增智进慧于理性,遂能“彰往察来”“显微阐幽”,会通天下情事因由。

其四,孔子崇尚的理性立足于道,孔子赞赏的文化也立本于道,从而使理性与文化十分自然地融合为一体。这样的理性文化,其实现途径就是“开物成务,冒天下之道”(《系辞上·第十一章》),用现代语言说,即在建设物质文明的同时建设精神文明;其终极归宿则为“生生”,因为“生生之谓易”(《系辞上·第五章》),维护生命的可持续发展是理性文化的根本要义。

其五,文化理性之理,是天下万事万物之理。怎样获得此理,孔子有一段精湛的论述。他说:“乾以易知,坤以简能。易则易知,简则易从;易知则有亲,易从则有功;有亲则可久,有功则可大;可久则贤人之德,可大则贤人之业。易简而天下之理得矣,天下之理得而成位乎其中矣。”(《系辞上·第一章》)它告诉人们:乾以平易而显其知,坤以简单而见其能;平易则容易认识了解,简单则容易和合顺从。容易认识了解,则人来亲近交往;容易和合顺从,则事会合作成功。亲近交往可使(互尊互信的)过程持续长久,合作成功可使(互助互惠的)空间不断宏大。可以持久反映贤人的德行,可以宏大反映贤人的事业。效法乾坤易简,据以获得天下事物之理,从而成就天地之中人应具有的地位和品位,亦即实现生命的终极价值。

从本质上看,易简标志着人的完美情性:平易近人,简单直率。平易体现真实,不装腔作势、矫揉造作;简单体现坦诚,不文饰遮掩、犹豫怀疑。揭示真实,缘于智性;展现坦诚,缘于德性;而成位乎“中”,则缘于慧性。智性、德性、慧性三位一体而合成“易简”的理性,从另一方面体现着孔子哲学的文化理性。

其六,孔子阐析的文化是理性的文化,孔子阐析的理性是文化的理性。文化理性是人在先天基因的平台上经过后天文化氛围的不断熏陶与自身的积极实践而成长完善的理性，从而与西方哲学具有先验特征的传统理性与现代实用主义的功利理性划清界限。这种文化理性始终“与时偕行”，即使到了科技极度昌盛的“后现代”，依然生机勃勃，甚至会显示出更能体现人生价值与生命意义的动能与活力。

其七，孔子的理性文化观渗透于孔子的整个哲学思想体系。它与“一极、二仪、三道、四德、五谛”的哲理链（参见拙著《周易正学·第四节》）贯串会通，可以相互鉴照，相互参证，相得益彰，相映生辉。

三、孔子理性文化观的当代启示

孔子的理性文化观经过两千多年的历史检验，至今仍生机盎然。它穿越苍茫的时空，植根于人民的大地，正以取之不尽的精神动能显示其重大的现实意义。

一、理性文化蕴藏着促进人类文明、推动社会进步的无限正能量

文化如春雨甘霖，“随风潜入夜，润物细无声”。而以德性、智性与慧性为其有机组成因子的理性文化更潜移默化地提供着促进人类文明、推动社会进步的无限正能量。这种精神能量甚至可以像物质能量那样运用数学语言加以显示。笔者曾于2014年7月在杭州举行的中韩《周易》文化交流暨当代易学研讨会的专题发言《弘扬孔子哲学思想，强化民族精神纽带》中，基于文化的形上感悟与形下体验，参照爱因斯坦相对论确立的质能转换原理，模拟提出了一个文化能量的直觉公式。即文化能量E等于道德质量M乘以思想慧速T的平方。所谓道德质量，指人的道德水平程度及其对社会产生的影响力，思想慧速则指认识与处理特定事件的准确性、圆满性与相对时间跨度之比。这诚然只是一种假想或遐想，实际情况远为复杂得多。但其主旨非为纯粹的数学计算，而唯在揭示文化能量的存在及其所包含的因果关系与生成机理。如：孔子“七十而从心所欲，不逾矩”。“不逾矩”反映道德质量，体现德性；“从心所欲”既反映对于事件快速认识的高度判断力，体现智性，又反映对于事件圆满处置的适宜度，体现慧性。可见，孔子通过一生不断的实践、认识，修习成超凡脱俗的文化理性，从而拥有巨大的文化正能量。宋代开国宰相赵普所谓“半部《论语》治天下”者，其实正是对于文化能量的一种直觉体认。而个体的文化正能量在社会

集聚过程中还将产生强劲的连锁倍增效应，这就会在宽广的时空区间形成潜移默化的文化势能。这种势能可以改变人的思维格局，移风易俗，净化心灵；开物成务，革故鼎新；并且有可能调整思维深层结构，从根本上完善品性，优化基因，增益智慧，提高生命品质与价值定位，为人类社会的可持续发展创造灿烂辉煌的物质文明与精神文明。

二、理性文化为建设中华先进文化提供历史实践基础与思想理论支柱

通过长期历史演进，理性文化获得广泛的社会认同，在日积月累的大众知行中形成稳定的文化心理势态与社会因缘纽带，从而拥有顺时导引新的文化实践的深层基础性动力源，主要表现在四个方面：

第一，人民的认同感。首先，理性文化在实践中的一大功能是“趋吉避凶”，强调“吉凶与民同患”（《系辞上·第十一章》），因而受到广大人民群众的拥护、赞成和参与。其次，理性文化要求物质的或精神的创新都须接受民众实践的检验，做到“利用出入民咸用之谓之神”（《系辞上·第十一章》），即只有为广大人民所用，使广大人民得利者，方能受到肯定与尊崇。其三，在上层与下层的利益分配原则上，尽可能让利于民。如孔子所言：“损上益下，民说（悦）无疆”（《彖下·益》）。其四，在与民众的文化交流中，要求做到“安其身而后动，易其心而后语，定其交而后求。”（《系辞下·第五章》）即安身立命而后方可深入民众活动，平和心情而后方可与民众交谈，诚恳结交而后方可同民众商议诉求，让人民群众真正成为“文以化成”的主人。

第二，民族的包容度。理性文化立足于天下，着眼于天下。它号召“保合大和”“万国咸宁”（《彖上·乾》）。和平安宁，天下一家。它弘扬乾坤的“易简”之性，认为“易简而天下之理得矣，天下之理得而成位乎其中矣”（《系辞上·第一章》）。它提倡“感而遂通天下之故”，为此须“极深而研几”“惟深也，故能通天下之志；惟几也，故能成天下之务”。启导人们“开物成务，冒天下之道”。并立圣贤为范，“以通天下

之志，以定天下之业，以断天下之疑”（《系辞上·第十章》）。由是各民族共立于中华大地，形成大一统的天下，大一统的文化，同心协力，“定天下之吉凶，成天下之亹亹”，共创包容各民族自身特色而又和谐交融于历史传统的中华文化，达到“天下之动，贞夫一者也”（《系辞下·第一章》）。这个“一”，其实就是中华优秀传统文化之道。所以，“大一统”实即大道统。

第三，思想的多样性。思想是文化最活跃的因子。文化的生气勃勃源自思想的风雷激荡。春秋战国时期震撼山河的百家争鸣正是在孔子综合传承中华古典文化基础上顺时涌现思想大解放的历史洪流。汉代的今、古经学论争，魏晋玄学流派的横空出世，隋唐儒释道的攻驳杂糅，终究导出宋代灿烂辉煌的理学。针对名噪一时的“关洛濂闽”，则有批其“支离事业”而自命“易简功夫”的陆王心学，还有强调“道在物中”，讲求事功实效的陈亮学说，它们在思想的多元交会撞击中迸发文化的亮丽火花。寻根究底，上述种种学术观点，无不生长在孔子哲学思想的多彩园圃里，它们组合成万紫千红而又各自表现关于世界和人生春天的认识。对此，孔子早就站在“行夏之时，乘商之辂，服周之冕”的多元文化平台上，以海纳百川的气势响亮宣示：“天下何思何虑，天下同归而殊途，一致而百虑”（《系辞下·第一章》）。

第四，道德的原动力。理性文化源起阴阳和谐交往、刚柔互补共利之道。因此，一切文化倾向与文化实践，道德是根本底线。孔子在阐述理性文化过程中不仅概括出“元亨利贞”四项基本品德，“谦、复、恒、损、益、困、履、井、巽”九条日常德行，以及64卦蕴含的卦德，而且在哲理阐解中反复强调道德意向与行为准则，如“文明以止”“进德修业”“日新其德”“中正以观”等等。所有这些理念，已经化为生生不息的气血，融入中华优秀传统文化的肌体，在广泛的范围与层面，成为从社会精英到广大民众自觉乃至自发地继承传统，并在此基础上与时俱进地建设新的先进文化的原动力。

孔子理性文化拥有的人民认同感、民族包容度、思想多样性和道德原动力，势将构成建设先进文化的实践基础。与此同时，孔子理性文化观的博大哲学体系可以融合人道、公平、科学、创新、民主、法治等时代理念以期为进一步建设先进文化提供理论支柱。因为这个哲学体系具有非常宽广的思想空间与推动社会进步的不竭动能：

第一，既重精神，又重物质。理性文化期求在“开物成务”的同时，实现“冒天下之道”。它明确提出：“富有之谓大业，日新之谓盛德。”（《系辞上·第五章》）“形而上者谓之道，形而下者谓之器，化而裁之谓之变，推而行之谓之通，举而错之天下之民谓之事业”（《系辞上·第十二章》）。而就个人实践说，既要“进德”，又要“修业”，两者不可偏废。

第二，既重德治，又重法治。德治之言，不胜枚举。这里着重引法治之说。孔子在阐明启蒙教育时，即不忘结合法制教育。他说：“蒙以养正，圣功也。”（《彖上·蒙》）这个“正”，不仅指正德：“果行育德”；而且指正法：“利用刑人”（《彖上·蒙》）。他还认为，噬嗑卦的重大意义，就在于昭示“先王以明罚敕法”。为此要求“刚柔分，动而明，雷电合而章。”“刚柔分”体现准确量刑，宽严适度；“动而明”体现行动果决，清明无误；“雷电合而章”体现气势雄劲，正大光明，合成完善的法治篇章。此外，在慎重“议狱”（审判）、建立制度等方面，孔子均有不少精到见解。

第三，既重理论探究，又重实践转化。孔子将前者归纳为“形而上”的过程，将后者归纳为“形而下”的过程。两者通过“形”的中介紧密联系起来。所谓“形”，历来解释纷纭，莫衷一是。从孔子关于“圣人立象以尽意，设卦以尽情伪”的阐析细加体会，当知“形”者，实系卦象之形也。这种“形”，是一种妙不可言的人文符号，类似于柏拉图的“共相”，它是认识过程中经历感觉、知觉、并初步归纳后形成的思维产物，是以包牺氏为代表的古代智者“仰则观象于天，俯则观法于地，观鸟兽之文，与地之宜，近取诸身，远取诸物”（《系辞下·第二章》）而模拟创造的文化成果。孔子指出，理论研究须“极深”“惟深也，故能通天下之志”；实践转化须“研几”“惟几也，故能成天下之务”。（《系辞上·第十章》）。孔子甚至想象，古来有关渔网、犁耕、衣裳、舟船等生产生活的十三项重大发明创造都源于对相关卦象的深入研究而感悟其意，最终落实于器物，使精神产品转化为物质文明。这样大胆的设想，初若匪夷所思，深析则揭示了“物质可以变成精神，精神可以变成物质”的精深原理。

第四，既重绍继传承，又重发展创新。践行理性文化是一个不断积累，去芜存精的历史发展过程，它要求积极继承前人的优秀文化成果，发扬光大。在这方面，孔子可谓殚精竭虑，身体力行。不仅是索隐访贤，大量搜集与整理汇编古代文献，并且通过首创民间办学的方式传播社会。大力普及教育，“有教无类”，促进完善礼乐典制，净化社会风俗。

理性文化立足传统继承，蓄存精华而务实求真；进一步开发创新，与时俱进。孔子崇尚经典，但绝不主张受文字教条之束缚。即使对“与天地准”的《周易》，他也提醒人们“不可为典要”，即不可迷信本本。而要针对事物运动变化的情况，独立思考，“唯变所适”，闯出符合实际的新路。孔子的理性文化观使其一生的文化传承与文化创新自然融合，最为典要的是通过传述《周易》，在完整保存古经原貌的基础上，展开了极其精辟的系统论析，终使这部“卜筮之书”的文化巫性转变为文化理性，成为一部具有普世意义的道德圣经、哲理范本与智慧宝典。其中提出的许多新理念，如太极一元，阴阳两仪，天地人三才以及“天人合德”“易简成位”“知几通变”“保合太和”等，表现出极其鲜明的文化创造性而沉淀融入源远流长的历史传统，并又千秋万代地接续后世的继承与发展。

第五，既重天文之化，又重人文之化。孔子理性文化观对“文化”最简洁的描述就是：“观乎天文，以察时变；观乎人文，以化成天下。”研究天文做什么？答曰：考察时空的变化。研究人文做什么？答曰：化成善美的天下。前者在当今发展为现代科学，后者在当今启引着人类迭代进化，生生不息。它使天文之化促进人文之化，人文之化顺合天文之化。形成珍视生命、护佑生命、优化生命而从根本上体现天人合德的社会文化。

第六，既重柔和之情，又重刚劲之志。孔子的理性文化观以深邃的哲思，举乾坤为法，确立文化品格的典范。前者尚刚，表现于宇宙运行，坚信自身的力量，一往无前，永不止息。后者怀柔，表现于大地绵延，蕴藏深厚的德能，承载万物，滋润哺育。乾坤的典型品格，不仅启导个人修养，力求文质双全；而且凝聚民族灵魂，振奋国家精神。这种刚柔兼备的文化思想，外显"保合大和""万国咸宁""化成天下"的共同理想，内藏"安不忘危""存不忘亡""治不忘乱"的忧患意识，彰示理性文化之文，应是刚柔相辅之文。它通过有形与无形的社会网络，将个人、集体、民族、国家的共同认知集合成国魂，集合成精神，塑铸受人尊重的国家和国民新形象，营造高屋建瓴的气势以屹立于世界民族之林。

三、理性文化观倡导"时位中正"，揭示人类生生不息的基本准则

天人合德的理性文化，是生命的文化，生存的文化，生生不息的文化。生生的精要，在于正确认识与处理好人与天、人与人、人与物之间的关系。对此，孔子提出了四个重要理念：时、位、中、正。

什么是"时"？孔子将其视为一个运动变化的过程及过程各个节点的事物征象与发展态势。《周易折中·义例》指出："消息盈虚之谓时。""消息"即阴阳消长，"盈虚"即刚柔进退。时间通过阴阳刚柔的运变表现过程的持续进展并反映于事物的征象而发出信息。所以，观察不同的时，可以观察不同的人、事、物、情以及它们的由来、状态、趋势和发展前景。

什么是"位"？"位"是空间的标识。它与"时"密切关联。孔子以

乾卦卦象为模型，解析说："六位时成，时乘六龙以御天"。"六位"即六个爻位，"时成"即卦时形成。位以时见。这个卦时表现为飞乘六龙之势驾御长天。时以位成，位的连续集合，表现为时的运行过程；时的不停流驶，表现为位的不断变化。从一定维度看，"位"甚至亦可直接表现为"时"，卦中每一爻位，即系组成卦时的爻时。这种时空相互联系、相互影响、相互补充直至相互渗透的理念，竟然产生于两千五百多年前的哲学思考，称得上旷古而启今。

"位"由何来？"位"原来是宇宙自然的客观存在。孔子在《系辞上·第一章》开篇便明确提出："天尊地卑，乾坤定矣。卑高以陈，贵贱位矣"。经过一系列推演，最终提出"天下之理得而成位乎其中矣"的结论。"成位"，即成人生价值之位，乃至成圣贤之位。它同《系辞下·第一章》"圣人之大宝曰位，何以守位曰仁"前后呼应，从而将自然时空之位引入社会时空之中，成为主体在社会系统中的一种功能要素与功能评价。《周易折中·义例》云："上下贵贱之谓位。"但孔子的理性文化观告诉我们：第一，"上下贵贱"也在运动变化，绝非静止不易，固定不移。既可以"刚上而文柔"，也可以"柔来而文刚"。第二，"位"有双重涵义，一是地位，客观存在差别，无法平等。二是品位，不论地位高低，完全平等。圣人之"位"，既是地位，更是品位。地位重职权，品位重道德。守地位重履职行权，守品位须崇道尚德。所以孔子论圣人守位，唯一"仁"字，以"仁"履职行权，以"仁"崇道尚德。

"时"与"位"揭示文化实践的自然时空和社会时空，检验主体对于相关事件的判断力和化解力。怎样把握好"时"与"位"？孔子提出的准则是"正"与"中"。"正"就是循道而行，依理而动，不折不扣，不歪不斜。"中"就是视情而论，合宜而取，综合权衡，不左不右。孔子指出："大亨以正，天之道也"（《彖上·临》），把事物顺利发展的根本因由归结于正，认为"重明以丽乎正，乃化成天下"（《彖上·离》）。"大者正也，正大而天地之情可见矣"（《彖下·大壮》）。"中"是在"正"的基础上经过认真的“权”而达到的思想境界。孔子列“权”为“九德之一”，其卦象代表是巽，“巽，德之制也”，在“九德”体系中处于“制”的地位，即对德行的落实过程加以适当的制衡，避免失于偏颇，防止顾此失彼。它的特点是“称而隐”，即不事声张地加以综合平衡。它的功能是“巽以行权”，即逊顺平和地进行权衡（参见《系辞下·第七章》）。“正”的园地是理，“中”的土壤是情。《中庸》云：“喜怒哀乐之未发，谓之中。发而皆中节，谓之和。致中和，天地位焉，万物育焉”，从本质上阐明了“中”的人情底蕴与文化意义。《周易折中·义例》则直指“刚柔中正不中正谓之德”。南宋学者杨万里更将中正与道等而观之曰：“得其道者，蚩（痴）可哲，慝可淑，眚可福，危可安，乱可治，致身圣贤而跻世泰和，犹反手也。”斯道何道也？中正而已。唯中为能中天下之不中，唯正为能正天下之不正。中正立而万变通（《诚斋易传·序》）。即中正之道可使愚痴变聪明，邪恶成善良，灾祸转福祉，危险易平安，动乱化安定，人列圣贤而世达泰和，水到渠成，易如反掌。所以，中正之道一旦确立，天下万变无不可通。

时与位反映人类生命存在的环境、状态以及天人相互对应的关系与契机，正与中则展示正确适应这种环境状态与完美处理天人关系、顺和自然契机的基本准则，借以会通天人之化，实现生生不息。

综上所述，孔子哲学理性文化观的精要在于：秉持天人合德理念，以中正之道（义）与日新之德（仁）调节人与人、人与物以及人与自然的关系，顺时当位，各正性命，达到保合大和，生生不息。它不仅为过去，而且为长远的未来高悬起一盏持续照亮人类社会文明进步的指路明灯。

四、孔子理性文化观与西方后现代主义

正当西方后现代主义思潮开始猛烈冲刷源自古希腊而一直奔流至美洲大陆的理性长河之时，我们在东方举起理性文化的思想大旗，从一个新的角度敲响了审视“后现代”的洪亮钟声。

在西方，以“解构”为号角的五光十色的后现代主义流派翩然起舞，有其历史的必然性和一定的适宜性。须知西方哲学曾经煊赫一时的传统理性已逐渐异化，开始成为功利至上而无视人文、束缚人性的机械理性与工具理性，而孔子倡导的文化理性既蕴涵智性，又蕴涵德性与慧性。无论如何，它不应成为“解构”的对象，也不可能在理论与实践上被莫名其妙地“解构”。

现在，让我们就后现代主义倡行的几个基本理念与孔子的理性文化观作些对比，以明异同得失。

一、二元对立与阴阳对应

后现代主义批判二元对立有其一定的历史合理性。在这个世界上，特别从二次世界大战结束以来，两个阵营、两大政经体系、两种意识形态、两类价值观念等等，非此即彼，令人心烦意乱。孔子的理性文化观并不否认二元对立的客观存在，但更加强调二元的相互依存、相互磨合、互为条件，直至相互转化。它认为，阴与阳两种力量、两种形态或两种势能，是构成世界万物及其运动变化的普遍基因。孤阴不生，独阳不长；阳中有阴，阴中有阳；阴阳相克而又相生。“文化”之义，即在求相生而避相克。这种原理，谓之阴阳对应。对应承认分歧而尤重和合，力排争斗。所以对应与对立一字之差，意义迥异。对立水火难容，势不两立；对应山泽通气，求同存异。对立常恃强凌弱，损人利

己;对应尚平等交往,利此益彼。二元对立偏好生命的排他性竞争,阴阳对应则崇尚生命的共存性进化。看来,在二元对立实际上很难完全"解构"的情况下,通过理性文化使之"解结",消解对立双方互不相容的内在症结,应是一个面对后现代的全球性哲学课题。由此开辟新的理论架构与实践途径,将和谐地促进世界文明的多元化协调发展。

二、不确定性与唯变所适

量子力学在微观世界发现的不确定性(测不准)原理,被后现代主义用以挑战传统理性的科学依据,并非毫无缘由。而考究孔子哲学的文化理性,实非康德的先验理性,也不等同于他所"批判"的"纯粹理性"或"实践理性"。这种文化理性,始终坚持世界运动不息,变化不止的基本观念,因而并不否定万事万物的不确定性。孔子明确指出:"阴阳不测之谓神。"在哲学层面揭示了从宏观世界到微观世界的不确定性。问题在于:人类面对阴阳不测的不确定性,应当如何处置?孔子的解答是:"神而明之,存乎其人。"人类应当秉持文化理性,不断向"神明"接近。观察不确定性,研究不确定性,努力减小以至尽可能消除不确定性。其具体途径一是"彰往察来",即辨明过去,推察未来。为此要求丰富知识,开动脑筋。扩充"知",体悟"神"。孔子概括为"神以知来,知以藏往"(《系辞上·第十一章》)。二是"极深研几","极深"就是深入到本原层次,寻根究底;"研几"就是研析细小的动态趋势,"显微阐幽"。三是"不可为典要,唯变所适"(《系辞下·第八章》)。即冲破一切条条框框,但以研究对象的运动变化为依据,寻求适合实际情况的结论。四是重视数学分析。孔子认为,数运于理,理合于数;数可定象,象涵精义。为此提出"参伍以变,错综其数。通其变,遂成天地之文;极其数,遂定天下之象"(《系辞上·第十章》)。孔子将这一过程描述为"极数知来"。只是限于彼时科技与数学水平之原始,尽管孔子在"有教无类"的实践中把数学列为"六艺"的一个必修科目,他提出的这种大跨度超越时代的深睿哲思，还是要经过两千五百多年的历史沧桑，直至当今的数字世界才取得实证。

三、自由平等与各正性命

纽约港口的自由女神塑像，标志着现代西方对于自由的向往与信仰。而“人人生而平等”的观念，也已固化为欧美文化价值链中的重要一环。其实，自由平等是否具有普世意义，不在其外冠之名，而在其内涵之义，更在其践行之实。二次世界大战中，时任美国总统罗斯福提出“表达、信仰、免于匮乏、免于恐惧”等四大自由。而此后不久即通过麦卡锡法案，对异见人士实施歧视性监控。与此同时，贫富分化加剧；朝鲜、越南、伊拉克、利比亚等地战事连连；不同文明之间的平等关系未能认真确立，导致纷争不断，直到发生震惊全球的“9·11”事件。看来，要真正认识自由平等的真谛，还须与时俱进地进行哲学思考。

康德把自由与上帝、不朽并列，置于纯粹理性难以捉摸的本体界。叔本华提出三种不同类型的自由：自然的自由、智力的自由和道德的自由。佛教则以顿悟为相对自由，圆寂为绝对自由。《华严经》还提出十种平等。除一切众生平等外，包括一切法、一切刹、一切身心、一切善根、一切菩萨、一切愿、一切波罗蜜、一切行以至一切佛平等。孔子哲学的文化观并无关于自由平等的直接阐述。但如前所述，在他首创的“文化”概念中便体现着完全自由的意志与品格平等的精神。这种自由意志与平等精神，表现在生命实践上，其经典表述即为“乾道变化，各正性命”(《彖上·乾》)。

自由行为来自自由意志，自由意志来自自由个性。因此，自由的根本在于个性的自由发展。“正性”就是发展、完善个性，“各正性命”就是主体完全自主地、自由地发展、完善个性，并在此基础上掌握自身生命的历程。这种自主与自由，同时反映着各个主体对于发展机会与道路作出自我选择的后天平等。必须指出，“各正性命”的自由具有道德底线，而实现过程的平等，则是人的品格平等，即人格的平等。人们遵循不停运动变化的乾天自然之道，凭借已经拥有的文化理性优选实现自身生命价值的制高点、立足点与阶段目标点，并且要在不断存储于提高文化理性的长途上对它们进行适应事物运变新情况的自我修正，从而真正实现符合人的生命法则的自由平等。那种离开“各正性命”各偏一端、各守自身体制固有立场的“自由平等”，绝不是胸怀坦诚的自由平等，因此绝非真正的自由平等。

四、系统开放与门户开关

后现代主义赞赏开放性。毫无疑问，事物与其周围环境具有物质能量和信息交换的特性。孔子的理性文化观同样建立在开放性的基础上。“文化”之“文”就是刚柔相文，亲和交往，真诚开放；“文化”之“化”表现为“化成天下”，更是物质、能量和信息在全社会及相关自然领域的全面大交换。对于社会生活和文化现象及其依循的规律，孔子曾以简单平常的门户开关为喻，作出精义深邃的阐述。他说：“阖户谓之坤，辟户谓之乾，一阖一辟谓之变，往来不穷谓之通。见乃谓之象，形乃谓之器，制而用之谓之法，利用出入民咸用之谓之神。”（《系辞上·第十一章》）它不仅为当时，而且也为当今的人们提供启示：其一，门户的功能是又开又关，乾坤之道展示的运动变化规律也像门户开关一样，一合一辟。开放不是绝对的，而是相对的。什么时候开？什么时候关？据“时”而定。其二，或开或关，是事物运动变化的表现，信息萌生与传输的情态。其三，一开一关，运动变化，目的唯在求“通”。对人说来，则是实现生命活动的顺畅运行。其四，观察到这样的现象及其涵藏的原理，可以推导出相关的系统结构模式，孔子名之曰“象”。揣其象而绘其形，能创新设计，制造人类生产生活所需的器物。由此总结归纳形成指导实践的规范，称之为“法”。广大民众普遍利用“法”的规范进出门户，可谓达到“神”的境地。这种“神”的本质，正是在“乾坤变通”的广泛实践中认识的高度升华，是文化理性最完美的智慧结晶。

孔子比拟的门户开关，是一个基于文化理性的开放系统。开的时候，它是一个运动的开放系统；关的时候，它依然是一个动中有静的开放系统。其根本立足点始终在于“通”。

五、世界动荡与理性完善

西方后现代主义思潮应运而生，正如我们的国学热一样，启示我们对“合理的存在”进行认真的思考：这个世界怎么了？未来将走向何方？事实上，人类从原始状态经过认知革命、农业革命、工业革命，当今已步入日新月异的科技革命。知识与信息的大爆炸炫耀着人类的高智商，恰恰反证着其原本多么无知，对于未来则更为无知。比如，量子纠缠能否延伸到人与物的“纠缠”，后果怎样？生物科学是否会通过基因改变，导致人性异化？无机生命工程会不会造出具有自己的独立思维功能而与人类为敌的机器人，如何控制？核战争的几率究竟有多少，如何防止？生态系统的无序破坏由谁负责，怎样应对？外星人有朝一日是否会光临地球，怎样迎候天外来客？……与此相关，随着物质文明的大发展，同时带来种种新的社会课题，比如，让72岁的老太太接受试管孕育适当吗？动物生化试验应否履行严格的法律程序？大数据时代的个人隐私如何保护？贫富差距是否可设置法律红线？各文明体之间怎样强化交流合作，消除恐怖主义滋生的温床？个人、夫妻、家庭、家族、党派、社群、国家怎样在科技与市场的力量交织中定位？……如此等等，反映着人类对于后现代的冥思与迷茫。而一些有识之士则试图从不同的方向敲响警世之钟。2012年以希伯来文出版后很快就被译成近30种文字的《人类历史》作者尤瓦尔·赫拉利即系其中之一，他在洋洋30余万字的书末以直截了当的结束语警告人类：“拥有神的能力，但是不负责任，贪得无厌，而且连想要什么都不知道。

天下危险，恐怕莫此为甚。”

面对这个动荡不安的世界，如何消解危机，迎接新希望的曙光？赫拉利没有说下去。但我们却可以从孔子哲学的理性文化观中寻求普世性的答案。最重要的还是正本清源，遵循“天人合德”的基本原理，“与时偕行”“各正性命”以期“保合大和”“生生”不息。而“唯变所适”的当下落脚点，则在以形而上之道启引形而下之器，以形而下之器实践形而上之道，“革故鼎新”，大力改革，按照“顺乎天而应乎人”“吉凶与民同患”“损上益下，民悦无疆”的原则，对国家、政党、社群、市场的利益机制、功能架构、运行方式以及评价、监管与反馈系统，稳健扎实地实施变革，推动从上层建筑到经济基础的务实创新。孔子曰：“革，君子以治历明时。”因为明时才能顺时。在古代原始科技条件下修治历法，就成为改革的重大任务。今天，我们同样须要“明时”，以期与时俱进。但重点已非治历，而在治乱。治世之乱，先当治人之性。谁来治？自己治。所以，“各正性命”具有非常现实的意义。孔子指出：“改命之吉，信志也。”改革欲求取得圆满成果，关键在于“信志”，信仰文化理性的坚定意志。孔子进一步描述改革实践中各社会阶层的精彩表现：首先是当权者，“大人虎变，其文炳也。”《说文解字》云：“炳，明也。”大人通过改革变得虎虎生气，孔子点出其主要特征是“文炳也”，即“文明也”。由此我们又联想到孔子的相关论说：“文明以止，人文也”；“观乎人文，以化成天下”。紧随“大人虎变”，社会精英阶层在改革中的表现，孔子描述为“君子豹变，其文蔚也”。《说文解字》云：“豹，似虎圆文。”君子似虎步而豹行，孔子点出其主要特征是“文蔚也”，即文采蔚然，气宇轩昂。文理则如虎而圆，反映出上行下效、见善而迁的生动景象。广大民众获得改革的实惠和理性文化的熏陶，精神面貌也发生巨大变化。孔子描述道：“小人革面，顺以从君也。”“革面”是“洗心”的表现，“顺以从君”指顺从贤明君王的治世之道，亦即“顺乎天而应乎人”，“革故鼎新”，“吉凶与民同患”之道，从而由原来的消极对抗转变为积极拥护。

应当看到，我们这个世界发生的每一个引人注目的动荡，都是一次对于回归文化理性的强烈呼唤。面对后现代的广泛机遇与严峻挑战，要让动荡不安的世界化成“万国咸宁”的天下，出路唯在弘扬理性文化，“顺天应人”“各正性命”“革故鼎新”。但须明白，孔子倡导的理性文化，毕竟只是今天的我们从古代哲学典籍中发掘出来的一种文本观念，尽管它的基本原理（如天人合德、三才之道等）已经通过长期实践检验得到真实不妄的确证，而在德性、智性、慧性的交融机制以及形式与内容的完美统一等方面，仍然有待进一步的研析、充实与完善。尤其是，随着数字世界、网络世界与人工智能世界的阔步来临，曾经“以继明照四方”的理性文化与文化理性，同样地也要在新的历史实践中接受新的时代考验而坚持自身的“革故鼎新”，以期不断地“唯变所适”。

五、国学贵化故扬精而出新

小时候，我家住宅大院的正门高墙上画着一个黑白分明的八卦，据说能祛邪气，保平安。问父亲何来这样的大法力？他的一通回答我只记住两个字：中正。看着卦象八面齐整、对称均衡、端方庄重的样子，我自以为懂得了"中正"之义。直到初中时啃读《周易本义》，才在半懂不懂之际由象形而有所会意。现在看来，以"中正"为代表的一系列易学理念，既具历时性意义，也具共时性意义。它可作历史解读，古典解读，也可作现代解读。

20 世纪 50 年代初，全国各地报纸刊载毛泽东的《矛盾论》，或许"初生牛犊不怕虎"吧，我竟异想天开，举起"一阴一阳"之道拟文赏析这部畅论"对立统一法则"的伟人钜著，投寄杭州当时的《当代日报》。虽未获选登，却收到报社自印的《矛盾论》单行本 10 册以示鼓励。如今想想，这是否意味着希冀古典哲学闯入现代领域的一次尝试？

此后一段漫长岁月，社会大环境和现实条件不容许我继续关注《周易》。而生活中有时碰到难题，《周易》的神奇触角却依然会在不知不觉中拨动心弦，促发思想之窗在犹疑彷徨的暗室里豁然开启。当改革开放的春风涤荡大地时，我开始思考易学的时用问题。工作之余，信笔写些随感，中心论点为"《周易》是创新之经，想象之学"。恰好全国人大原副委员长、著名社会学家费孝通先生前来考察历史文化名城，休息间隙，我提出自己的浅见求教。他报以微笑，点头不语。1999 年我仓促集文出版《周易新义与日用》，有幸蒙费老赐题书名。

新的世纪伴我进入退休生活，而易学为时所用的意念始终萦绕心间。我深切地感受到：孔子对"学"与"时"的相处原则一直十分明晰。《论语》曰："学而时习之，不亦说乎！"《易传》则曰："君子进德修业，欲及时也。”“学”即“进德修业”，二者均需应“时”。《周易折中·义例》云：“消息盈虚之谓时”，将“时”定义为阴阳消长、刚柔进退的过程节点及其运变情状，所以还可“指事”“言理”“言象”“四者皆谓之时”。我则认为尚可“拟人”。而无论时事、时理、时象、时人，此“时”已由名词转化为动词，表现事、理、象、人在运变过程一定节点的特征及其趋势、机遇、火候、情态、变异、布局，形成时征、时势、时机、时候、时情、时变与时局。倘就这样的哲学维度解析众所周知的《论语》开篇三句，则将引出众所罕知的全新理解。第一句“学而时”，意谓学得的成果刚好到了可以发挥作用的时候。趁此机会“习之”，即试行实践，则理所当然地“不亦说乎”了。第二句，远方朋来是否“不亦乐乎”其实当须审“时”。适时常乐，违时则否。第三句，作为君子应当懂得，“愠不愠”固在“时”，“知不知”更在于“时”。时来小巷通达，酒香势将四溢。由此可见孔子在《易传》中阐释的“时”，哲理何等精深！这种哲理经历了智者生命的长期磨砺，读《论语》便可窥其端倪。如“弋不射宿”(7.27)有“时”，“使民以时”(1.5)有“时”，“不时不食”(10.8)有“时”，“夫子时然后言”(14.13)有“时”，“行夏之时，乘殷之辂，服周之冕”(15.11)则有分三合一之“时”。而“山梁雌雉，时哉，时哉！”(10.27)尤其显露孔子由衷赞“时”的真情。这“时”，已成为近乎真善美的代名词了。孟子云：“孔子，圣之时者也。”真实不虚。

圣之时者，高山仰止。学之时者，心向往之。窃以为，国学正逢其时，当可化生时学，以合时代之流，应时代之变，启时代之义，正时代之风，兴时代之文，成时代之功。为此，我又续文出版《想象的智慧》《意象悟道》《周易正学》诸书。着重阐发孔子哲学思想，力求化其故说，扬其精义，出其新用。以期借鉴传统，立足当今，面向未来，促进国学形成推动时代前进的文化势能。在此期间，幸遇浙江省人民政府原党组成员、省工商局局长郑宇民先生，他也十分关注国学的时代走向，倡行经典的“现代解读”。其新著《列子资治》深入浅出、富具现实指导意义。在郑先生主导下，我们以浙江人文经济研究院为平台，会同香港中华人文经济研究院，并获华商会刘永碧会长力助。在杭州先后举办了“2014中韩周易文化交流暨当代易学研讨会”与“2015孔子哲学思想研讨会”。近两年，还去日本、韩国和香港等地进行学术交流，推动国学走出国门。大家的共同心声是：化国学之故，扬国学之精，出国学之新。故者，旧文本也；精者，真道理也；新者，与时行也。

（本文原系为《国学新视野》拟写的2018夏季号《卷首语》，因停刊未发）

六、孔子哲学的因果观

因果关系,既是科学研究的一项重要内容,也是哲学领域的一个重要课题。唯物主义看待因果,认为历史上的任意宇宙状态,都是其之前宇宙状态不断积累的结果;事物的任何运动情状,都是其先前运动变化情状迭加发展的结果。而以佛学为典型的唯心主义,则从“无明”到“老死”,提出“十二因缘流转”,概括了人生过程的一切因果关系。孔子哲学的因果观,总体上看,体现着唯物论和辩证法的交融。具体说来,可以通过归纳而综合得到以下五说:

一、不易说。它认为,有关事物之间的因果关系是确定的,不变的。“种瓜得瓜,种豆得豆”。春种而致夏作,秋收乃得冬藏。自然现象如此,社会现象亦不例外。孔子在《文言传》中针对当时的社会乱象,分析因果关系说:“臣弑其君,子弑其父,非一朝一夕之故。其所由来者渐矣。”所谓“由来”,即已经发生的“弑君”“弑父”之果,早有种种因由催产而逐渐形成现实的结局。所以他呼吁,注意“早辨”,尽早认识事件的起因,采取措施加以化解,以免造成严重后果。在《象传》中,孔子常常采用因果联系释事析理。如“潜龙勿用,阳在下也”“履霜坚冰,阴始凝也”“以贵下贱,大得民也”“师出以律,失律凶也”“夫妻反目,不能正室也”……等等。大凡所举之事,必然事出有因。“不易说”使人们懂得,第一,因必生果。人们发表言论与采取行动,都应事先考虑可能造成的后果,预作准备。第二,果由因起。设定未来的目标,就须提前筹划实现目标的有关因素组合。第三,据因推果,即以既有事件及其数据为基础,通过经验推理模式,预测未来可能发生的事件。第四,因果求理。考察从因到果的全过程,探索其中蕴藏的客观规律。此外,孔子还教我们运用因果的必然性观察人的品格,他在《系辞下传

·第十二章》指出:“将叛者其辞惭,中心疑者其辞枝,吉人之辞寡,躁人之辞多,诬善之人其辞游,失其守者其辞屈。”即将要背信弃义的人讲话会显愧意,心存疑惑的人讲话杂乱分散,安详的人话语少,急躁的人话语多,假装善良的人讲话游移不定,失去操守的人理屈心虚,声气不足。审察上述六类人,其品格为因,藏于内;其言语为果,显于外。这可谓顺果缘因而识人。实际情况当然远为复杂,如须剔除个性与伪装因素等。但其因果之间的联系却是确定无疑的。

二、始终说。凡事有始将有终,有终必有始。孔子在《系辞下传·第九章》指出:“《易》之为书也,原始要终以为质也。”认为《周易》经书的实质内容,就是在探究事物之始而把握事物之终。《彖上传·蛊》曰:“终则有始,天行也。”事物有“终”的表现,必然有“始”的存在。这是“天行”,自然规律。“始”寓事物之因,“终”见事物之果。因此,有终必有始,亦即有果必有因。认真分析事物发展的始终,可以比较完整地了解从因到果的整个过程分步前行的轨迹。孔子还以超凡脱俗的智慧意觉,将卦象视为事物自始至终运动变化的理念模型,据以“知几”而“通变”,增强人们行为的合理性与预见性。他将全卦六爻比拟为事物发展过程的六个时段,即所谓“六爻相杂,唯其时物也。”其中初爻为始,是本;上爻为终,是末。孔子认为:“其初难知,其上易知,本末也。”即上爻显现事物的结果,像树木的末梢枝叶,容易看清楚。而初爻模拟树木立本之根,深藏地下,就比较难了解了。怎么办?孔子告诉我们:“杂物撰德,辨是与非,则非其中爻不备。”意思是,面对多种多样的事物,要想从中阐发描述出它们的特质德性,辨明是非曲直,还一定要排列出初上二爻中间的四爻,步步推进地顺序研析,才能完善地彰显事物运变的全过程,自终返始,据果知因。在这里,孔子把事物的因果两端放到事物发展的过程总体上加以考察分析,不仅具有理论意义,而且具有实践的可操作性。

三、迁易说。前述“不易说”,指因果之间的关联是确定的,不变的。但现实事物之因常常并不单一，而呈多元状态。因与果有关联，此因与彼因间亦有关联，这就使得从因到果的发展过程经常发生多因素波动而越出理想境界，形成某种不确定性。现代科学已经证实，以量子为典型的微观世界存在着不确定性而引出宏观世界的不确定性。这一点，看来已被两千多年前的孔子在哲学领域中得到创造性的发现。实际上，这是他在研究传述《周易》历程中闪现的一个认识升华。他深深地体悟到："《易》之为书也不可远，为道也屡迁。变动不居，周游六虚。不可为典要，唯变所适。"《周易》之书不可远离，其中阐述的阴阳之道却展示着不断的变迁转移。运动变化一刻也不停止，在卦爻模拟的六维时空中周转漫游。所以，没有绝对确定的经典规则，只能依据变化而适应变化。同样地，因果关系也会在"周流六虚"中发生变迁更易，须要适应变化，作出合理的调整。"迁易说"告诫我们，因果关系有其一般规律，但也不能千篇一律，墨守成规，而要从运动变化的实际出发，察因之迁而求适变之果。

四、存余说。在诸多因果关系中，人们特别注重善与恶的相互关联度。不少人希望，施舍财物，捐献善款，即会招来吉庆。最激动人心的说法是："放下屠刀，立地成佛。"然而，事实常未如愿。为什么？孔子有个令人深思的论述："积善之家，必有余庆；积不善之家，必有余殃。"所谓"余"，就是余存或存余。其意涵为：你做了善事，可得吉庆之果，并未送到你手里，却积存在天地之间。你做了恶事应有祸殃之害，尚未加到你身上，也留存在时空之中。善恶因果，日积月累，达到一定限度，自会分晓。这个"存余说"从心理上为善恶因果的某种或然性作了浸润文化理性的思想解结。有人甚至进一步延伸发挥，扩大存余时间之长度。小时候，我跟着父母从杭州元宝心踏级爬登城隍山，途中矗立一座高大的石牌坊，两侧柱面镌刻着一幅字迹雄浑的对联，文云："为恶不灭，祖宗之余德；德穷必灭。为善不昌，先代之余殃；殃尽必昌。"这副对联伴随石坊现已荡然无存。然而它深深印入我当时的稚嫩心灵,至今念念不忘。

五、时成说。此说与上说或有类同,但时间观念更加突出。孔子在《周易大传》中十分强调“时”的意义与功能。卦有时,爻有时;诸如“六位时成”“与时偕行”“变通者,趣时者也”“损刚益柔有时”“应乎天而时行”“动静不失其时,其道光明”……等等。所语之“时”,常成画龙点睛之词。与此相应,在因果关系中也必然注入“时”的影响。子曰:“君子进德修业,欲及时也。”德是否进益,业能否修成,其因其果,同样莫可离时。这种因果之时,此后渗入佛教,导出适时的报应。苏东坡的《袁宏论佛说》有云:“生时善恶,皆有报应。”20世纪50年代,时任国务院副总理兼外交部部长的陈毅曾在一次记者招待会上拍案而起,愤怒批责帝国主义伤害中国的罪恶行径,最终运用了通俗的报应说:“善有善报,恶有恶报。不是不报,时候未到。时候一到,统统要报!”一时轰动全国,听广播的拍手称快,看报纸的大声朗读。由此可见,报应有时,因果时成之说,在日常生活中颇得人心。而当一件凶杀案件十几年后突然告破,一位遇难得救的幸运儿几十年后寻报恩人,更会令人激动不已。其实,在这样偶然性中的确存在着因果联系的某种必然性。因为一切与善恶事件相关的信息不会自行泯灭。时候一到,条件成熟,于是真相大白。现代科学确认的信息,在两千多年前被孔子哲学冠名“消息”,即阴阳的运动变化,从而在时空中留下痕迹,并有可能使人们在特定的环境中感受到它的客观存在。

构成孔子哲学因果观的种种论说,集中到一点,重在宣扬道德意念,确立文化理性。归根结底,它要阐释的本原性因果关系,恰恰是天人关系,即天道与人德的关系。总的结论,可一言以蔽之:天人之间,德合则昌,德违则亡。

七、孔子哲学的“舍得”说

20世纪50年代末，一位大人物说了一句：“舍得一身剐，敢把黄帝拉下马。”立即层层传达下来。当时未明缘由，颇觉新奇。一位老领导带点谨慎地告诉我：“这是《红楼梦》里引出的话呀！”我查了一下，果然是王熙凤所说。不过原话为“拼着一身剐”。“拼着”与“舍得”有些区别。前者似带勉强为之的意味，后者则显得比较自觉。

现今，“舍得”一说颇多流行。一位信佛友人就经常教人“舍得”呀，“放下”呀！还问我：“‘舍得’之说源于《周易》吧？！”

《周易》有“舍”之谓，无“舍得”之词。一定要说《周易》的“舍得”，则此“舍得”已非彼佛学居士的“舍得”。前者包含“舍”与“得”相反相成的两个方面，两者平行比列，即有“舍”即有“得”，无“舍”亦无“得”。乃至“舍”未必“得”，“得”未必“舍”。后者“舍”是谓语，“得”是宾语，意为“舍弃所得”。

“舍弃所得”，按我那位友人所说，不仅可以舍弃财，舍弃物，舍弃名，舍弃利，甚至可以舍弃一切，直至舍弃生命而涅槃。物质上一切“舍得”，精神上一切“放下”，于是空空如也而一无挂碍。达到《般若波罗蜜多心经》所云境界：“无挂碍故，无有恐怖。远离颠倒梦想，究竟涅槃。”可惜，它同孔子通过《易传》论说的“舍得”并不一样。

理解孔子哲学的“舍得”，可以看《周易》的两个卦爻：

一是屯卦六三，爻辞云：“即鹿无虞，惟入于林中。君子几不如舍，往吝。”大意谓，追逐野鹿，没有向导而进入森林。君子见几而作，不如放弃。一直追击，会受困辱。《象传》解释道：“即鹿无虞，以从禽也。君子舍之，往吝穷也。”即追赶野鹿而无向导，只有跟着禽兽走了。追去有困辱，因为道路终将穷尽。这里反映着一舍一得：舍，放弃追鹿。

得，不受困辱。《象传》突出指明的则是道路。追鹿，跟着走禽兽之路。接下去将受困辱，因为：人走的道路已到尽头。所以，要想不受困辱，须走人行之道，还是舍弃追鹿吧！这就是，或舍或得，当循道论理，二者慎取其一。

二是颐卦初九，爻辞云："舍尔灵龟，观我朵颐，凶。"程颐释"朵颐"为"朵动其颐颔"。王弼则直解为"嚼也"。俗言"大快朵颐"即源于此。那么，谁是"尔"，谁是"我"呢？程颐、朱熹都认为颐卦第一爻初九是"尔"。苏东坡更加形象地描述说："初九以阳而伏于四阴之下，其德足以自养而无待于物者，如龟也。"朱熹也认为，"灵龟，不食之物。"如果说，第一爻初九阳刚为"尔"，则与之对应的第四爻六四便是"我"了。这样，爻辞的意思便是："你灵龟自己舍弃食物，却看着我大吃大嚼，会有凶险。"为什么凶险？程朱认为：你灵龟动了欲念。《象传》未论吉凶，只淡然一笔："观我朵颐，亦不足贵也。"即看着我大吃大嚼，也不值得称道、炫耀。这里要注意一个"亦"字，它说明还有一个"不足贵"者，就爻辞看，只能是"舍尔灵龟"。即"舍尔灵龟"不足贵，"观我朵颐"也不足贵。你灵龟舍弃食物不值得称道、炫耀，看着我大吃大嚼也不值得称道、炫耀。为什么？灵龟舍食与"观我朵颐"都不符合常道。事实上，灵龟可以在一段时间里不吃东西，但终究需要饮食以维护生命，怎么可以光看着别人大快朵颐而垂涎欲滴呢！所以，如果说这里有"舍"(灵龟不食)，以求其"得"(观我朵颐)，则据孔子哲学之道，"舍"无必要，"得"无助益，二者皆不可取。

由此可知，以孔子哲学观"舍得"，"舍"不必一定要"得"，"得"亦不必一定要"舍"。"舍"兮"得"兮，唯道是从。道之所鄙，当舍必舍；道之所贵，该得即得。子曰："利者，义之和也。"又曰："不义而富且贵，于我如浮云。"和义之利，能得应得；不义之富贵，舍之可也。

八、香港文化归根说

我未曾很好研究过香港文化，但有一个总感觉：丰富多彩，五光十色。这种文化现象，在最贴近社会生活的衣食住行上，可以一览无余。

衣者，文于外也。“慈母手中线，游子身上衣”。当系情思绵绵之外现。同理，衣衫褴褛，描出穷困象；霓裳长袖，显示美妙态；衣冠楚楚，可见文人相；蟒袍玉带，透露贵人气；“富贵不还乡，如衣锦夜行”，则意味着炫耀财富、权力，如同华丽着装那样力图吸引人们的眼球。从而外显权贵的浮躁心态。1991 年我有幸参加中国市长代表团首次赴港考察城市管理，穿了一套义乌土产西装，进入宾馆，一眼就看见醒目标示：衣冠不整，谢绝入内。经同伴指点，我到卧室放下行李，赶紧上街买来一条领带，以备次日正装参加会议。而香港商场衣装蔽日，琳琅满目，名品云集，中西竞辉的印象，久久不能忘怀。加一句简单评说是：五彩缤纷，各逞其妍。

食者，文于内也。《论语》曰：“食不厌精，脍不厌细。”这样的饮食文化其实并非孔子的生活常态，照他自己的话说是：“饭疏食，饮水，曲肱而枕之，乐亦在其中矣。”“精细”云云，可视为“民以食为天”的高水准期待。“一食三吐哺”则体现周代初年中央领导尚贤纳谏政德之内蕴。至于“口快心直”“口蜜腹剑”之“口”，按常规专指言谈，是否亦可借以喻食，因为狼吞虎咽，吃得飞快的人往往内心爽直；咀嚼再三，嘴里尝惯甜头的人，肚里有可能暗怀鬼胎。而港人之食，则确实叫人流口水。粤菜、川菜、上海菜、湖南菜、东北菜、潮州菜等等五味齐陈，美不胜收。洋餐西点亦如星罗棋布，时刻窥视着食客钱袋。倘不想进英式、法式、葡式、意大利式酒店，还可品尝日本料理、韩国烧烤、越南辣味或新加坡炒饭。如果你赞同“人生得意须尽欢”，则可登太白海鲜舫，享百味自助餐。只要出手阔绰，即便“旧时皇家大堂宴”，亦可“飞来八方馋嘴前”。由此粗评云：自估身价，各品其味。

住者，文于舍也。当一穷二白之时，大家赞赏“斯是陋室，唯吾德馨”。而“安得广厦千万间”，亦成诗人寒士之梦。其后或因生意兴隆通四海，财源茂盛达三江，加之内地移民一时潮涌，香港房地产业曾经喷薄而起，坐拥早发优势，当仁不让地成为全国前驱。设计新颖的标志性建筑拔地而升，日新月异。中环林立的高楼大厦，勾勒出一条反映万国风光的天际线。公共住房建设也较早提上社会议事日程，屋宇品类繁多，诸如旧十字型、新十字型、弹性十字型、Y 型、和谐型、康和型等，大体能适应各方需求。不过，贫富区隔尚较明显。总的说来，层次分明，各爱其好。

行者，文于道也。君子直道而行，所以特别关注路况，以免摔跤。香港交通海陆空三位一体，堪称便捷。城市道路虽弯多路岐，曲折高低，但车水不断，马龙连绵，显示良好的技术状态和管理功能。而在名贵私家车穿梭往来的环境中，据说常有 90％的市民使用公共交通工具，这在世界大城市公交排行榜上，绝对名列前茅。游客个人出行的麻烦，唯在地名。比如英语的 pine street ，意即松树街，中文却标成杉树街；而英语的 Fir Street，意即杉树街，中文却标成松树街，可谓各反其道而名之。华人豪宅区深水湾，英语称 Deep Water Bay，中西词义一致。而英人豪宅区浅水湾，照例应译为 Low Water Bay，英国人偏称 Repulse Bay，名寓反攻、击退之意。究其缘由，原来竟是 1840 年一艘靠湾登陆的侵华军舰之舰名。又如港岛的鸭巴甸，英人称 Aberdeen，亦以 1841 年时任英国外交大臣的阿伯丁伯爵冠名。也许当时的香港同胞对这种基于政治不平等的文化不平等实在气愤，于是硬把英国人设名的“女皇大道”（Queen Street）译为“皇后大道”。须知 Queen 本有女皇与皇后两种涵义，可按中国传统文化，皇后大权只能后宫耍，你来中国耀武扬威干嘛?！撇下这些纠葛，香港另有风情万种、让人赏心悦目的地名。比如,香甜可口的糖街、咖啡街;遥思天象的日街、月街、星街;寄情花鸟的杏花邨、荷塘道、蝴蝶谷、鲤鱼门;以及能歌善舞的诗歌舞街等等,在一度西潮泛滥的中国岛土上,平添无数引人入胜的中华文化元素,可谓路歧车豪,各走其道。

与衣食住行密切相联系,作为首要文化符号的语言,它在香港艺术舞台上表演的情景剧也别具一格。借用科技术语说,英语、粤语、与普通话交互纠缠,合成文化的时空混沌。

综上所述,通过生活层面的观察,从衣的五彩缤纷,各逞其妍;食的自估身价,各品其味;住的层次分明,各爱其好;行的路歧车豪,各走其道;进一步切入语言的时空混沌,我们既鲜明地感受着香港物质文明与精神文明的不断发展,同时也隐约感受着某种影响其持续前进的消极信号:"时空混沌"中不时漂浮起几团具有个体化、情绪化、碎片化、离散化倾向的乌云。倘不及时导引化解,认真加强以学校为重点的社会系统教育,有可能对面向现代、面向世界、面向未来,坚持民族的、科学的、大众的文化主流构成一定冲击。须要指出,所谓"文化"时空,"时"体现当今潮流,"空"则展示历史方位。它要求人们踏上新时代的新征程,始终保持一份自我清醒,既看到香港文化交流开放的中西合璧成果,又看到合璧过程中渗入玉体的点点瑕疵。基于"中西合璧,白璧有瑕"的现实,进而明白完璧去瑕的重要意义。并且懂得,完璧有道,道在立本。去瑕有方,方在归根。事实上,早在殖民时期和日占年代,香港的有识之士就以知行合一,勇于实践的精神,投身立本归根的文化事业。黄大仙祠的生动景象即系范例之一。

黄大仙,名初平,号赤松子。东晋年间生于浙江兰溪,驾鹤升仙于金华山。济世行道,遍游四方。1915 年仙子宝像由广东西棋山迎来香江之滨,1945 年建成啬色园,1956 年开放祠门,不断完善,至今已建成一座具有中华优秀传统文化特色而扬名海内外的辉煌殿堂。

在那里,错落有致的楼台亭阁,让人感受八卦五行的精义妙谛:飞鸾台属金，经堂属木，玉液池属水，盂香亭属火，照壁属土，充分运用现代建筑艺术对中国古典哲学理念作出了与时俱进的现代解读。

在那里，道教圣境同地供奉普渡众生的观世音菩萨，与庙左亭匾题词“普济劝善”呼应，昭示啬色园宗旨，融合了中国释道的共同信仰。

在那里，祠园大门正对孔子道门。门联云：“坛号普宜宜悟道，园名啬色色皆空”。尽管孔子的哲学观不同于佛道之说，但他晚年在传述《周易》过程中阐发的“一阴一阳”之道与“天人合德”之义，体现着古典唯物主义的真理性与辩证法精髓，从而能够兼收并蓄，包容诸说，启引诸子百家，凝成中华优秀传统文化的根本精神基因与强大思想动能。由此看来，啬色园的顶层设计，蕴藏着高屋建瓴的文化理性。它还鲜明地表现于：其一，开放举办道家婚礼，实践宗教文化创新。其二，园门高题“金华分蹟”四个大字，昭告着文化归根的强烈愿望。

文化归根，不能不归宿于中华民族生生不息的五千年文明史，不能不溯源于孔子博大精深的思想，特别是突出文化理性而一以贯之的哲学思想。这种文化理性，反映在世界观上，确认太极本体，揭示世界及其万物运动变化的客观规律。反映在人生观上，倡导自强不息，厚德载物，开物成务，革故鼎新，知几通变，生生无已。反映在价值观上，崇尚顺天应人，与时偕行，得理成位，持中守正，保合大和，各正性命，吉凶与民同患。倘能大力弘扬这样的文化理性，必将有利于立根本，筹全局，正人心，善风俗，化矛盾，去偏见，增智益慧，创新创业，促进香港的文化发展步入新境。

借此机会，我愿奉献一首《孔子哲思歌》，或冀有助于立思想之本，归文化之根。敬希不吝赐教。

（在2017年12月《香港文化中国根》学术交流研讨会上的专题发言）

九、筮象·年象·意象——《周易》思想创新大通廊

文章提要：孔子通过传述《周易》，对卦象进行了创造性的哲理阐发，使之成为内涵数理机制与道义境界、可供模拟世界及其万物运动变化的人文意象体系。运用意象开展认识活动，可以包容并融合形象的艺术思维与抽象的逻辑思维，启导与凝集文化理性，活跃大脑功能，促发思想创新，从而在继承和发展中华优秀传统文化的历史征程中彰显与时俱进的精神力量。

在新石器时代的混沌岁月里，一组结构完美整齐、外观简洁而具有对称系统性的精妙人文符号在东方大地应运问世，这就是中华先贤精心创设的八卦图像。基于对未来的疑虑与向往，从释疑解惑的现实需求出发，卦象在夏、商、周三代先后发展为名曰《连山》《归藏》和《周易》的筮占文本与典籍。

为了从中注入文化理性，最大限度地破除其迷信盲从的神秘性，孔子通过传述《周易古经》，对卦象进行了极富创造性的哲理阐发，包括：

第一，概括卦象传递信息的主要特征，使之定格为基于人类实践经验的认识活动产物。孔子指出："古者包羲氏之王天下也，仰则观象于天，俯则观法于地。观鸟兽之文，与地之宜，近取诸身，远取诸物，于是始作八卦"。[1] 清楚地表明八卦成于观察研析，源于人类实践。

第二，卦象的基本功能是，"以通神明之德，以类万物之情"。[2] 即会通世界运动变化的神妙原理，彰明天人共遵的大道至德，模拟万物

[1]《周易·系辞下传第二章》。

[2]《周易·系辞下传第二章》。

的各种情性,“以通天下之志,以定天下之业,以断天下之疑”。[1]

第三,卦象不仅反映个体特质,而且体现类别属性。如乾涵刚健之质,外延既可为天、马、金、首,亦可为君、师、父、主;坤涵柔顺之质,外延既可为地、牛、布、腹,亦可为臣、生、母、仆;等等。

第四,“圣人立象以尽意,设卦以尽情伪”。[2] 所以,观象读卦,重在体悟“圣人之意”,明白物情人事。

第五,卦象体现天地人三极及其和应互动关系。静中见动,动静有道,所谓“六爻之动,三极之道也”。[3]

第六,筮占过程首先建立在运用数理随机取卦的基础上。“天数(十以下的自然奇数)五,地数(十以下的自然偶数)五,五位相得而各有合”。经过“分二”“挂一”“揲四”“扐奇”四道程序,营成三个层次的数据变化,然后可依变化之数判定一个阴爻或阳爻。按此算法重复六遍,产生十八个层次的数变,便可依次判定六爻的阴阳性质,取得随机所占之卦。[4]

第七,综观上述筮占立卦过程,可归结为“参天两地而倚数,观变于阴阳而立卦,发挥于刚柔而生爻”,因此顺理成章地实现“和顺于道德而理于义,穷理尽性以至于命”[5],从而表明通过筮占推断未来,解析性命,应符合道德原则和义理准绳。

遵循孔子阐述的以上观点进行筮占,坚持数、理、象、意会通,着重以道德义理释疑解惑,从春秋末年到战国时期逐步形成时尚。东汉的唯物主义思想家王充一方面严词挞伐迷信占卜,一方面则明确指出:“夫卜筮非不可用,卜筮之人占之误也。”他举例为证:“鲁将伐越,筮之,得‘鼎折足’。子贡占之以为凶。何则,鼎而折足。行用足,故谓之

[1] 《周易·系辞上传第十一章》。
[2] 《周易·系辞下传第十二章》。
[3] 《周易·系辞上传第二章》。
[4] 《周易·系辞上传第九章》。
[5] 《周易·说卦传·第一章》。

凶。孔子占之以为吉,曰:‘越人水居,行用舟,不用足,故谓之吉’。鲁伐越,果克之。”[1]看来,子贡犯了“人占之误”,单一绝对地迷信经文教条,结果脱离实际。孔子占断正确,则因占之合理,断之有据。他的占断甚至很可能还考虑了战争性质的道义因素哩!由此可见,筮占正确与否,不在随机之筮,依照一定算法立卦,而在随人之占,根据道义以理作出推断。又如战国时期,楚大夫屈原空怀满腔爱国热情而壮志难酬,百思不得其解,乃步趋太卜郑詹尹占问。他提出了一大堆问题,要求回答怎样处事做人,“孰吉孰凶?何去何从?”鉴于当时政治的敏感因素,太卜难以明言其理,只好敬谢不敏,释策回答:“夫尺有所短,寸有所长;物有所不足,智有所不明;数有所不逮,神有所不通。用君之心,行君之意。龟策诚不能知此事。”[2]卜用龟(烤炙龟甲视裂纹布局为兆),筮用策(手持蓍草或竹木签支演数立卦)。郑太卜“释策而谢”,表明筮无其用,智难尽明,似乎已婉言拒绝筮占。其实他恰恰针对屈原的处境,作出了合乎义理的占断:“用君之心,行君之意。”这种特别聪明的做法,可以称之“不筮而占”。这里的“占”,非指占筮而指占断。而战国晚期最后一位儒学大师荀子所谓的“善为易者不占”,这里的占,其涵义只限于占筮而不及于占断。《说文解字》云:“筮,易卦用蓍也;”“占,视兆问也。”“占筮”,即问兆用蓍,推而断之。但推断无须必定依靠蓍策筹算,而另可开辟更为广阔的途径。荀子虽不赞成筮占,却常据《易》理分析推断,如比照咸卦“二气感应以相与,止而说(悦),男下女”[3]的象中之意,他就据理作出推断:“《易》之咸,见夫妇。夫妇之道,不可不正也,君臣父子之本也。咸,感也。以高下下,以男下女,柔上而刚下,聘士之义,亲迎之道。重始也。”[4]北宋的大易学家、大数

---

[1]《论衡·第二十四卷·卜筮第七十一》。

[2]《楚辞·卜居》。

[3]《周易·彖下传·咸》。

[4]《荀子·大略篇》。

学家邵雍认定荀子正是一位“善为易者”,实在独具眼力。

事实上,邵雍也是一位“善为易者”。但他并未“不占”,而且动辄问占。他更超越传统筮占,自立算法,实行时占、位占、声占、字占、形占、物占、尺寸占……从心所欲,生数立卦,择取动爻,推断未来。一时传为神算。《梅花易数》便是其预测效验的集大成者。《宋史·邵雍传》引程颐对他的评语是:“其心虚明,自能知之。”《宋史》也如实指出,时人“又因雍之前知,谓雍于凡物声气之所感触,辄以其动而推其变焉,于是摭世事之已然者,皆以雍言先之。雍盖未必然也。”毫无疑问,对邵雍的“神占”确已渲染过头,他的占断绝不可能事事必然。但其占断过程中巧妙地运用数理,却有效地减少了预测未来的不确定性。《梅花易数》中记载着许多生动的案例。如一个冬天的晚上,邵雍偕子居家坐拥炉火。忽闻邻人敲门借物。先敲一声,稍后连敲五声。邵雍命子占断来人欲借何物。其子依先天卦序数占得姤卦,并认为“金短(一声)木长(五声)者,所借锄也”。邵雍纠正道:“非锄必斧也。”因为“起数又须明理。以卦推之,斧亦可也,锄亦可也。以理推之,夕晚安用锄,必借斧。盖斧切于劈柴之用耳。”启门迎客,果系借斧。

20世纪60年代首岁春节,笔者回乡探视双亲,还巧逢一位年象占传人。所谓年象占,即按易道一定算法逐年推得一个卦象,据以研判当期天下大势,或类于唐袁天罡、李淳风之《推背图》功能。记得时年庚子,年象为震。占者侃侃而论,闻者津津有味,我则心存疑虑,渐渐淡忘。直到1976年毛泽东逝世噩耗传来,忽觉心神不宁,遂生问占丙辰年象之意,得卦为革。《彖曰》:“二女同居,其志不相得,曰革”;“革而当,其悔乃亡”;“汤武革命,顺乎天而应乎人,革之时义大矣哉!”当时我只感觉,可能要出大事了。但根本想不到此后不久便开始揭批“四人帮”,更想不到两年后改革开放浪潮在中华大地澎湃而起。

年象占卦,依据恒定算法。年异象变,一年一象,随时而非若筮占之随机。唯借一个卦象来推断全年大趋势,似近玩弄。然而,倘能

“玩”悟其数，“弄”通其理，则颇有可能从某一方面开发思路，进一步研究探索以接近事物的本来面目。

光阴荏苒，时近丁酉中秋，笔者邀几位朋友小聚，回顾往昔，展望未来，对“天下大势”多有“动荡不安”之感，乃提出年象之说以供借鉴，并推得 2017 年为颐，卦辞曰：“颐贞吉。观颐，自求口实。”“颐”的本义为面颊，泛义休养、保养、给养等。“观颐”，即两眼紧盯所需给养。“自求口实”，即想办法把自己需要的食物吞进嘴里，落肚为实。可如今有的国家“自求口实”，竟至离弃道义，破坏原则，世界就动荡不安了。但也不必过于担忧。因为颐的下卦为震，象征“动”，这只是一个方面，一项因素，一种力量；我们还要看到，与此相反的另一个方面，另一项因素，另一种力量，这就是颐的上卦艮，它象征“止”。可见，当下世界的大趋势是“动而止”：中菲南海争端如此，中印洞朗对峙如此，钓岛风云如此，美墨争吵如此，躁动一时的跨太平洋伙伴关系如此，一触即发的全球贸易大战如此，危机四伏的朝核问题或亦如此……《经》曰：“颐贞吉”。贞者，正也。当颐之年，唯有道路正，方略正，言行正，才能力保吉祥。笔者这一番议论，进一步勾起大家对 2018 戊戌年象（旅卦）的兴趣。卦辞很短：“旅，小亨，贞吉。”“小亨”，意谓略见亨通。“贞吉”则与上一年象的断语相同。岂料朋友们七嘴八舌，各抒己见，作出五花八门的推论，主要有：

一、旅之上卦离，象征火；下卦艮，象征山。“旅”意味着“山上有火”的出行过程。联系国情，它展示即将启幕的中共十九大将会开创一个历史新时代。登山意味着克服艰难险阻，勇攀高峰；取火意味着寻求热能，普照光明。

二、当旅之年，以历史之旅为文化载体的一带一路战略布局将与时俱进，不断取得实质性成果。

三、《彖传》释旅：“止而丽乎明”，止为火之域，丽为火之用，明为火之功。联系新兴产业，当今登山欲求火之明丽者，非人工智能居首的高科技领域莫属。

四、火生土。土居五行之中央，立农业与基础建设乃至农村、农民与全体人民生活之本。旅年重土，则守土有责，改土有方，用土有道。

五、火克金。金生滋润万物之水，方位在西而影响及于东木。所以旅年既须特别注意金融体系虚火中燃，又须特别注意爻辞所诫“旅焚其次”。次者，含金量大之房地产也。十年前美国起爆的金融危机，即起火于“次贷”。

六、旅寓游赏之乐，亦存颠沛之忧。身在异乡为异客者，当顾安全第一。难民之旅，后须扑灭内乱外患交织之战火，前须消除孤立主义堆砌之关山。

七、竞相登山取火，可能擦枪走火。依据《彖传》，对策应是“柔得中乎外而顺乎刚。”“柔得中乎外”，对外发展软实力以行中道；“顺乎刚”，战术上须避敌一时锋芒；更重要的，战略上当顺时用刚，全面践行“柔履刚也”。[1]

八、全球化之火，将遇单边主义、孤立主义、民粹主义、文明唯我主义等各种山头之阻。

九、面对旅年的机遇与挑战，《彖传》以四个字释疑解惑：“旅贞吉也”，总体精神与上年“颐贞吉”相同，显示“天下之动，贞夫一者也”。[2]

上述推断是否正确，必经实践验证方得认可。而最合理的抉择，还是郑太卜为屈原解惑的那句忠告：“用君之心，行君之意”。但须按孔子传述《周易》的思想，使之更加明确无误：“用道义之心，行圣人之意。”孔子指出：“圣人立象以尽意，设卦以尽情伪，系辞焉以尽其言，变而通之以尽利，鼓之舞之以尽神。”[3]由此可见，圣人立象以表达精微思想，同时还设定卦爻以比拟世情人事，加注文辞以沟通对话，通变阴

[1]《周易·彖上·履》。

[2]《周易·系辞下传·第一章》。

[3]《周易·系辞上传·第十二章》。

阳以释疑解惑,鼓舞人心以振奋精神状态。因此,只有把以上诸多方面有机结合起来,综合研究探索,才能真正获得“圣人之意”。其核心环节则是“极深研几”。孔子认为,“夫易,圣人之所以极深而研几也。惟深也,故能通天下之志;惟几也,故能成天下之务;惟神也,故不疾而速,不行而至”。[1] 极深,就是极其努力地进德修业,深刻明了天地人三才之道与开物成务、生生不息之间的内在关系及其中原理,大幅度提高理论素养。研几,就是深入实际,善于实践,总结经验,及时研析发现事物运动变化的微妙趋势,以求先知未来,当机立断。

从思维方法与思维过程看,探究“圣人之意”的主要途径在于运用意象思维,其精髓为:“因意生象,缘象启意”。最终达到王弼在《周易略例》中所说的“忘象而得意”。筮占如此,梅花易占如此,所谓的年象占亦如此。推而广之,诸如《黄帝内经》等中医经典、气功学说,《老子》《庄子》《周易参同契》等道家巨著,《金刚经》《心经》《坛经》等佛学宝藏,无不都是意象思维的产物。而儒学的发展同样极大地凭借于意象思维。不论是孟子的性善说,荀子的性恶论,董仲舒的“天人合一”,魏晋玄学,两宋理学直至王阳明“龙场悟道”,都离不开意象思维从中发挥巨大作用。

意象思维是人类脑力发展的产物。当原始人类的头脑里开始涌动思想的旋涡而与猿猴揖别时,本以形象思维起始,唯知山高水深,日明月丽,花红柳绿。其后逐步形成意象思维,尝试想象山高寓仙,水深藏龙,日明飞乌,月丽伏兔。然后步入抽象思维的殿堂,力图探索山水自然、日月星辰、花鸟虫兽以至天下万物,特别是人类自身生成、存在的意义与世界运动变化的规律。然而,人类的认识进程并未到此为止。意象上承形象而下继抽象,当其一旦融合逻辑理性而发展出具有文化理性的高级意象思维时,人类的思维功能将由此得到大幅度提

[1] 《周易·系辞上传·第十章》。

升，一个活跃思维因子，促进思想创新的大通廊随之形成并豁然开朗。

欲得意象思维真谛，当读《周易大传》。在那里，孔子以天人合德为基石，以三才之道为楹柱，以时位中正为栋梁，以开物成务为门户，以知几通变为明堂，以生生不息为屋极，以道德性命为高瓴，以人民福祉为庭园，构筑起一座旷古启今的哲学思想大厦。从中哺育出一个个惊世骇俗的新概念、新命题与新理念，诸如阴阳、刚柔、性命、大和、变通、神明、革命、生生、革故鼎新、与时偕行、一致百虑、同归殊途、顺天应人、穷则变、变则通、通则久等等，最终凝集成中华优秀传统文化的精神内核，千秋万代启引后人在生动活泼的意象中实践思想的依理创新与人性的循道解放。

（载《国学新视野》2018 年 3 月春季号）

十、开展社会哲理咨询刍议

一位大人物曾经说过：让哲学从哲学家的课堂和书斋里解放出来，成为群众手里的有力武器。怎样实现这一设想？一条重要的途径是：让哲学家，首先是高校哲学老师，带领学生研讨社会课题，包括个人生活中遭遇的疑难问题，有针对性地开展哲理咨询，释疑解难，并观察其后续结果，总结分析成败得失及其因素，积累案例，充实学库，以利再实践与再认识。

唐韩愈云："师者，所以传道、授业、解惑也。"哲学可谓超越各类专业之"师"。授哲学之业者，更有传道、授业、解惑之职责。开展社会哲理咨询，就教学供给侧说，好处很多：

第一，可以让哲学这门一般认为高深莫测的学科走出象牙之塔，促进理论联系实际。

第二，有的放矢地分析问题，研讨问题，可以提高学生的认知水平与思想方法，锻炼处理现实问题的能力，并且增强学习兴趣。

第三，教师通过社会实例咨询，充实了教学内容，加强了课程的针对性和生动性，同时增进了对学生知识短板与现实生活需求的感受，有利于不断改进教学。

第四，老师带领学生参与社会咨询，有益于师生进行清纯自然的思想交流，积极推动教学相长。

第五，立足于时代及其现实生活的社会咨询，有可能触发哲学教学师生们的哲思灵感与学术创意，打开哲学与时俱进的大门。

就哲学应用的需求侧看，社会哲理咨询的重要性与可行性，其实并不亚于社会心理咨询。心理咨询强调预防性指导，而对于那些具有内在意识缺损的来访者，重点在消除其心理障碍。由于现代生活节奏加快,各种压力叠加,以及许多复杂因素随时引爆,心理咨询开始形成热门。而与此同时,量广面大的人群对置身其中的诸多事物发展的不确定性深感迷惘、惆怅,甚至产生恐惧,它使具有一般意识的人们急切寻求得到适时的指点与合乎情理的帮助。这就为开展社会哲理咨询敲响晨光初露的钟声。

事实上,哲理咨询的涉及面较之心理咨询更加宽泛。干部、学生、企业家、各行员工,其中不少人正挣扎于某种不安思想的缠绕困惑中。有的甚或导致人生悲剧。前不久(2018 年 10 月 14 日),杭州钱江四桥附近发现一具浮尸,确认为某大学一位博士生,他在朋友圈中发出最后一条微信写道:"可能我只是不太喜欢,也不太适合这个世界,所以再也不想多做停留了,不想再假装,也不愿再撒谎,只想做我自己而已,是真的难。"这些年来,"真的难"导致许多高校发生学生自杀事件。至于明星出家、亲友仇杀之类消息,亦已不再耸人听闻。"真的难"问题,主要不仅是心理问题,而且是认识问题,从根本上说是哲理问题:如何认识世界,认识社会,认识人自己。而释疑解难,则是哲学的基本功能,是哲学专业人员的社会素质。明白了这一点,将会从供需两侧共同体悟到开展社会哲理咨询的重要性和必要性。

历史上,中国古代的统治结构曾经为王室决策与上层人士释疑解难设置过名为太史太卜的专职官吏。《尚书·洪范》提到箕子陈述九条治国大法中,第七条谈到的"卜人"与"筮人",即系太史太卜的前身。春秋时期,鲁宣公夫人穆姜与情夫作乱,东窗事发,就曾召太史问筮寻求对策。内主修法举贤、外主联齐抗秦的屈原得不到楚王信任,无所适从之际,也曾向太卜郑詹印请教,提出了一连串疑难问题。鉴于这些问题具有极强的政治敏感性,后者的解答十分隐晦,屈原未得其意,最终只好投身汨罗江中。

运用哲思释疑解难的古代经典,首推《周易》。由于时代文化的影响,这种哲思起初渗透了基于原始集体表象形成的"天人相通"的神秘巫性。直到孔子晚年传述《周易》，巧妙而又恰如其分地在筮占过程中注入了以象数为网、以义理为纲的文化理性，使巫性的哲思化为理性的哲思，遂令筮占释疑解难的功能焕然一新。它甚至可以突破卦象经文的束缚，在道德义理的指引下别开全新的意境。例如东汉唯物主义思想家王充所著的《论衡》，在《卜筮篇》中举了一个历史典故："鲁国将欲讨伐越国，进行筮占预测吉凶。得到鼎卦动爻九四，爻辞为'鼎折足，覆公餗，其形渥。凶。'子贡判断说：一个大鼎被折断了脚，象征军队不能行进，所以结局凶险。孔子却不以为然，他指出，越国水乡，出行多用舟船，无须用脚，所以能保吉祥。鲁伐越，果克之。"孔子依据正义之师常胜的道义原则作出占断，体现了哲理咨询应循的正确途径。

朱熹《易学启蒙》云："圣人观象以画卦，揲蓍以命爻，使天下后世之人皆有以决嫌疑，定犹豫，而不迷于吉凶悔吝之途。其功可谓盛矣！"那么，要想释疑解惑，是否必须"揲蓍"占问？北宋的大易学家、大数学家邵雍早以自己的独到见解，采取别出心裁的多种方法取卦断案。诸如方位取卦，时间取卦，字画取卦，音声取卦等等，五花八门，因时制宜。其实，纯粹的哲理咨询，甚至可以撇开卦象而就实论虚。清康熙年间，大学士张英老家砌屋建宅，与邻里发生土地边界纠纷，互不相让。家人驰书进京求援解难。张英回复一诗云："千里来书为一墙，让他三尺又何妨。长城万里今犹在，不见当年秦始皇。"家人醒悟，退墙三尺。对方大受感动，亦退墙三尺。于是，在安徽桐城西南地区，至今留下一条充满哲思韵味的六尺巷。张英这首七绝短诗，蕴藏了保合大和的生动哲理与对滥用权威的深刻批判，发人猛省，可谓哲理咨询上品。

社会哲理咨询，有可能推动社会性的哲学反思、学习与应用。20世纪60年代，浙江省江山县（现江山市）勤俭大队学哲学用哲学"立竿见影"的宣传报道，一度撼动全国。前去参观取经者日以万计，人潮汹涌，应接不暇。当地政府不得不设置专门机构，组织大批人马应对接待。诚然，这里存在当时的政治因素，也出现许多形式主义的东西。但是，群众的精神面貌确实发生了一些可喜的变化，农村的社会风气随之焕然一新。对照今天，倘倘若能让孔子哲学思想的若干简易原理进入农舍，使村民们感觉到把刚刚喷过农药的蔬菜拿到市场上去卖违反"天人合德"原理而会受因果律的惩罚，应被评为一大精神文明建设成果。

社会的哲学热情，必然联系着领导人对哲学的品评。《晋书·阮籍传》载，司徒王戎向来访的玄学名士阮籍提问：圣人贵名教，老庄明自然，儒家和道家旨趣是否相同？阮籍回答说："将无同。"这个见仁见智、充满玄思的解释竟令身居司徒高位的王戎大为赏识，立即施其官职，史称"三字掾"。掾(yuàn)者，官吏也。

秦汉以降，历代君王大多诵读五经，亦有从中认真拮取哲理者。如清康熙帝自谓："朕自弱令留心经义，五十余年未尝少辍"，表现出对《周易》的浓厚情趣。革命党首领孙中山则大声宣示："世界潮流，浩浩荡荡，顺之者昌，逆之者亡。"高高举起"与时偕行"的义理旗帜。蒋介石，名中正；毛泽东，字润之。取名择字，皆寓哲思。前者敬佩曾国藩，崇尚王阳明。尝举礼义廉耻之纲，倡导"新生活运动"。却在"攘外安内"的纠结中身介沧海之石。后者道奉马恩，行随列斯，通晓唯物论与辩证法，勇于踏上"大风大浪也不可怕"的征程，"与天奋斗、与地奋斗、与人奋斗"而"其乐无穷"。至于泽润东土之名实异同，且由历史评说。邓小平的"摸着石头过河"，明诚谨慎从事，隐喻"时止则止，时行则行"之义。"白猫黑猫"，实见《系辞下传》"不可为典要，唯变所适"之旨。而"韬光养晦"，更有《彖下传·明夷》之充足依据："明入地中，明夷。内文明而外柔顺，以蒙大难，文王以之。利艰贞，晦其明也。内难而能正其志，箕子以之。"可见，"韬光养晦"竟是明君周文王与贤士箕子在一定条件下的通变之策呀！毋庸置疑，领导人也会犯错误，因此更须及时哲理咨询，包括自我哲理咨询，即哲理反思，《论语》明确记载有孔子的这种体会:“假我数年,五十以学《易》,可以无大过矣。”《易传》亦云:“震无咎者存乎悔”;“无咎者,善补过也。”要想不犯错误,少犯错误,避免祸害,就得及时反思,悔悟,善于弥补过失。

重视哲理反思,曾国藩可为范例。他在进京候差期间,每两天阅研一个《周易》卦象与有关经传文辞。当他读到《旅・九三》“旅焚其次,丧其童仆,贞厉”时,回想起多年随身的一个家僮由于自己未能给予必要温暖而负气出走,深切自责,决心引以为戒。事实上,他在率师与太平军战斗过程中,也曾惨败而欲自杀。正是亲友的义理劝解与自己的反思觉醒,遂更弦易张,终定胜局。

社会哲理咨询的基本途径在于“传道解惑”。根据孔子哲学思想,要点有三:第一,传阴阳交和、刚柔相济、仁义兼行的“三才之道”。第二,存“天人合德”自强不息、时位中正的生生之心。第三,走“乾道变化,各正性命”之路。联系有关咨询事件,着重引导到“和顺于道德而理于义,穷理尽性以至于命”。(《说卦传》)命者,一切疑难的总枢纽也。命者,某种有待探究的客观必然性也。社会哲理咨询的精要,正在于从具体事件出发,晓人以命。晓人以命不是江湖算命,而是推义理以知命,释疑解难,趋吉避凶。人当知命,更当正命。正命在正性,正性当穷理。哲理咨询的价值与意义,盖源于此。当然,打铁还须自身硬。哲学工作者真想通过哲理咨询转变人心,改造社会,首先须要自己落实行动,循道进德,修业去惑。

十一、回归孔子，当今儒学的光明正道

孔子作为道德楷模及其留下的宏大思想，已经融入中华优秀传统文化的深层结构，并且必将成为建设新的时代文化的不竭动能。进一步全面系统地研究、认识孔子思想，准确完整地加以继承与发展，是当今儒学把握正确方向、切实继往开来的历史使命。

一、孔子启诸子之思，儒学开百家之宗，千古经典唯出一师

诸子交辩，百家争鸣，曾经创造了空前繁荣的文化大复兴而载入秦前史册。究其由来，离不开经济基础与上层建筑，同时更离不开人文环境，首先是社会广大知识阶层的形成与学术经典的民间文化大启蒙。毫无疑问，孔子为此作出了不可磨灭的卓越贡献。

西周末年，王室衰微，政制变动，阶级分化。部分贵族丧失世袭而沦落下层，部分“庶人之富者累巨万”(《前汉书·食货志》)。当此社会结构分崩离析之际，一个曾为官宦或贵族后代因时降身成为士人的社会阶层应运而生，在庶民与食禄者之间震荡摆动。其中好武者成为武士，如孔子的父亲叔梁纥；习文者或隐山乡躬耕，或居市井谋生。他们具有一定的知识与技能，在世态炎凉中安身立命。孔子青少年时即系士人阶层之一员。由于勤奋好学，上下求索，切实进德修业，终成博学多能的精英。他心怀道义，情系天下，打破官办教育的传统模式，实行民间办学，“有教无类”。他坚持不渝地调研、搜索、考证前朝的文献资料，精心整理编辑成“六艺”，列为主要教材。施于三千门生，造就七十二士。不仅形成了士人阶层的中坚力量，而且营造起“郁郁乎文哉”的社会气氛。正是这样一个生气勃勃的人文环境，为诸子茁长、百家荟萃提供了一方适应天时地利人和的园圃。由此可见，诸子一祖，缘起

孔子一祖;百家之宗,实皆孔学为宗。儒家者,孔子身后与新兴各家对应立名而为孔门嫡系者也。

事实上,诸子百家脱颖而出,大都经受过研学"六艺"的文化洗礼。诚如《庄子·天下篇》所云:"《诗》以道志,《书》以道事,《礼》以道行,《乐》以道和,《易》以道阴阳,《春秋》以道名分,其数散于天下而设于中国者,百家之学时或称而道之。"百家为何时常称道"六艺"?因为它是百家学说得以万紫千红的文化春风。

最早与儒家对应而立的学派是墨家。其始祖墨翟或谓较孔子小70余岁(参见孔冶让及钱穆的《墨子年表》,二者略有差异)或谓"墨子生时约当孔子50岁60岁之间。"(参见胡适《中国哲学史大纲》),《吕氏春秋·当染篇》载:"鲁惠公使宰让请郊庙之礼于天子。桓公使史角往,惠公制止。其后在于鲁,墨子学焉。"《汉书·艺文志》云:"墨家者流,盖出于清庙之守。"《淮南王书》更明白指出:"孔子、墨翟修先圣之术,通六艺之论。"(见刘文典《淮南鸿烈集解》),这就清楚表明,墨子之学源于孔子之学。墨子取孔子之天道又使之神圣化而为"天志";据孔子之仁而发挥到极致,化成"兼爱";习孔子之礼而嫌其繁琐浪费,于是强调"节用";闻孔子"敬鬼神而远之"之说以为含糊,进而着意"明鬼"。所以,《淮南要略》关于"墨子学儒者之业,受孔子之术"的评述,绝非空穴来风。

与儒家对立时间最长的是道家。有人认为,道家早于儒家,因为老子比孔子年长,孔子年轻时还曾专程拜访请教过老子。其实,孔子礼敬之老子老聃并非著述《道德经》的老子李耳。前者是东周史官,博学于朝,明经知礼,孔子乃慕名赴京都拜谒。老聃送别孔子时曾自比仁人赠言,劝告他不要议人之短,揭人之恶。子孝父母,臣忠君主。(《史记·孔子世家第十七》)这与《道德经》表述的思想理念大相径庭。后者则系战国时期的一位隐君子,不满时政,遂撰道德之文而被误传为老聃之作。所以《道德经》应成于《论语》乃至《易传》之后。《孟子》

批墨、批杨朱而未批李耳，看来其时《道德经》尚未流行。司马迁的父亲司马谈云："道家使人精神专一，动合无形，赡足万物。其为求也，因阴阳之大顺，采儒墨之善，撮名法之要。"(《史记·太史公自序》)按冯友兰先生的说法，"此明谓道家后起，故能采各家之长。"(《中国哲学史·老子及道家中之老学》)后起的道家以孔子学说为铺垫，取其善而攻其不足。孔子确认"一阴一阳之谓道"，《老子》则谓"道可道，非常道。"孔子提出："必也正名乎"，《老子》则谓"名可名，非常名"。孔子倡言"太极"，《老子》则赞"无极"。孔子说"圣人立象以尽意"，即象中有道；《老子》却说"道之为物……其中有象"。孔子说"穷则变，变则通，通则久"；老子则说"反者，道之动"。孔子诚心尊圣好学，老子出口"绝圣弃知"。当然也有一些相同的见解，如孔子倡导"裒多益寡"，(《象上传·谦》)《老子》亦赞成"有余则损之，不足者补之"等。(《道德经·七十七章》)到了庄子那里，更多对儒者直言不讳的批驳和揶揄，并拿孔子说事。不过，从其"汪洋辟阖，仪态万方"的文章看，他应熟读"六艺"之学，内心深藏着对于孔子的崇敬。《天下篇》中关于"以天为宗，以德为本，以道为门，兆于变化，谓之圣人。"就是他从《周易大传》中获得感悟而对孔子作出的完美评价。

开阴阳家山门的驺衍，曾经着意儒家的文化，游学稷下学宫。其阴阳之说，直接源于《周易大传》。所谓"因阴阳之大顺"，理论根据即孔子阐述的"顺天"，"顺时"，"天健地顺"，"保合大和"。"五行"之说，则取自《尚书·洪范》及《周易·说卦传》。《史记》载"自齐威、宣之时，驺子之徒论著五德终始之运，及秦帝而齐人奏之。"(《封禅书第六》)表明阴阳家从齐威王至秦始皇都很吃香。司马迁还指出："然要其归，必止乎仁义节俭，君臣上下六亲之施。始也滥耳。"(《史记·孟子荀卿列传第十四》)亦即驺衍开始常常乱说一通，而最终仍归结于孔子提倡的德行。可见阴阳家之声势，一度甚盛。其术虽缘孔门而出，终究支离破缺，直至进于怪异，不免时过境迁，陷入低谷。

名家以公孙龙为首，被庄子称为“辩者”，“与惠施相应，终身无穷。”他以“白马非马”与“离坚白”之论，搅动战国学界。其目的在：“欲推是辩以正名实，而化天下焉。”(《公孙龙子·卷上》)也就是说，公孙龙坚持不懈地论辩，为的是正名责实，化成天下。这与孔子“必也正名乎”及“观乎人文，以化成天下”的理念相当接近。孔子注重“君子以类族辨物”，(《象上传·同人》)内寓当今逻辑学所谓“共相”之义。公孙龙则使“共相”游离于“马、白、坚、石”等具体事物的个别情状之间，让人一时莫名其所指。

至于法家，其代表人物韩非与李斯，皆事学于儒家大师荀卿。人们多以为他们的法治思想，缘自荀子的“性恶”论。这自然有一定道理。而孔子的“正名”说，实在也有颇大影响。《韩非子·扬权篇》鲜明提出：“用一之道，以名为首。名正物定，名倚物徙。故圣人执一以静，使名自命，令事自定。”“君操其名，臣效其形。形名参同，上下和调也。”这就是说，正名是定物成事的一个首要方略。君主掌握了用名之道，臣众就会依照名定的内容自觉行动，循名责实。这里，“名”体现概念通过“正”的规范而后包含的明确内涵，“形”体现概念经过“名”的内涵认证而相应确立的合理外延。内涵与外延一致，概念明确，认识一致，于是令行禁止，上下之间便会顺和协调。看来，法家的“正名”同名家的“正名”一样，都是在孔子“正名”理念的基础上，各又添加了自己的一些思想元素，从而互为补充，既有所区别，又有所会通。

必当指出，以法家厉行法治来批判孔子崇尚礼治的观点是完全站不住脚的。须知法治与礼治实系治国理政的一鸟二翼，两者互辅互补，共成治平大业。礼治呼唤法治，法治不忘礼治。法治社会也应是礼治社会。决不可重此轻彼，偏废一侧。事实上，孔子既重礼治，又重法治。他在传述《周易》过程中，从 64 卦里精心筛选出讼卦与噬嗑等卦作为文化平台，大力宣讲法治要旨。提出“刚柔分，动而明，雷电合而章”的系统布局；要求“明罚敕法”，“尚中正也”。并借贲卦强调慎重审理案件,“以明庶政,无敢折狱”。甚至在启发蒙昧,突出教育之时,仍坚持“利用刑人,以正法也。”(《象上传·蒙》)他还联系丰、旅、中孚诸卦,强调公正果决地“折狱致刑”,“明慎用刑而不留狱”,直到提出“议狱缓死”的主张。史事证实:孔子 51 岁担任中都宰,“一年,四方皆则之”。孔子 53 岁时,由大司寇行摄相事,“与闻国政三月,鬻羔豚者非饰贾;男女行者别于途;途不拾遗;四方之客至乎邑者不求有司,皆予之以归。”(《史记·孔子世家第十七》)即鲁定公十一年孔子 53 岁时,由大司寇代理丞相职事,参与国政三个月,贩卖猪羊的商人就不敢哄抬物价;男女分列行走,井然有序;路上掉了东西无人偷捡;四方旅客进城,不用向官员行贿求情,都能满足其合理要求,顺利回去。短短时间能取得如此政绩,倘无严谨之法治,单靠礼治可能达到吗?!而鲁定公十年春震动各国的齐鲁夹谷会盟,孔子指挥若定,一喝而以礼退“夷狄之乐”,二喝而以法诛“优倡侏儒”,谱写了一曲礼治与法治和鸣的完美乐章。

综上所述,无孔子之文化教育实践即无春秋战国的文化复兴,无孔子之学术思想滋润即无诸子百家的学术争鸣。儒学宗归孔子,诸家道通一师,本属中华文化传承发展的题中应解之义。

二、儒家传承孔子思想,自始以往争议不断,至今犹莫衷一是

孔子门生济济,一堂难容。他们天赋不同,资质不同,背景不同,人生目标不同,学于孔子的体悟亦不尽相同。而孔子“因材施教”,更使他们获得的学识有所不同。此后各谋其生,各就其业,如《史记·儒林外传》所载:“自孔子卒后,七十子之徒散游诸侯。大者为师傅卿相,小者友教士大夫,或隐而不见。故子路居卫,子张居陈,澹台子羽居楚,子夏居西河,子贡终于齐。”这些儒家前辈散居四面八方,各以自己的心得传承弘扬孔子思想,不免会“各唱各的调,各吹各的号。”例如,子贡感叹:“夫子之言性与天道,不可得而闻也。”(《论语·公冶长篇》)

而“密子贱、漆雕开、公孙尼子之徒亦论性情，与世子（周人世硕）相出入，皆言性有善有恶。”（王充《论衡·本性篇》）到了孟轲那里，这位曾受业于孔子嫡孙、曾参高足的子思之门人，坚定明确地以“四端”说为由，肯定人性本善，对主张“性无善无不善”的告子作出直截了当的批判。然而孟子死后二十多年，赵国又出生一位后来的儒学大师荀卿，开门见山地声言：“人之性恶，其善者伪也。”（《荀子·性恶篇》）。于是，人性本善乎？本恶乎？本无善无恶乎？一直辩争未息。

汉代开创儒学大一统的局面，一代硕儒董仲舒发愤振兴六艺之学。《前汉书·董仲舒传赞》云：“仲舒遭汉，承秦灭学之后，六经离析，下帷发愤，潜心大业，令后学者有所统一，为群儒首。”但在阐扬六艺中，他也受阴阳家的影响，加进不少唯心主义的私货。最主要的，他将孔子《易传》倡导的“天人合德”修改为“天人合一”。这种“天人合一”不同于庄子宣发个性自由的“天人合一”，而是将天与人归为均具意志感情的同类，直到形体类同。他说：“人有三百六十节，偶天之数也。形体骨肉，偶地之厚也。上有耳目聪明，日月之象也。体有空窍理脉，川谷之象也。心有哀乐喜怒，神气之象也。”（《春秋繁露·人副天数》）进而引出“灾异”说：“灾者，天之谴也。异者，天之威也。”（《春秋繁露·必仁且智》）将孔子坚持不语的“怪力乱神”加入儒家思想，带动了谶纬之学一时盛行。鲁恭王翻造府邸时，从孔子旧宅壁间发现一批古文经籍。刘歆、贾逵等学者以此为据，开展训诂阐释，宣扬义理，研发名物制度，从而被称为古文经学而与以董仲舒为代表的今文经学相对立。直到东汉末年，博通古今的大儒郑玄兼采并蓄，今古经学之争才趋缓和。

自从三国时期年轻的思想家王弼将老庄引入儒家经学，由此开启了魏晋的玄学新风。《老子》、《庄子》与《周易》并立“三玄”。王弼认同《老子》有生于无，确信“凡有皆始于无”。（《老子注》）认为“道者，无之称也。无不通也，无不由也。”（《论语·释疑》）其学会通儒老，语精义微，时任吏部尚书何晏叹为“后生可畏”。何晏自著的《道论》亦曰：“有之为有，恃无以生；事而为事，以无而成。”嵇康、阮籍等竹林七贤则特别强调“越名教而任自然”。（嵇康《释私论》）“法自然而为化”。（阮籍《通老论》）接着，以裴頠与郭象为代表，反“贵无”以“崇有”。认为“有”是“生以为己分”，即万物由自身运动变化而生成。“虚无是有之所谓遗者也”。（裴頠《崇有论》）“无”只是“有”的一种表现形式，至于“无为”，更难施用于现实：譬如渔夫捕鱼，“非偃息之所能获也”。猎人捕兽，“非静拱之所能捉也”。郭象（向秀）的《庄子注疏》则倡言“独化”，强调事物个性的自我发展，并将儒学名教引入老庄。看来，玄学之始，以老入儒；而玄学趋终，则引儒入老。由此可见，玄学不应列入黄老之学，而当视为黄老注入儒学。玄学之争中亦涵儒学之辩。

自南北朝到隋唐，儒家哲思式微。韩愈的“道统”论，李翱的“性情”说，挡不住佛道的理论攻势。然佛道既可汲儒学，儒学自可融佛道。于是，从宋初三先生到北宋五子应运而起，经过他们的精心构建，蔚成新说的理学由孔子《周易大传》提出的“太极”带动升入浩茫的太空，至南宋朱熹集其大成，一时满天星斗，竞放异彩。但与此相应，“生有异禀，端重不伐”的陆九渊却对程朱发起挑战，以“心即理”反对“性即理”，以先“尊德性”反对先“道问学”，在1175年的“鹅湖之会”上展开了一场激烈论辩。明代的王阳明“龙场悟道”，进一步发扬光大，完善了别具一格的心学体系而与程朱理学分道扬镳却又相映生辉。

此后，由明入清，儒学的义理新见不著于世。而据西汉经学广为考证训诂的文化潮流则于时方兴未艾，终成一代朴学。唯孔子的学说与影响，在民国之前，依然被视为全社会的高山景行。

综上所述，儒学在中华民族优秀文化传统长期延续过程中作为承前启后各近2500年的历史活流，不断波浪起伏，运行不息。一个令人惊奇的现象是，尽管各种流派各张其说，彼此攻驳，却都自觉或不自觉地举起孔子的旗帜以证明自家的正确。可见孔子的圣哲形象及其思想体系，已经在中华大地深入人心。回归孔子，学本正宗，乃尽天时地利人和。

三、与时俱进，正本清源，推动儒学回归孔子

儒学原系孔门嫡学，为何复言回归孔子？举其缘由，大致有三：

其一，纵观各家批评儒家的种种问题，诸如重礼制而轻法治，事奢靡而违节约，以及太史公司马谈“论六家之要指”所言：“儒者博而寡要，劳而少功，是以其事难尽从。”倘若考证于孔子的本原思想，则或为子虚乌有，或为理解差误。

其二，儒学内部多说并存，理念对立，如形上与形下之议，性善与性恶之争，象数与义理之辨，理学与心学之分等等，至今影响深广，积疑未消。当下之儒学，清浊混流，泾渭难分。且看鼓角齐鸣，各奏所利；线装古版，旧酒新瓶；公婆说理，莫衷一是；五采杂陈，主色不明。由此而正本清源，举纲立旗，取其精要，舍其繁芜，以适古为今用，应合时之所宜。

其三，孔子思想内涵一以贯之的常道与诸多人生真谛，蕴蓄千秋万代源源不竭的文化活力，因而足以适应历史格局的千变万化，永葆青春，“与时偕行”。诚如朱熹所言：“千五百年之间，……尧、舜、三王、周公、孔子所传之道，未尝一日得行于天地之间也。若论道之常存，却又初非人所能预。只是这个，自是亘古亘今常存不灭之物。虽千五百年被人作坏，终殄灭他不得耳。”（《朱子文集·答陈同甫书》）这里的“千五百年之间”，当指孔子立学到朱熹立言之时段。在此期间，孔子之道“未尝一日得行”，是就其系统总体的全盘实现而论。（如大同之世，天下为公）许多理念则经过实践验证而得到确认。特别是“天人合德”与“一阴一阳之道”，行于四海而皆准。可惜“仁者见之谓之仁，知者见之谓之知，百姓日用而不知。”（《周易·系辞上传·第五章》）朱熹说的“只是这个”，即指孔子的“常存不灭”之道。尽管遭受歪曲糟蹋，

始终不能灭绝它。20 世纪的“文化大革命”同样如此。当今,新的时代号角业已奏响,正本清源,促进儒学回归孔子,真实无妄地弘扬其生生不息的常道,可谓尽时之宜,当务之要。

倡导儒学回归孔子,并不是要求人们处处搬《论语》,时时背“子曰”,甚至搜罗其片言只语,旁征博引而无的放矢。回归孔子,最根本的是要回归于孔子思想的系统性、人民性、中正性、包容性、偕时性和文化理性。尤其要汲取与弘扬孔子“从心所欲,不逾矩”,即彻底解放思想而不违反客观规律的勇于创新精神,大力提高儒学经世致用的功能水平,以积极促进新时期的两个文明建设。

(一)孔子思想的系统性

孔子思想是孔子丰富实践的经验总结及其精深认识的全面反映。它体现于形而下的现实指导与形而上的理论探究两大方面。前者主要昭示于《论语》,后者主要展现于《周易大传》。在《论语》中,他以“朝闻道,夕死可矣”的坦诚语言表达了迫切追求真理的决心。这种涵藏着几近绝对真理的恒常之道,绝不止于曾参所说的“夫子之道,忠恕而已。”它无声无息地渗透融合在一个博大精深的理论体系里。其最重要的文字载体便是《周易大传》。胡适先生正确指出:“孔子学说的一切根本,依我看来,都在一部《易经》。”(《中国哲学史大纲·第四篇·第三章易》)然而,由于 20 世纪诸多事件的影响,孔子传述《周易》的历史事实被一些学者怀疑与否定。郭沫若先生甚至断言《易传》出于西汉以后,根本不顾子思、孟子、庄子、荀子论说中已见《易传》的某些思想端倪。更有甚者,竟至将《论语》孔子自述“假我数年,五十以学《易》,可以无大过矣”中的“易”字篡改为“亦”,并移动逗号标点于“学”之后,来荒唐地证明孔子晚年并未学《易》。1972 年湖南长沙马王堆汉墓出土的帛书,发现一篇名《要》的文献,内云:“夫子老而好《易》,居则在席,行则在囊。”(子曰):“有古之遗言焉。予非安其用,而乐其辞。后世之世,疑丘者或以《易》乎?”子贡问:“夫子信其筮乎?”子曰:“我观其义耳，吾与史巫同途而殊归。”此墓下葬年代有木牍明记为汉文帝十二年，即公元前168年，可见《史记》关于“孔子晚年喜《易》，序《彖》《系》《象》《说卦》《文言》。读《易》、韦编三绝”，其说基本可信。至于后人常常搬出欧阳修《易童子问》中“《系辞》而下非圣人之作者”，既缘于他的种种误解，又缘于他的明显误读。（参见拙著《易象悟道·中篇13·孔子是〈易传〉的作者吗》，复旦大学出版社2013年7月第1版）时至今日，难道我们还不该将《易传》这份巨大而珍贵的思想财富名正言顺地回归孔子吗！

孔子思想的系统性，既表现于它的道德论述精要而周全，更表现于它的哲理阐发深刻而完备。二者极其自然地融汇于《周易大传》。黑格尔说过，孔子只是一个道德说教者；但他也说过，《易经》包含着中国人的智慧。倘如他当时知道了孔子传述《周易》的精彩论述，肯定会改变对于孔子的学术评价而肃然起敬。事实上，孔子从来未曾单纯地发表哲学论说。可是作为世界轴心时期的文化伟人，他在晚年研究传述《周易》过程中使自己的哲学思想登升到了常人难以企及的高峰。这种哲学思想包含着苏格拉底的善良德性和柏拉图的抽象理性，也显示着亚里士多德构建形而上学与形式逻辑的信实、严谨与创造性，从而足以为后世研发中国特色的哲学社会科学提供取之不尽的经典理论宝库。

透过孔子哲学的系统性，可以清晰地感受到：首先，以“太极”为本体，以“阴阳”为世界万物对立统一的基本结构，由此而不断地处于运动变化的根本观念。用今天的哲学术语说，正是道道地地的辩证唯物论。其次，倡导“自强不息”“厚德载物”“开物成务”“化成天下”，体现了孔子哲学积极处世、健康向上的人生观。再次，以“生生”为宗旨，坚持“各正性命”，即自由平等地发展个性以掌握自己应当追求的命运，借助人和物与达到“久”（德行恒久）“大”（事业宏大），实现“得理”（悟得自然与社会的客观规律），“成位”（完成人的历史使命），这就是我们从孔子思想中概括出来的价值观。上述世界观、人生观与价值观，构成孔子哲学系统性的核心观念与理论支柱，至今具有重大的现实指导意义。

（二）孔子思想的人民性

以民为本，是孔子思想的一个重要立论点。《论语》对此已有一些记述。如“子贡问政。子曰：足食，足兵，民信之矣。”子贡又问，在不得已的情况下，粮食、军队与民信三项必须依次除去二项，先去哪一项？孔子回答说，首先可去军队，其次可去粮食，但要保全人民的信念。因为“自古皆有死，民无信不立。”（《颜渊篇第十二》）粮食与军队固然关系生死，而若人民失去了信念，一个国家就站立不起来了。《尧曰篇第二十》述及孔子重视“民、食、丧、祭。”在这里，第一便是民，第二也是民，因为民以食为天，第三第四仍然是民，因为“慎终追远，民德归厚矣。”《易传》的民本观念，则更加鲜明精到，层次井然。其一，养护人民，天经地义。《彖上传·颐》曰：“天地养万物，圣人养贤以及万民。”其二，领导者要胸怀人民，做到“吉凶与民同患”。（《系辞上传·第十一章》）有福同享，有难同当。其三，政策取向一般应克制上层权益，多给下层实惠。“损上益下，民说（悦）无疆。”（《彖下传·益》）其四，加强法制，保护人民：“节以制度，不伤财，不害民。”（《彖下传·节》）其五，重视教化，普及教育。“先王以省方，观民设教”。（《象上传·观》）效法古代贤明君王深入地方调研，了解民情，普设教育。在这方面，还要发挥社会精英的作用，充分保障人民的权益。如《象上传·临》所云：“君子以教思无穷，容保民无疆。”其六，怎样调动民众的积极性？答案是先让人民和乐喜悦，《彖下传·兑》曰：“说（悦）以先民，民忘其劳。说以犯难，民忘其死。说之大，民劝矣哉！”先让人民和乐，他们就会忘记劳苦，各尽所能。人民和乐，就会忘却生死，全力克服艰险，排除祸难。所以，劝勉民众和乐，意义十分重大。其七，工作方法：从民众中来，到民众中去。《系辞下传·第五章》记载，子曰：“君子安其身而后动，易其心而后语，定其交而后求。君子修此三者，故全也。”这里提出君子对待民众的三项原则。第一项，安身而后动。即首先管好自己，做到身安气定，稳重踏实，然后才可开始与民众交往。第二项，易心而后语。易心，就是要改变居高临下的心态，不要老想自己的名利，而要多想民众的福祉。套用当今的流行语，可谓为人民服务。概括地说，安身之后立命，然后才可以与民众谈话交心。第三项，定交而后求。交了真心，讲了实话，与民众确定了平等诚实的关系，结交成彼此信任的朋友，然后才可以提出要求，包括生产部署、生活安排、文明建设目标等等，上下一致，齐心协力，逐项落实。孔子还指出，如果违反了以上三项原则，后果堪忧：“危以动，则民不与也。惧以语，则民不应也。无交而求，则民不与也。莫之与，则伤之者至矣！”他谆谆告诫昔日的君子，亦即今天的广大干部和社会精英：你在立身不稳，形势可危的情况下去发动民众，老百姓不会理你。你耀武扬威，口出狂言去吓唬人，老百姓不会响应。你不去诚心诚意地交心交友，却要提出不着边际的要求，民众当然不会参与。失去民众的支持参与，敌对势力便会乘虚而入，使你受到伤害。孔子这些语重心长的金玉良言，可以说是一条简单明白、深入浅出的古典群众路线。其八，孔子哲学思想中有一个“神”的概念，它标志着人的认识和实践的最高能力与成就。这种能力与成就如何认定？孔子以日常生活的门户开关为例，作出一个革命性的归纳：“利用出入民咸用之谓之神”。即“神”必须经过广大民众普遍实践的检验证明有利而方能认可。一切经济的、科技的、政治的、文化的重大理念与成就，唯经“民咸用之”而得利，才是真成就，好理念。诚然，在科技领域，从实验到民用会有一个较长的过程，但最终必须落实到民众践行，民众得利，民众认可。

（三）孔子思想的中正性

孔子对“中正”作过一系列申述：子曰：“中庸之为德也，其至矣乎！”（《论语·雍也篇》）“中正以观天下”（《彖上传·观》）“政者，正也。”(《论语·子路》)“能以众正,可以王矣。”(《彖上传·师》)……中与正既有联系,又有区别。程颐认为:“正未必中,中则无不正也。”以为中高于正,德之“至矣”。其实,正又何尝不是“至矣”! 孔子指出:“贞者,正也。”(《彖上传·师》)“天地之道,贞观者也。日月之道,贞明者也。天下之动,贞夫一者也。”(《系辞下传·第一章》)即观法于天地要正,效明于日月要正,天下万物运动变化都要正行于一统之道。看来,中与正,莫论高低,但分先后:中须先正,正当致中。正较多地从一个角度、一个方面对事物的是非曲直作出评议,中则会从整体与全局进行审视,综合权衡。这个多维度的“中”须经过高品位的“权”方得实现。所以孔子认为“可与共学,未可与适道;可与适道,未可与立;可与立,未可与权。”(《论语·子罕篇》)赋“权”以难能可贵的评价。在《系辞下传·第七章》中,孔子更明确地将据以行权的“巽”列为九德之一。可以说,“正”意味着直道而行,“中”意味着顺道而行,“权”则意味着择道而行。

直道而行,既要求正名,求得名实相符。又要求正位,摆正自身所处的地位,正确行使相应的权利与职责。在自然界,位是保障宇宙平衡运行的基本要素;在人类社会,位是维护秩序稳定的奠基石。“天地设位而易行乎其中矣。”(《系辞上传·第七章》)在运动变化的时空里,星失其位,将遭毁损;人失其位,则受困咎。孔子更指出:“圣人之大宝曰位,何以守位曰仁。”(《系辞下传·第一章》)把守正位置与修行仁德直接联系起来。因为守正位置须要正确地对待自己,正确地对待别人。对圣人来说,就须坚持仁的高标准了。

顺道而行,关键在择,即权衡轻重缓急,得失利弊,“执其两端”,择道于中。历史上,儒家内部两派之间的对立争议,无不由各执一端而起。“性善”与“性恶”如此,“性即理”与“心即理”亦如此。其特点都是各执一端,各趋一极,各争己是,各批他非。子曰:“道之不行也,我知之矣:知者过之,愚者不及也。道之不明也,我知之矣:贤者过之,不肖者不及也。”(《礼记·中庸》)道为什么不行不明？就是因为“失中”，有的人“过之”，有的人“不及”。在现实生活里经常表现为或左或右，忽左忽右，不得其中。如何得中？孔子告诉我们：“君子之中庸，君子而时中。”所谓“时”，即“消息盈虚”所反映的时空运动变化的各种情状，包括事物发展过程到达的节点、火候、趋势、格局、情形、状态、机缘与道德意义。它体现着人、事、物交集的特定时间、时候、时势、时局、时情、时态、时机与时义。由此进行多因素、多维度的观察、研究、分析、权衡，进而作出最宜此“时”的决断，便可称为“时中”。时中而位正，可以说大致把握住了孔子思想的中正性。

(四)孔子思想的包容性

孔子思想的包容性，首先缘于其博大的道统观。这里，道统涵二重意义。一是以道为优秀文化传统的根本，继五帝之德，“祖述尧舜，宪章文武。”二是以道为法，一统天下，所谓“冒天下之道”，或谓“天下之动，贞夫一者也。”(《系辞传》)在此前提下，地无分南北，人无分贤愚，四海一家。司马迁的父亲司马谈论评“六家要指”时说：“夫阴阳、儒、墨、名、法、道德，此多为治者也。直所从言之异路，有省不省耳。”(《史记·太史公司马迁自序》)即六家都以治世行道为肩负之任务，只是所持理念不同。各自阐明所知之道而不明未知之道。司马谈认为，归根到底，各种各样的思想观念都将回归于天下一统之道。根据就是孔子在《系辞传》中的论说：“天下何思何虑？天下同归而殊途，一致而百虑。”孔子确信，各种思虑可以彼此有别，相异并存。但最终必将殊途同归，致一于道。

孔子思想的包容性，又缘于其纯真的中和观。《礼记·中庸》云：“喜怒哀乐之未发，谓之中。发而皆中节，谓之和。”“致中和，天地位焉，万物育焉。”中和，即以天地之道节制内心情欲而达到人居天地之中生育繁衍的和谐状态。实现中和的一个基本要求，就是人们应当相互包容。这种境界的进一步提升，就是张载所说的“民吾同胞，物吾与也。”人与人亲善,人与物友好,同心同德,“保合大和”。

孔子思想的包容性,同时缘于其精微的阴阳观,须知独阴不生,孤阳不长。阴阳必相互对应,相互包容。它体现着当今谓之对立统一的辩证法。在对立中寻求统一,是孔子哲学思想倡导的一个重要认识方法。孔子指出:“天地睽而其事同也,男女睽而其志通也,万物睽而其事类也。”(《彖下传·睽》)睽者,乖异也。存异求同,对立乃通。孔子思想的这种阴阳观不仅表现为对立双方的相倚共存,而且表现为对立双方的平等交往。既可“刚来而文柔”,亦可“柔来而文刚”。文者,和谐相交也。文而化之,即成文化。文化则包容着人类对于这个世界的向往、追求与各种各样的认识和想象,为生命化育与社会繁荣发展提供无限宽广的前景。

(五)孔子思想的偕时性

孟子称孔子为“圣之时者也”。“与时偕行”;(《彖下传·益》等)“时止则止,时行则行”(《彖下传·艮》)是孔子十分注重的理念。蔡元培在《中国伦理学史》中将之修改为“与时俱进”,具有积极向上、奋发向前的意义。但就哲学维度言,“进”须观情察势而定,是有条件的。“行”反映永恒的运动变化,是无条件的。两千多年来,孔子思想代代相传,世世共尊,正是在于它能够适应时代潮流的不断运变。孔子在《系辞下传·第八章》中明确指出,《周易》之道是世界及其万物运动变化之道:“变动不居,周流六虚,上下无常,刚柔相易。”因此,“不可为典要,唯变所适。”孔子告诉我们:切不可把经典旨要当成刻板的规范,不变的教条。正确的态度唯有面对客观实际,采取合适的举措去适应事物的运动变化。即令现代量子力学提出的微观世界“不确定性”正在向宏观世界延伸,孔子思想也早已在哲学上为人们指明了应变的方向。《系辞传》曰:“阴阳不测之谓神”。阴阳运变无常,正是“测不准”的基本原理。而“量子纠缠”则缘于“一阴一阳”的自然感应。人类要想解开这些谜团,当循孔子哲思,将自己的认识水平向“神”的高度接近，懂得“神而明之，存乎其人”。(《系辞上传·第十二章》)为此要大力提高前沿科技的数字化能力。因为“通其变，遂成天地之文。极其数，遂定天下之象。”“数往者顺，知来着逆。是故易，逆数也。”“极数知来之谓占”。(均见《系辞传》)所谓“占”，用今天的科技术语说，亦即减小不确定性以预测未来。总之，孔子思想不仅有助于现代科技的新探索，而且可以为建立日益迫切的科技伦理提供哲学指导。

与时偕行，适应变化，显然不能墨守成规。从而要求人们继往开来，革故鼎新。这也正是孔子思想常学常新、常用常明，以致可以跨越时代而光彩依旧的内在缘由。

(六)孔子思想的文化理性

《彖上传·贲》曰：“文明以止，人文也。观乎天文，以察时变；观乎人文，以化成天下。”《系辞上传·第一章》曰：“乾以易知，坤以简能。……易简而天下之理得矣，天下之理得而成位乎其中矣。”上述“文”的阐发与“理”的探究，在天地之道的贯通下形成了孔子思想的文化理性。这种文化理性，简言之为：会通人文之情的善美理性。它蕴藏着揭示真实的智性，展现坦诚的德性与成位乎中的慧性，(参见《孔子哲学的理性文化观》)真含善美，情理交融。

文化理性是孔子全部思想的总枢纽，它融合了系统性、人民性、中正性、包容性与偕时性。回归孔子思想，最根本的便是回归孔子思想的文化理性。文化理性融于文化，推动文化，发展文化，构建不断向真善美全方位前进而生生不息的理性文化。以文化理性构建理性文化的基本路径是：倡导天人合德，践行三才之道；革故鼎新，开物成务；文明以止，化成天下。落实到个体，则要求面对乾道变化，自觉各正性命；进德修业，守正持中；通变知几，唯变所适；易简真诚，得理成位。

国际歌唱词云：“从来就没有什么救世主，也不靠神仙和皇帝。要创造人类的幸福，全靠我们自己。”依循孔子思想的理性文化观，持续不断地推进物质文明与精神文明建设，恰恰意味着人类自己作为解放自己的救世主，满怀希望地去翻开创造历史的一页又一页。毫无疑问，它要求在全社会广泛确立对于理性文化观的共同信仰，同时为当今儒学顺应时代潮流、积极经世致用点亮走上光明正道的指路明灯。

十二、周易正学辩

2016 年，笔者以《周易正学》为名的易学新著出版问世，得到一些友人的鼓励、好评。听说也有一位读者议论，书名“正学”，似寓褒贬之义，或经一番推敲。

其实，书取“正学”之名，确经较长时间的推敲。

还在少年时期，我对《周易》之学即已产生一定兴趣。新中国成立后，易学似成异端。我自然“弃异归正”，开始认真学习马列主义、毛泽东思想。直到 20 世纪 80 年代，改革开放带动思想解放运动的热潮，而我的工作又在耳顺之年调至较见轻松的岗位。节假日有暇去书店走走，发觉书橱中开始陈列各种易学著作。信手翻阅，思绪良多。偶尔写些感言发诸报刊，自觉或生新的体悟。不料 1999 年开展“三讲”(讲学习，讲政治，讲正气)，在无记名提书面意见的“群众评议”阶段，一位处级干部向我真诚批评：“共产党员怎么可以热衷于看《周易》之书，写《周易》文章?!”我始而愕然，继而默然。但内心并未宁静，试图俟机发声。而想与不明情况的对象沟通，唯一的办法是将自己内心的声音公之于众。于是我着手搜集有关文稿，补缺拾遗，又灵机一动，以朱熹《周易本义》有关章节为对照，对《周易》经文作了《韵文释义》，集腋成裘而试付梓。虽或浅陋，亦自成一体。更重要的是对“三讲”中的意见有所交代，可听公众评议。初定书名为《周易新义与日用要旨》。由于著名社会学家、全国人大原副委员长费孝通先生曾光临笔者工作之地考察历史文化名城，受其教益，深为仰慕。乃请赐题书名。费老欣然应允，但认为书名过长而略去最后“要旨”二字。

《周易新义与日用》书稿始送某大学出版社，经评审，由当时主持全面工作的常务副院长拍板付印。说来也巧，一位新任院长正好到岗。新官上任三把火,他立马否决了常务副院长的决定,理由是:全国上下正在大张旗鼓地批判法轮功,这种时候怎么可以出这样的书!

大学出版社退还了书稿和定金,虽未明言拙作疑与法轮功同流合污,或亦隐喻"同声相应,同气相求"之意。"周易之书"正耶?邪耶?这是我的又一次认真推敲。幸好,北京华文出版社接到书稿,认真召开评审会议,一周之间即复函告知,同意出版。并于2000年5月完成第1版,第一次印刷一万三千册。为了给《周易》之学正名,同年七月,我应邀在浙江大学计算机系与哲学系联合举办的《人文与科学讲座》上作了《周易:创新之经,想象之学》的报告。事后得知,听讲的一百五十多位师生中,一无"不正"之议。特别是时任浙江省政协副主席、民革主委汪希萱教授亲临会场,聆听始终,给予指导鼓励,令人分外感动。事实证明,《周易》之学是正是邪,只要不囿于成见,人们都看得清楚。

然而,回顾十年之前,在一些领导层中,对于《周易》是否正学确还存有某种疑虑。2007年,笔者在一个内部刊物上发表一篇宣扬《周易》重大意义、价值与功能的文章,呼吁让《周易》首先进入高校课堂。居然有人上门动员我作出更正。一位离休老同志怀着纯粹的善意提醒我:切不可将《周易》说得高过我们领导人的水平啊!其实,我的文章绝未将《周易》之学与领导的水平进行直接或间接比较,也许是仁者见仁,智者见智;明者自明,疑者自疑吧。其后,我慕名与一位在宣传部门重要岗位工作、对《周易》颇有研究的退休领导交谈心得。他说还在一个易学团体当顾问。开展活动时,如果他到场,就会引起各方重视,有关媒体亦会跟踪报道。反之即默默无闻。因为一些人对《周易》之学仍不放心。我心里一震,突发评议说:作为中华优秀传统文化的源头活水,一般领导干部不了解易学,或为失察。如果宣传教育主管部门的领导干部不能正确认识《周易》之学而将其提上应有的议事日程,则是失职。对方淡然一笑,未置可否。

如今,许多高校已经设置《周易》课程,视其为不正之学者已寥若晨星。但要真正坚守此学之正,其实还真须作些推敲。

清康熙《御制周易折中序》云:“易学之广大悉备,秦汉而后无复得其精微矣。至有宋以来,周邵程张阐发其奥,唯朱子兼象数天理,违众而定之。五百年来无复同异。宋元明至于我朝,因先儒已开之微旨,或有议论已见,渐至启后人之疑。”康熙认为,宋代易学盛极一时,周敦颐与邵雍作为象数派代表,程颐、张载作为义理派代表,各有精湛的阐述发明。朱熹更兼两者之说而统领主流达五百年之久,但也开始出现一些不同意见,引生质疑。为此,他特命大学士李光地修编《周易折中》,以统一认识。并期望此书“传至天下,后世能以正学为事者,自有所见与。”从全书始终以朱熹、程颐之说为经文诠释之纲要看来,康熙所谓“正学”,应是以程朱理学作为经文注解基准的易学。

就《周易》本原要旨言,程颐与朱熹的看法其实不尽一致。程颐云:“易之为书,卦爻彖象之义备,而天地万物之情见。”(《程氏易传·易序》)他主张重点阐发“圣人之意”,探究经文义理。朱熹则认为“其为卦也,自本而干,自干而枝,其势若有所迫而自不能已。其为蓍也,分合进退,纵横顺逆,亦无往而不相值焉。”即卦画呈天然之形势,揲蓍显自成之数理。由此得出结论:“是岂圣人心思智虑之所得为也?!”(《易学启蒙》)他将伏羲的卦象视为根本,属一等上品,货真价实。文王的经文为第二等,孔子的《易传》为第三等,程颐的说理只能算第四等了。他说:“文王之心,已自不如伏羲宽阔,急要说出来。孔子之心,不如文王之心宽大,又急要说出道理来。所以本意浸失。都不顾元初圣人画卦之意,只认各人自说一副当道理。及至伊川(程颐),又自说他一样,微似孔子之《易》而又甚焉。故其说《易》,自伏羲至伊川,自成四样”。(《朱子语类》,卷第六十六)

看来,朱熹欣赏《周易》的卦象,蓍占,不赞成说理,包括孔子《易传》阐发的道理。至于程颐解《易》说的一大套理论,他更觉得离开了

《周易》原本的主题。不过他自己的《周易本义》，却也同样说了许多道理。从开门第一卦起，他就将原来占断用语的卦辞“乾，元亨利贞”阐释为：“元，大也；亨，通也；利，宜也；贞，正而固也。六爻皆不变者，言其占当得大通，而必利在正固，然后可以保其终也。”事实上，《周易》能够高登其位于群经之首，恰恰在于它蕴藏着博大精深的道理。离开道理，如何成经?! 孔子传述《周易》而由弟子汇集师说整合编成的《易传》，正是使《周易古经》从“卜筮之书”化为哲理典籍的根本成因。

孔子在《易传》中立意道德，阐析哲理，创新概念，发明精义，处处闪耀智慧之光。其文辞章句，出于经文而超乎经文，察于卦象而明乎卦象，称得上融真善美于一体。两千多年来，孔子哲学的道德思想体系与理性文化观念，已经深深地渗透到中华优秀传统文化的核心价值结构中，形成了天人合德，以民为本、自强不息、厚德载物、开物成务、革故鼎新的民族之魂。因此，认真深入地探究、研发、体悟、践行孔子的哲学思想，这才是合乎逻辑的《周易》正学。诚然，此种正学注重义理，而并未偏废象数。据义理阐发象数，以象数推演义理，正是孔子通过《易传》构建其恢宏哲学体系的一大特色。但如像汉代京房、焦赣那样，将象数引入纖纬之学，自非正道。

《四库全书总目提要》云：“易道广大，无所不包。旁及天文、地理、乐律、兵法、韵学、算术，以逮方外之炉火，皆可援《易》以为说。而好异者又援以入《易》，故易说愈繁。”在这种“易说愈繁”、鱼龙混杂的现实情况下，《四库提要》强调“以因象立教者为宗”。因象立教，以道德哲思传述阐释《周易古经》的宗师，正是孔子。归宗者，正本清源也。今天我们响亮地提出周易正学，根本就在坚持以《易传》体现的孔子哲学思想解读、研习《周易》。其要义则在正道、正德而正心、正行，即所谓“乾道变化，各正性命”也。

最后要说的是，周易正学之正，在于融合其中的孔子哲学思想涵藏着真善美的世界观、人生观与价值观。简言之，其世界观为：一极二仪,运动变化。人生观为:得理成位,生生自强。价值观为:文明以止,化成天下。三者相互联系,相互生发,构成一篇举世无双的宏大哲学华章。

附:寄语《周易正学》读者

一、继《周易新义与日用》《想象的智慧》与《意象悟道》之后,作者尽八旬微力撰写此书,唯为揭示孔子之《易》的大道常理、时代价值与现实意义,着重阐发其内涵文质与思想精要:立象模拟世界,明道认识世界,通变化成世界,合德会通世界,得意感悟世界。复活绝学,造福当今。

二、构建中国特色哲学社会科学的历史使命,必然要求进一步研发弘扬孔子哲学思想。它是国学的灵魂,中华民族优秀文化传统的精神基因。它不仅散见于《论语》《礼记》《春秋》《庄子》《孟子》《荀子》等诸多文献,更且集中而系统地涵藏于《周易大传》中。中国新文化运动的始倡者之一胡适先生认为:“孔子学说的一切根本,依我看来,都在一部易经”(《中国哲学史大纲·第四篇·第三章·易》,译林出版社2016年3月第一版)。其言极有见地。惜乎不少知名学人未曾弄懂。

三、研发弘扬孔子哲学思想有利于转变风尚,克服思想贫困,推动核心价值观建设。其终极目的在于促进全社会确立理性文化信仰,明白“一极、二仪、三道、四德、五谛”的真理性,坚定文化自信、道路自信与理念自信。自觉实践“天人合德”与阴阳交和、刚柔并济、仁义兼行的“三才之道”;诚于“乾道变化,各正性命,保合大和”;勇于“生生”而“自强不息”,“厚德载物”;善于“开物成务,冒天下之道”。

四、领悟《周易》的最高境界是“神明”。《传》曰:“神而明之,存乎其人”。由此必须“极深而研几”,常人很难达到。但可努力“进德修业”,求得“心明”:少年知善美,青年重德才,中年明成位,老年得自在。

五、孔子传述《周易古经》，常或运用“因象缘意，起意生象”的意象思维。它采抽象思维之精，撷形象思维之华。两千多年来的实践证明，无论对自然科学、人文科学或者思维科学，它都具有“广大悉备”、无可替代的开发创新功能。切莫小觑！

作者于丙申孟秋

十三、孔子哲学与时俱进的思想活力

——金华下宅孔子哲学讲堂开讲典礼宣讲辞

2019 年 6 月 22 日

当今世界面临着一个百年未有的大变局。机遇与挑战并存,真理与谬误对仗,善良与邪恶交锋。时而还显现一些无可理喻的怪象。世界向何处去?存在着种种不确定性。对于同一项事实,看法常会不同,甚至截然相反。各吹各的号,各唱各的调。为什么?最直接的答案是一个“利”字。行人熙熙,皆为利至。过客攘攘,皆为利往。而一般认为,孔子很少讲“利”的命题。《论语》载:“子罕言利与命与仁。”其实,据杨伯峻先生的《论语譯注》,孔子言“利”者 10 次,其中涵利益意义者 6 次;言“命”者 21 次,其中涵命运意义者 10 次;言“仁”者 109 次,其中涵道德意义者 105 次。所以,所谓“很少讲‘利’,应是很少讲‘利’去联系‘命’和‘仁’。其本意当为,说‘命’论‘仁’不宜讲利。显然,”一切生物(不仅动物,而且植物)均有趋利性,因为生命都需要有利于自己的条件和环境。关键在于利己绝不能损人。所以,孔子在《周易大传》中多处讲“利”,特别强调“利贞”,即利于纯正,公正,正直,正道。认定“利者,义之和也。”即“利”和合于道义,从而可与元(善之长为仁)、亨(嘉之会为礼)、贞(事之干为正)配套构成“四德”。由此可见,在各种复杂的社会事件及其评价后面,拖着一条长长的利益链而更深层次则隐藏着一个世界观、人生观、价值观问题,亦即哲学的基本问题。它表现为:什么样的藤结什么样的瓜,什么样的认识说什么样的话。所以,一位伟人曾经提出,让哲学从哲学家的课堂上和书本里解放出来,成为群众手里的强大武器。

纵观全球哲学领域，诚如习近平主席曾经分析的那样，我们还缺少话语权。西方哲学自持源远流长。从古希腊苏格拉蒂、柏拉图、亚里士多德始，举起理性的旗帜，敲响逻辑的钟鼓，经过中世纪经院哲学的磨练与文艺复兴的洗礼，至十八、十九世纪似乎蔚然成章。可惜，二十世纪以来，西方哲学渐趋沦落。实用主义与现象学的先后兴起难以挽回其告别真理的颓势。康德所谓的"纯粹理性"与"实践理性"已经异化为唯利是图的工具理性，从而任凭"丛林法则"在人类社会领域肆意横行。遗憾的是，一些人还在王婆卖瓜，自吹自夸。对东方哲学则不屑一顾。有人捡得黑格尔的牙慧，讥贬"孔子不过是一个道德说教者"。20世纪八十年代，时任英国首相、号称铁娘子的撒切尔夫人竟然断言，"中国不可能成为大国，因为它缺乏思想。"可惜她此后到北京同邓小平商谈香港回归事宜，尽显思想空虚，如意算盘碰到钢锤，打得粉碎。会后走出人民大会堂，竟在下台阶时摔了一跤，一度引起世界轰动。有人评议：邓小平绵里藏针，铁娘子不堪一击。事实上，语言的交锋，本质上体现着思想的交锋。所谓"绵里藏针"，正是孔子哲学的"刚柔并济"。邓小平倡导的改革开放，则与孔子哲学的'革故鼎新'一致。而"韬光养晦"语出《旧唐书·宣宗记》，本义则源于《周易·明夷卦》的"明入地中"。对此，孔子《彖传》大加赞赏，认为"内文明而外柔顺"。为什么要韬光养晦，即"晦其明"？孔子的解析是，为了"利艰贞"，有利于在艰难困苦的条件下坚守正道。邓小平要中国富起来的政策思想，同样可以由孔子哲学找到根据，即《系辞传》所云："富有之谓大业，日新之谓盛德。"

孔子哲学思想的完备体系，形成于孔子晚年编修六经之时。回顾两千五百年前，孔子周游列国，到处碰壁，却始终坚忍不拔，直面艰难。"子畏于匡"，困于陈蔡，宋国司马桓魋甚至想杀他。孔子始终从容不迫，他说："天之将丧斯文也，后死者不得与于斯文也。天之未丧斯文也，匡人其如予何?!""天生德于与，桓魋其如与何?!"表现出极其真诚、极其坚定的文化自信。这种文化自信激励着他晚年顺时通变，归返故乡，将最终的满腔心血倾注于整理修校六经。《诗经》着重于“选”，从几千篇商周歌谣里按照“思无邪”的原则精选出305篇。《礼经》主要是“编”，汇集周代政治社会体制与典章规范，使之系统完善，井然有序。《乐经》要旨在“理”，不论宫廷舞曲，民间俚歌，上及阳春白雪，下至下里巴人，辄取和而不乱者，汇总集编，体其五声八音，究其功能原理。惜乎落于秦焚而后失传。《书经》即《尚书》，上古之书，着意于“集”，广泛搜集古代文献，历史典故，帝圣名言，垂世立教，实际上成了一部古典政治、社会与历史教科书。《春秋》特色在“正”，基于262年东周史事，融入微言大义，以“一字定褒贬”，明辨是非曲直，宣扬正统与正义。至于《易经》，孔子经过“韦编三绝”的反复研读，悟得了“圣人以神道设教而天下服矣”的奥妙，决心打破其“卜筮之书”的框框，通过匠心独具的哲理阐述使之化神道为人道。他以深博的理论素养与丰富的实践经验，从形而上和形而下的完美结合着眼，对这部伏羲氏画卦、周文王系辞的《周易古经》进行了创造性的阐解发挥，提出了一系列新概念、新范畴、新观点、新命题，诸如太极、两仪、时位、比应、消息盈虚、刚柔推移等等。许多名句化为世代传诵的成语格言，如自强不息，厚德载物，革故鼎新，进德修业，否极泰来，穷变则通，一致百虑，殊途同归，错综复杂，触类旁通，无平不陂，无往不复，穷理尽性，各正性命，顺天休命，保合大和，生生不息，与时偕行，易简理得，成位乎中……直至书不尽言，言不尽意。这些精彩纷呈的论述，在历史的长期实践与验证中构成了中华优秀传统文化的核心理念。尤其令人叹服的是，他借鉴夏商周三代兴亡生灭的过程，创造了一个惊天动地的政治道义概念：革命！并把它定义为“顺乎天而应乎人”的正义行动。“顺乎天”即顺合客观规律；“应乎人”即应和人民心愿。为此他高声赞叹：“革之时大矣哉！”

孔子晚年系统传述《周易》的言论，被后进山门的弟子商瞿等人奉为至宝，薪火相传。他们受先进山门弟子编撰《论语》的启示，汇集成《易传》，即《周易大传》，包括《彖传上、下》、《象传上、下》，《文言传》、《系辞传上、下》、《说卦传》、《序卦传》和《杂卦传》，世称“十翼”，意谓替《周易古经》生发的十只翅膀，使之飞向道义宏远、哲理深邃的学术长天。

孔子哲学形成初期，便显示出强劲的思想活力。它不仅引领儒家，而且启导其他诸家。现按司马迁的父亲司马谈《论六家之要指》中所言主要学派，分别略说。战国初期，第一个站出来反对儒学的思想家是墨翟，从而形成相互对立的儒墨两家。其实，墨子之学，始于孔子。《汉书·艺文志》载：“墨家者流盖出于清庙之守”。《淮南书》谓：“孔丘、墨翟修先圣之术，通六艺之论”；“墨子学儒者之业，受孔子之术”。“清庙之守”，就狭义说，指太庙管理人，他们懂礼仪、知乐章。就广义说，实如儒生无异。可见，正是孔子的哲学思想，滋润了墨学之根。却随着根系横生，基因变异，长出了有别于儒家的“兼爱”“非攻”“节用”“明鬼”等墨家之果。

道家的师祖，依冯友兰先生考证，其实不是通常所说的老子，而是孟子所谓“天下之言，不归杨，则归墨”的杨朱。有关杨朱的史事记载较少。其生年大致在孔子之后，孟子之前。从《孟子》《列子》《韩非子》《淮南子》《吕氏春秋》等文献中有关章节的星星点点看，他是一位“贵己”的“轻物重生之士”。孟子批他是“拔一毛而利天下不为也”的极端个人主义者。其实杨朱也曾受孔子哲学的熏陶，只是离开了孔学之中道，越走越偏，越走越远。孔子强调“天地之大德曰生”，“生生之谓易”。杨朱也重生，但更看重自身之生。所以“义不入危城，不进军旅，不以天下大利易其胫一毛”。杨朱“全生保真，不以物累行”的思想明显地反映于《道德经》和《庄子》的一些篇章中。如《道德经·第十三章》云：“故贵以身为天下，若可以寄于天下。爱以身为天下者，若可托天下。”强调首先看重自身，首先关爱自身，本质上还是“贵己”。杨朱从“长生久视出发”而提出“适欲”，至老庄则发展到“无欲”、“无为”。在我看来，《道德经》最精彩的是它那生动活泼的辩证法：“有无相生，难易相成，长短相形，高下相倾”。而“祸兮福之所倚，福兮祸之所伏”更成千古名言。不过，究根溯源，其理论基础还是要归结到孔子哲学“一阴一阳”的对立统一观，归结到“穷则变，变则通，通则久”的运动变化学说。这里须要指出，著述《道德经》的老子并非孔子“三十而立”时去东周京城拜访的那个老子。前者晚于孔子，汲取过儒家思想而在不少方面则反戈一击。后者长于孔子，知礼乐，明仁义，曾对孔子有所教诲。

开阴阳家山门的邹衍，从孔子《周易大传》中拾得阴阳之学，又由《尚书・洪范》与《说卦传》取来“五行”之说，杂以方士之术，自成一家。其理论原点仍然离不开孔子哲学。

名家亦称“刑名家”。“刑”通“形”，指外表、形式。“名”即当今通称的“概念”，蓄藏内涵，反映本质。名家始祖公孙龙以论辩“白马非马”而成其名。他认为，“物之所以为物，因为有其“实”，这个“实”，表现于这个“物”处于一定的时空中，所以讲一个具体的物必然要讲具体的指向，“正其所实”，也就是“正其名也”。说到底，名家论辩的目的，恰恰在于“名副其实”。这当然可以视为孔子“正名”说的演绎发挥。

至于法家，完全可以认为是从儒家傍出。其代表人物李斯、韩非均系战国时期最后一位儒家大师荀卿的门生。法家注重“正名实”，提倡“名正法备”，“修名而督实，按实而定名”，亦与孔子哲学的“正名”观基本一致。其“利民萌，便众庶”的思想尤其符合孔子以民为本的哲学理念。分歧唯在，法家过度依赖法治而轻视礼治，走向极端而导致施行违反人道的严刑苛法。其实，孔子哲学奉行的中正之道，使法治与礼治得到“刚柔相济”的完美结合。孔子担任中都宰、大司寇期间社会安定，井然有序的事实，足以证明孔子重视法治并恰到好处地实行法治。他在齐鲁“夹谷会盟”中的杰出表现，实际功夫是奏响了一曲礼治与法治相结合的交响乐。

由此可见,孔子哲学传世之初,就显示其生机盎然的思想活力。它不仅激活了儒家,同时也激活了其他诸子百家。

孔子哲学越过秦火之劫,至汉大盛。此后,魏晋启动玄学,隋唐融合佛道,两宋导引理学,开窍心学。由明而清,其基本理论元素始终为学术主流所传承。即令满清帝制竭力压抑言论思想自由,造成"万马齐喑究可哀"的局面,有识之士最终还是从孔子哲学思想宝库中找到一颗重磅炸弹:革命!遂使中国发生了翻天覆地的变化。所以,毛泽东在《中国共产党在民族战争中的地位》的报告中指出:"从孔夫子到孙中山,我们应当总结、继承这一份珍贵的遗产。这对于指导当前的伟大的运动,是有重要的帮助的。"毫无疑问,在当前建设中国特色社会主义的历史新时期,学习与实践孔子哲学思想,同样具有十分重要的现实意义。

孔子哲学思想与时俱进的活力,源于其内在的真理性品格。它主要表现于:

一、鲜明的道义性。孔子哲学以道为体,以德为用,以人为本,以天为法。命题真实,逻辑严密,论述简洁周详。从而十分自然地使道德融入义理,善性和合智性,情性生发慧性。由此形成其别具一格的文化理性而可以与时俱进,"时止则止,时行则行"。

二、深厚的人民情。孔子哲学坚持以民为重,为民谋利。它提倡"厚下安宅",让人民安居乐业;认为"损上益下,民说(悦)无疆"。要求领导人"吉凶与民同患",有福共享,有难同当。如何依靠民众,发动民众?孔子提出了三项原则:"君子安其身而后动,易其心而后语,定其交而后求。"用现今时语说,第一,你要到群众中去,先要安顿好自己的身体情绪,防止简单粗暴,马虎浮躁,力求安排得条理井然。第二,你要同群众讲话,先要平和心态,少想怎么成名得利,升官发财,多想怎么尽责守职,为民服务。第三,你要向群众提要求,交任务,先要与群众说真话，交朋友，诚诚恳恳，踏踏实实。以上几条，可称孔子哲学的古典群众路线。那么，我们说“实践是检验真理的唯一标准。”孔子哲学又是怎样表述的呢？孔子举了一个门户开关这一日常现象作了十分精深的剖析，得出的结论为：“利用出入民咸用之谓之神。”“神”是最高的成就，真理的化身。如果用白话加以推演，可以概括出：人民的普遍实践与认同是检验真理的最高标准！

三、纯正的生命观。孔子哲学的理论基石在于“天人合德”，实则人合天德。什么是天德？孔子认为“天地之大德曰生”，“生生之谓易”。尊重生命，孕育生命，善养生命，保护生命，乃至优化生命，保合大和，生生不息，实现人类社会的可持续发展，是孔子哲学的根本理念。

四、宽广的圆融度。前已论述，孔子哲学可以涵盖诸子百家，融通三教九流。如《四库全书·总目提要》所言：“易道广大，无所不包”。易道者，实即孔子哲学之道也。它过去“无所不包”，现在仍然“无所不包”。即如现代科学揭示的一些奇特现象，孔子哲学也可从根本原理上作出形而上的解释。如宇宙大爆炸的奇点，即可以“太极”对应。此后产生的时空过程乃至万物生成，皆可通过“两仪、四象、八卦……”加以模拟对照。量子力学的“测不准原理”，即孔子哲学的“阴阳不测之谓神”。星系与黑洞、物质与暗物质、能量与暗能量等等，均反映着“一阴一阳”之道。而令人难解的量子纠缠现象也可根据“二气感应以相与”来作哲理解读。为什么？因为孔子哲学蕴藏着圣人的大智慧，高度重视数学功能，重视象数与义理的紧密结合。孔子指出：“数往者顺，知来者逆，是故易，逆数也。”孔子哲学既重“数往”，顺数历史；尤重“知来”，逆数未来。所以，它可用以总结过去，揭示现在，还可以在大格局、大趋势上预测未来。

五、独特的创新说。孔子抓住革、鼎二卦，创造性地进行演绎发挥：“革去故也，鼎取新也”。于是，革故鼎新成为中华优秀传统文化的一个重要思想基因,持续不断地代代相传。在《象传》中,孔子以革卦为义理平台,对改革的因由、方法、过程掌握等作出了精辟的阐析。他认为改革取得圆满成功,关键在于"信志也"。他还指出,改革的成果,不仅应当表现于物质层面,而且应当表现于精神层面,达到"大人虎变,其文炳也。""君子豹变,其文蔚也;小人革面,顺以从君也。"从而描画出一幅通过改革人们精神面貌焕然一新的可喜景象:领导干部虎虎生气,容光焕发。社会精英豹步前行,文采奕奕。人民大众满脸喜色,顺和地贯彻执行各项命令、法规。对照当今,让我们朝着如此生气勃勃的境界,不断地推进深化改革的万里长征吧!

六、精到的文化识。如今文化已成时尚:茶有茶文化,酒有酒文化,营造网络轰动则是大V公知们心仪的社交文化。"文化"一词的本义究竟是什么?孔子在《周易大传》中其实说得很清楚:"柔来而文刚……分刚上而文柔,天文也。文明以止,人文也。观乎天文,以察时变;观乎人文,以化成天下。"即刚柔互文,形成天文。向文明前进,形成人文。观察研究天文,目的在了解与掌握时空变化。观察研究人文,目的在推动人类社会发展进化,造就一个美好理想的天下。所谓文化,即以文达化。"文",就是构成对立统一的阳刚与阴柔双方相互平等和谐地交往。反映于自然界,表现为星体运行,构成天文,展示时空变化。反映于人类社会,表现为人与人之间的亲和互动关系。而明其道理,识其要义,就是文明。由此推动生产关系的改善与生产力的发展,当可依循客观规律,改造世界,"化成天下"。这样的"文化",放之四海而皆准,顺应时代而可嘉。

七、现实的通变论。孔子哲学认为世界及其万物始终处于不停的运动变化过程中,客观上存在着不确定性。面对"上下无常"的局面,没有句句真理的权威,没有一成不变的教条,也没有千篇一则的金科玉律。为此要求人们"唯变所适",适应变化,掌控变化。会通变化。如何通变?《周易大传》的论说极其丰富周详,兹不赘述。但请听一下宋代大学者杨万里的简洁评点。他说:“《易》者,圣人通变之书也。”“得其道者,蚩(痴)可哲(聪慧),慝(奸邪)可淑(善良),眚(祸)可福,危可安,乱可治。致身圣贤而跻世泰和,犹反手也。”这个《易》,就是经过孔子传述而哲理化的《周易》,这个“道”,就是“三才之道”,即阴阳对应统一的天道,刚柔协和共济的地道与仁中义正兼行的人道。

由此可见,理论系统主体蕴藏于《周易大传》的孔子哲学,是道义哲学,人民哲学,生命哲学,圆融哲学;也是创新哲学,文化哲学与通变哲学。概言之,可以谓之理性文化哲学。这样的哲学,自然可以俱时俱进,始终保持其青春活力。因此,处在改革开放大潮中的人们越来越深刻地认识到:时代需要孔子哲学,人民需要孔子哲学,继承与发展优秀传统文化需要孔子哲学,建设中国特色社会主义,实现中华民族的伟大复兴需要孔子哲学。这便是金华下宅创办孔子哲学讲堂的根本原由。

附录：孔子是《易传》的作者吗

《易传》的诞生如旭日东升，使古老的《周易》由“卜筮之书”转化为道德、哲理与启引智慧的真正经典，在中国思想文化史上打开了光辉灿烂的一页。西汉以来，孔子是《易传》作者几成定论。宋朝的欧阳修虽对《易传》部分内容发出质疑，始终未获主流响应。但到20世纪，在打倒“孔家店”的同时，居然出现了对《易传》作者的全盘否定。由于包括钱玄同、郭沫若、冯友兰等在内的著名学者参议其中，影响越来越大，甚至在汉墓出土文物可以佐证孔子传《易》的情况下，疑孔之说至今仍在一些著作中发酵。研讨澄清这一疑案，不仅在于明辨曲直是非，尤其在于更好地研析孔子晚年的精神世界，在原始返终的生活过程中全面认识孔子思想的发展升华，以期进一步弘扬光大，承传统之精华，应时代之功用。

一、欧阳修的怀疑合理吗？

当代的疑孔论者首先都会搬出欧阳公的经典质辩。他在《〈易〉童子问》中说：“余之所以知《系辞》而下非圣人之作者，以其言繁衍丛脞而乖戾也。”“繁衍”谓芜杂冗余；“丛脞”谓细碎繁琐；“乖戾”谓反常矛盾。他提出的根据如下：

1. “《文言》曰：‘元者善之长也，亨者嘉之会也，利者义之和也，贞者事之干也。’是谓乾之四德。又曰：‘乾元者始而亨者也，利贞者性情也。’则又非四德矣。谓此二说出于一人之手，则殆非人情也。”

是的，诚如欧阳修所疑，《文言传》很可能并非“出于一人之手”，但按其精湛的论述、大量的“子曰”、广博的知识内涵和联系《论语》可以推见的思想发展脉络，加上史书的明确记载，恰恰证明“此二说”及整个《文言传》在总体上出于孔子“一人之口”。须知孔子阐释《周易》的根本特色与伟大功绩之一,在于建立了一套空前启后的意象思维体系,它大大拓展了人们的想象空间,提升了人们的想象境界。以象启意,由意缘象,是《周易》能够高居群经之首而迥异于其他诸经的重大思维优势。它甚至具有独特的“逻辑”意义。这种“逻辑”,不是西方的形式逻辑,而是东方的“意象逻辑”。对此,三国曹魏杰出的思想家王弼作了很好的描述:“言以象生,故可寻言以观象;象以意生,故可寻象以观意。”“得象”可以“忘言”,“得意”可以“忘象”。欧阳修未识《周易》之思维奥秘,拘泥文字,作了简单肤浅的理解,坠入了得言而忘象的俗儒阇肆,实在不如朱熹颇具慧心。因为就得意来说,从乾卦出发,卦辞既可以读作“元,亨,利,贞”,也可以读作“元亨,利贞”,还可以读作“元,亨,利贞”,“元,亨利贞”,“元亨利,贞”,以至“元亨,利,贞”。基于不同时间、不同场合对卦象的不同理解,当然可以对隐秘晦涩的卦辞作出多义性的阐释。特别是当一种概念尚无明确统一定义的情况下,不同的解释可以起到相互补充的作用。例如《论语》中的“仁”,有释为“孝悌之本”的,有释为“巧言令色”对立语的,有释为“爱人”的,有释为“克己复礼”的等等。《论语》如此,《老子》的“道”、公孙龙的“名”、邹衍的“阴阳”“五行”、佛家的“如来”等等也莫不如此。仅具文字的典籍如此,何况兼具文字与卦象两种符号的《周易》呢?

至于文字“繁衍丛脞”,只能反映记录整理文字者的组织水平,并不能否定讲课者的“圣人”资质。按照一般规律,孔子传教《周易》,当然会按照经文次序,首先逐卦讲解卦名、卦辞,形成《彖传》。其次以卦象、爻象为基础,顺序讲解卦辞、爻辞,形成《象传》。如此布局,自然条理分明,层次井然,使欧阳修不得不认为是“圣人”之作,而其余各传则均被视为“讲师之言”“筮人之占书”了。应当指出,孔子在讲授《彖》《象》等《传》后,作为《周易》的一代宗师,敏锐地觉察到乾坤两卦对于整个《周易》体系的根本意义,如《系辞传》所云:“乾坤其《易》之蕴邪?

乾坤成列而《易》立乎其中矣，乾坤毁则无以见《易》。"因此，他必须回过头来，进一步对开门双卦进行阐释，使之既具质之理，又具文之美，"文质彬彬"，故名《文言》。从篇章结构看，《文言传》大概分两课讲授。第一课，从乾卦卦辞"元"起一直讲到爻辞以至"用九"止。接着讲坤卦，由于卦辞亦有"元亨利贞"字样，与乾卦重复，聪明的孔子避开卦辞，转而讲述坤道，强调它的"顺"，"承天而时行"，以期与乾卦的讲授相衔接。此后再释爻辞以至"用六"，亦与乾卦呼应。但孔子认为乾是主导者，坤是协从者，所以又突出重点，专文续讲乾卦，并从意象思维出发，换了一个视角演绎阐释，这就是《文言传》乾卦第二大段既与第一大段相区分而又相互联系，甚至一些文字重叠繁复而让欧阳修感到"繁衍丛脞"的由来。其实，《文言传》乾卦第二大段不过是孔子在《彖传》与《象传》中原有思想的"文饰"发挥罢了。比如，"乾元者，始而亨者也"即自《彖传》"大哉乾元，万物资始"引申；"利贞者性情也"自"乾道变化，各正性命"引申；"刚健中正，纯粹精也"自《象传》"天行健，君子以自强不息"引申；"六爻发挥，旁通情也"自《彖传》"六位时成"引申；而"时乘六龙以御天也"更是《彖传》的复述；"云行雨施，天下平也"亦自《彖传》"保合大和""万国咸宁"引申。至于各爻之辞，则皆循《象传》颂德而化。由此可见，孔门弟子对《文言传》的编集采取了十分慎重的态度，尽力做到如实记述，绝不可能在征集至圣先师的言传中无缘无故地塞进自己杜撰的私货。

2."《系辞》曰：'河出图，洛出书，圣人则之'。又曰：'包羲氏之王天下也，仰则观象于天，俯则观法于地；观鸟兽之文，与地之宜；近取诸身，远取诸物，于是始作八卦。'而《说卦》又曰：'昔者圣人之作《易》也，幽赞于神明而生蓍，参天两地而倚数，观变于阴阳而立卦'，则卦又出于蓍矣。八卦之说如是，是故何从出而也？谓此三说出于一人之手，则殆非人情也。"

我们的回答是，与《文言传》一样，《系辞传》的编集也许不会"出于一人之手”,但原始资料的基本内容始终出于孔子一人之口。或问,如出一人之口,怎么会对八卦的来源提出三种不同的说法呢?我们的回答是:孔子对八卦出处的解释并未自相矛盾,造成矛盾印象的恰恰是欧阳修及其附和者们对《易传》的错误解读。《系辞传》说得很明确,“始作八卦”,在于“仰观俯察”,拟物取象。孔子根本没有说由《河图》《洛书》直接推演出八卦,而只是说“圣人则之”,意谓圣人借鉴《河图》《洛书》原理,在“仰观俯察”广泛类比以设定八卦的基础上,进而会通变化,展示吉凶祸福。所以,《系辞传》紧接着指出:“易有四象所以示也。系辞焉,所以告也。定之以吉凶,所以断也。”而毗连其前之文则云:“天垂象,见吉凶,圣人象之。”《河图》《洛书》即为天垂之象,“圣人象之”即圣人仿效之,“圣人则之”即圣人据其理而行之,运用八卦判断吉凶。《史记》明载:鲁哀公十四年春“西狩获麟”,孔子感而叹之曰:“河不出图,洛不出书,吾已矣夫!”显然,孔子把《河图》《洛书》视为预兆吉凶祸福的神物。八卦以其为鉴而仿效之,在运动变化中示人吉凶祸福,自然顺理成章。由此联想到宋儒曾为两幅出世秘图孰系《河图》、孰系《洛书》争论得不可开交,直到学术权威朱熹以五十五之数拍板定案,其实都像欧阳修一样,并未真正读懂“则之”的涵义。“则之”者,则之以明吉凶之道也。至于《说卦传》中的“生蓍”,是指以蓍生占,即产生筮占。“立卦”则指“四营而成《易》,十有八变而成卦”。欧阳公误读竟落如此深度而更有当代学者继续唱和,委实令人惊讶。

事实上,在简文帛书年代,学生听课无法即时笔录,唯凭记忆。此后集成的师说,难免会有一些“繁衍丛脞”。这种情况,即便在《论语》中也同样存在。

二、《论语》能证明孔子传述《周易》吗?

一些学者认为,《论语》是反映孔子思想及其生平的权威著作,但它很少有关《周易》的言辞,所以孔子传《易》缺乏根据。

事实上，只要细加分析，通过《论语》完全可以读出孔子对《周易》高度崇尚的心情，读出孔子对《周易》认真研讨的态度，读出孔子对《周易》深入理解的体验。

第一，《论语·述而》云："子曰：'假我数年，五十以学《易》，可以无大过矣！'"意谓"如果多给我几年时间，五十岁以来就认真研习《周易》，就可以不犯重大过错了"（有人借《鲁论》"易，读如亦"，将"读音如亦"篡改为"字义如亦"，并将逗号标点移至"学"后，来论证孔子从未研学《周易》，既于文理不通，亦违"十有五而志于学"之说）。这表明孔子不仅研读《周易》，而且联系自我经历，进行过深刻的反思。看来，孔子五十岁后步步高升，一时喜形于色，但至五十四岁被迫抛井离乡，周游列国，有时竟至"累累如丧家之犬"，其间不可能不存在错失。所以，避免大过是他的人生体会，也是他作为过来人对学生提出的希望。欲求"无大过"，应当早学《易》。这一点，他在《系辞传》中的多次强调足以印证。诸如"无咎者善补过也"，"震无咎者存乎悔"，"惧以终始，其要无咎，此之谓《易》之道也"等。"无咎"就是"无大过"。

第二，《论语·子路篇》谓，子曰："南人有言曰：'人而无恒，不可以作巫医'。善夫！'不恒其德，或承之羞'。"子曰："不占而已矣。""不恒其德，或承之羞"是《周易·恒卦·九三》爻辞，孔子以此启导教育学生，足见其对《周易》的崇尚与经常研习而熟记心头。但是，疑孔论者抓住"不占而已"四字，认为孔子既称"不占"，表明他并不看重《周易》，有关经文只是"顺口说说"而已。这实在是蓄意曲解。须知《论语》以如此大段的文辞反映孔子对《周易》的看法（其间已略去许多师生之间问答的情节），分量是很重的。想当年，巫医是一项社会尊重的高门槛职业，巫以解疑，医以治病，直接关联着人生安危。一般说来，巫者多通《易》理医道，医者亦知筮占《易》理。他们要求具备比较广博的知识与高尚的道德情操。所以，不能恒久地坚持道德诚信的人是不可以担任巫医之职的。那么，对这种人怎么办呢？孔子的答复是"不占而已”,即不去向他们占问,不去向他们求助罢了。而并不是说孔子自己“不占罢了”。孔子在《系辞传》中宣称:“君子所居而安者,《易》之序也;所乐而玩者,爻之辞也。是故君子居则观其象而玩其辞,动则观其变而玩其占。”当然,孔子倡行的不是陷入迷信之占,而是阐扬义理之占。诚若他在《帛书·要》中所言:“吾观其义耳,吾与史巫同途而殊归。”同途,同行占卜之方法;殊归,各有自己的目的。孔子的目的就是安于居“《易》之序”,即按《易》所昭示的规律、秩序平安地生活;乐于玩“爻之辞”,即依卦爻文辞兴致盎然地玩味、探究其内容与义理。对此,东汉的唯物主义思想家王充在《论衡》中举了一个鲜明的例子:鲁国打算讨伐越国,占筮得《鼎卦·九四》,爻辞为“鼎折足,覆公,其形渥,凶”。子贡单就字面分析,认为行军必当用足,足被折断,自属凶险。而孔子判断说:“越人水居,行用舟,不用足,故谓之吉。”出征果获大胜。看来,孔子是站在道义立场上作出的理性结论。也许,他还会建议鲁君注意训练水兵呢?(按:《论衡》此例,史书未见其事。但《史记·仲尼弟子列传第七》有载:孔子为解齐国侵鲁之危,要求门生挺身而出。“子路请出,孔子止之。”“子贡请行,孔子许之。”为此子贡曾赴越国说服勾践,共图战伐之策而获大捷。司马迁记曰:“故子贡一出,存鲁,乱齐,破吴,强晋而霸越。”王充所言“伐越”,是否为“用越伐吴”之误?)

第三,《论语》引子贡之说:“夫子之文章,可得而闻也;夫子之言性与天道,不可得而闻也。”从侧面反证孔子晚年对《周易》引出的性与天道很有研究且给一些弟子讲解;只是子贡因经商等事所羁,不能像周游列国期间那样随侍孔子左右,于是发出了“不可得而闻也”的感叹。

第四,《论语》中孔子有关仁义道德、齐家治国等言辞与思想,以至于对颜回德行的评价,都可以从《易传》中发现类似的阐述。

三、《孟子》中没有《周易》的影子吗？

著名易学家李镜池在《周易探源》中说："孟子只告诉我们，孔子是一个了不得的人，'圣之时者也'。他说孔子作《春秋》而乱臣贼子惧。说这个，说那个，却始终没有说过孔子对于《易》有什么研究，更没有说他作《易经》或《传》。"原台湾新竹清华大学物理研究所所长和教务长李怡严教授也断言："《孟子》中没有《周易》的影子。"(《周易纵横谈》，广西师范大学出版社，2006 年)果真如此吗？否。《孟子》虽无直接说《易》的文字，却深寓《周易》之道。宋代的杰出易学家、数学家邵雍指出："知《易》者不必引用讲解，是为知《易》。孟子之言，未尝及《易》，其间《易》道存焉，但人见之者鲜耳。人能用《易》，是为知《易》。如孟子可谓善用《易》者也。"孟子如何"善用《易》"呢？其一，孟子的性善说，直接来源于《易传》的"一阴一阳之谓道，继之者善也，成之者性也"，以及"成性存存，道义之门"。孟子还说："尽其心者，知其性也。知其性，则知天矣。存其心，养其性，所以事天也。"(《尽心上》)所谓"尽其心"、"存其心"就是"尽其善"、"存其善"。"知其性"而"知天"，即认识天道；"养其性"而"事天"，即奉行天道。《易传》云："立天之道，曰阴与阳。"所以，孟子的上述论述源头在《易传》，只是限于其时儒家之正统而避开"阴阳"文字。其二，孟子的"四端说"："恻隐之心，仁之端也；羞恶之心，义之端也；辞让之心，礼之端也；是非之心，智之端也。"相对于《易传》的"四德说"："君子体仁足以长人，嘉会足以合礼，利物足以和义，贞固(智正而固)足以干事。"两者比较，何其相似乃尔！其三，孟子曰："仁也者，人也；合而言之，道也。"(《尽心下》)这同《易传》所说"君子体仁，足以长人"，"立人之道，曰仁与义"又有多少区别？其四，孟子关于"闻诛一夫纣也，未闻弑君也"的名言，完全可以推论源于《易传》的"汤武革命"。其他如孟子提倡"乐民之乐，忧民之忧"，而《易传》提倡"吉凶与民同患"；孟子主张"天下定于一"而《易传》宣扬"天下之动，贞夫一者也”等等,难道都是偶然的巧合吗?对此,人们能够得出的唯一判断是:邵雍关于“孟子可谓善用《易》者”的评说正确无误。

其实,战国时期,《周易》的影响不仅可以在《孟子》中发现其“影子”,还可以在《庄子》和《荀子》中找得其“痕迹”。例如,《庄子》的《天道》篇云:“世之所贵道者,书也。书不过语,语有贵也。语之所贵者,意也;意有所随。意之所随者,不可以言传也。”这明显是基于《易传》“书不尽言,言不尽意”的延伸发挥。《天下篇》云:“《易》以道阴阳。”《刻意》篇云:“圣人之生也天行,其死也物化;静而与阴同德,动而与阳同波。”对照《易传》“一阴一阳之谓道”,“原始返终,故知死生之说;精气为物,游魂为变”以及阴静阳动的原理,看来如出一辙。庄子还在《天运》篇中借孔子会见老子的故事,宣称:“丘治《诗》、《书》、《礼》、《乐》、《易》、《春秋》”,说明庄子之时(约前369—前286)或孟子之时(前372—前289),已流行孔子治《易》之说。尽管庄周以特有的诙谐揶揄儒家及其宗师,其实内心对孔子还是钦佩的。他在《天下》篇中指出:“以天为宗,以德为本,以道为门,兆于变化,谓之圣人。”这几句话,深刻、准确而全面地评价了孔子通过阐述《易传》而表现出来的圣人品质。其中前四句话极其完整地对《易传》的基本思想进行了形而上的概括,它只可能归之于孔子而非他人,比如老子,因为《老子》缺乏《易传》中充分显示的“兆于变化”的鲜明特色。

战国时期儒家最后一位学术思想大师荀子,提出过一句脍炙人口的格言:“善为《易》者不占。”这话常被一些人用以挞伐《周易》。其实,寻言察意,恰恰说明荀子十分重视《周易》:对于《周易》不仅要一般地学用,而且要努力地“善为”。毫无疑问,荀子自己便是一个“善为《易》者”,否则他怎么能体会到“善为《易》者不占”呢?《荀子·大略篇》云:“《易》之咸,见夫妇。夫妇之道,不可不正也,君臣父子之本也。咸,感也。以高下下,以男下女,柔上而刚下,聘士之义,亲迎之道。重始也。”可谓对《彖传·咸》的进一步发挥。荀子认为“天行有常,不为尧存，不为桀亡"。主张"制天命而用之"。"天行有常"，就是《易传》所描述的"刚柔相摩，八卦相荡；鼓之以雷霆，润之以风雨；日月运行，一寒一暑"；"日往则月来，月往则日来，日月相推而明生焉。寒往则暑来，暑往则寒来，寒暑相推而岁成焉"。因此，《周易》"与天地相似，故不违。知周乎万物而道济天下，故不过。旁行而不流；乐天知命，故不忧"。荀子的"制天命而用之"，同样申述了《易传》关于"大明终始，六位时成，时乘六龙以御天"的观点。"御天"之意是驾驭自然规律，"制天"之意是掌握自然规律，有什么本质上的不同呢？

由上可见，自孔子处春秋末年传述《周易》至战国前期弟子们汇编成书，《易传》逐渐流行并产生一定的社会影响。不仅儒家的孟子、荀子认真学用，而且道家的庄子亦对之颇具兴趣。至东汉魏伯阳著《周易参同契》，魏晋学者又使《易》与《老子》、《庄子》合为"三玄"（笔者谨注：《周易》貌若玄而实非玄）。至北宋，华山道士陈抟捧出神奇的《河图》、《洛书》与《先天八卦图》等道家秘藏，数传至朱熹而公之于众，遂令图书之学成为《周易》百花园中的一朵新葩。

四、《史记》的记载靠得住吗？

关于孔子晚年传述《周易》，《史记》有明白无误的记载："孔子晚而喜《易》，序《彖》《系》《象》《说卦》《文言》。读《易》韦编三绝。曰：'假我数年，若是，我于《易》则彬彬矣。'"对"序"这个字，学界有不同的解释，包括解为《序卦》。其实，司马迁慎于文字，惜墨如金。此之为"序"，当系"次序"之义，即孔子依次讲授《彖》、《系》诸传。事实上这也符合一般的讲课规律。孔子教授《易经》，首先当按六十四卦顺序阐释卦名、卦辞，学生先心记默诵而后汇编成集，便是《彖传》。卦辞逐一讲解完毕，孔子再从整体上阐释《易经》的由来、宏旨大义、道德蕴涵、吉凶因果、筮占规则、通变要领以及别具一格的象征原理。其间又串插部分卦象与爻辞举例分析，加深学生理解。所有这些，结集而成《系辞传》，即联系卦象文辞的综合性传述。欧阳公及其唱和者认为《系辞传》就文笔看"非出自一人之手"或许是不错的，但它恰恰反证了其基本内容"出自一人之口"。所谓"繁衍丛脞"，应系特定历史背景的产物。因为孔子讲课必然要持续一段时间，前后自然可能产生一些交叉重复，而学生们的记诵亦会各有一些出入。为了忠实师说，他们各据自己的听讲记忆，尽可能作出如实反映（当然也可能掺杂某些学习心得），以致忽略了必要的文字修饰。所以，传文倘有某些不足，多非讲课者之过而系记述者之失，但也绝不是刻意为之，企图冒师祖之名而在汇编成册时塞进自己的私货。要知道，《系辞传》中的文辞，几乎句句光照日月，字字掷地有声，孔门弟子如果具有这等水平，如是见解，完全可以像《论语》那样，在子曰的行列中戴上类似"有子曰"、"曾子曰"等足以载诸典籍的高材生帽子。

顺着司马迁关于孔子传《易》的次序，《彖》、《系》之后为《象》，这又是合情合理地讲授《易经》过程的客观反映。因为孔子讲授《易经》，最根本的指导思想是以《易》为载体，弘扬其日思夜想的道德规范。顺着"圣人以神道设教而天下服矣"的路子，进一步拓展由"神道"以达"人道"的"荷天之衢"。他通过《彖传》，以象生意，小试牛刀。通过《系辞传》，旁征博引，提阴阳之纲，挈易简之领，打通了"天人合德"的康庄大道。于是，继之《象传》，继续其行之有效的以象生意的教学方法，从卦象结构的角度逐个引申六十四卦的道德涵义，并类推到爻辞的解绎。如果说《彖传》突出地强调卦之"时"，则《象传》突出地强调爻之"位"。而无论时位，均贵中正，从而成为《周易》道德规范的最高准则。在此基础上，当学生们对卦象意境的精彩奥妙深感惊奇并引起广泛兴趣的时候，孔子又因势利导，作出了"书不尽言，言不尽意，然则圣人之意其不可见乎"的课堂提问。为了具体地阐明"圣人立象以尽意，设卦以尽情伪，系辞焉以尽其言，变而通之以尽利，鼓之舞之以尽神"，孔子顺理成章地推出了《说卦传》。之后的《文言传》，已在第一节中作了研析，不再重复。司马迁把它列于各传之尾,也有一定道理。因为孔子在对《周易》进行了“质”的阐释后,当有必要抓住乾坤要义,实施“文”的补充。总之,《史记》关于孔子晚年的传《易》记述,既具有事实依据,也符合教学情理(至于《杂卦传》和《序卦传》,《史记》未正式提及,尚乏佐证。笔者认为,此二者除引申诸传通义外,还有方便记诵的功效。是否老师或学生为此附编,可作商酌)。

怀疑《史记》可靠性的人还认为,司马迁说孔子传《易》于商瞿,六传至汉初田何。而《论语》未见商瞿之名,孔子有无这个门生要打问号。田何自言《易传》源于孔子,口说无凭,有拉大旗作虎皮之嫌。事实上,汉初自高祖而吕后,开始并未尊儒。连司马迁的父亲当时也重道轻儒,以为“儒者博而寡要,劳而少功,是以其事难尽从”。而“道家使人精神专一,动合无形,赡足万物。其为求也,因阴阳之大顺,采儒墨之善,撮各法之要,与时迁移,应物变化,立俗施事,无所不宜。指约而易操,事少而功多”。看来,田何若想拉孔子的大旗,不如去拉老子的大旗。何况易、道互动,《先天八卦图》等易学重要文献甚至要秘传到宋朝道士陈抟手中去呢!所以,田何通过再传弟子杨何告诉司马迁父亲《易传》源自孔子的话应属可信。而且,关于孔子门生的记述,《史记》比《论语》更专业、更系统,也更全面。《论语》中通过各种场合出现的孔氏弟子合计仅二十八人,而《仲尼弟子列传》引孔子言“受业身通者七十有七人,皆异能之士也”。首先自颜回开始列传,至巫马施,共二十九人,均有姓有名有字有年龄,并记有一定事迹。其中十一人著籍贯。其后六人,自梁鳣至公孙龙,有姓有名有字而无籍贯及事迹。《史记》特别注明:“自子石(公孙龙)以右三十五人,显有年名及受业闻见于书传。”即以上三十五人是司马迁有根有据地查得的孔子门徒,年龄姓名清楚明确。接下去,《列传》又指出,“其四十有二人,无年及不见书传者纪于左”:始自冉季,终于公西蒧。可以看出,司马迁为仲尼弟子列传是十分严肃而谨慎的,必据书传而求实,将七十七子按可信程度划分为三个层次,疑者宁阙。而商瞿列于第一层次的第二十二名,其前为颜回之父颜路,其后为“长不盈五尺”的高柴。《史记》以简洁肯定的文字写道:“商瞿,鲁人,字子木,少孔子二十九岁。孔子传《易》于瞿,瞿传楚人馯子弘,弘传江东人矫子庸疵,疵传燕人周子家竖,竖传淳于人光子乘羽,羽传齐人田子庄何,何传东武人王子中同,同传菑川人杨何。何元朔中以治《易》为汉中大夫。”而司马迁在《自序》中说到,他的父亲司马谈“学天官于唐都,受《易》于杨何,习道论于黄子”。专史勤学,博览广识,身通“阴阳、儒、墨、名、法、道德”六家而论其要指,为当时研习经史子集的一流大学者。他亲聆杨何释《易》,直接了解其传授过程,所以信实可靠度极高。再加司马迁长期接触国家文史档案,善于学习考察,自谓“年十岁则通古文,二十而南游江淮,上会稽,探禹穴;窥九疑,浮于沅湘;北涉汶泗,讲业齐鲁之都;观孔子之遗风,乡射邹峄;厄困鄱薛彭城,过梁楚以归”。这种广泛涉猎,深入考证,务实求真而取得的史料,岂能轻易贬之曰“道听途说”?事实上,汲县魏冢发掘出来的《周易》经文及阴阳说,也可以证明,不仅《论语》无名的商瞿,而且还有孔子的得意门生子夏,作为魏文侯生前的老师,同样习传过孔子的《周易》之学。

《史记》的孔子传《易》之说,至东汉再次得到著名史学家班固的认证。他在《汉书》中除对传《易》前期的师承次序略有调整外,总体上保持了《史记》的格局,并且明确肯定,孔子“晚而好《易》,读之韦编三绝,而为之传”。现代考古发掘获得的帛书《要》,同样写得很清楚:“夫子老而好《易》,居则在席,行则在囊。‘有古之遗言焉,予非安其用,而乐其辞。后世之世,疑丘者或以《易》乎?’”子贡问:“夫子信其筮乎?”子曰:“我观其义耳。吾与史巫同途而殊归。”疑孔之说,观此当止。

五、《易传》作者是一个什么样的人?

《易传》的作者史籍虽多明确记载,偏有一些人不认账。那么,我们且从《传》文释出的信息，看看他究系何人。

第一，《易传》作者是一位具有高度道德情操的人，无论《彖传》、《象传》、《系辞传》、《文言传》与《说卦传》，都是不折不扣的道德文章。他特别强调“立人之道，曰仁与义”；崇尚礼仪，倡导诚信。

第二，《易传》作者是一位胸怀“修身齐家治国平天下”的伟大思想的人。他借《周易》大声疾呼：“夫《易》何为者也？夫《易》，开物成务，冒天下之道，如斯而已者也。”要求通过学用《周易》，开发物质世界，成就社会大业，探索、追求乃至涵盖普天之下指导人生的客观规律。而首要的一步则是：“君子进德修业，欲及时也。”

第三，《易传》作者是一位学识渊博、文化素养深厚的教育家，他倡立“时、位、中、正”之说，要求人们当时、待时、顺时、不违时；当位、守位、安位、不错位；居中持正，认为“中正有庆”；“元吉，以中正也”；“文明以健，中正而应，君子正也”。他通过门户开关的日常现象阐释阴阳变通的精微哲理，抱着“圣人以神道设教而天下服矣”的心情试图转化其曾经四处碰壁的教育方式。《传》中经常出现的“子曰”表明了学生们记述师说时对于老师的崇敬之情。

第四，《易传》作者是一位生活阅历丰富而且疾恶如仇的仁人。他告诫人们“积善之家必有余庆，积不善之家必有余殃”。提醒人们警觉起来，注意识别好人与坏人；特别要揭穿社会交往与政治生活中的骗子、伪君子和投机分子。听其言而知其行，以敏锐的洞察力作出正确的判断：“将叛者其辞惭，中心疑者其辞枝，吉人之辞寡，躁人之辞多，失其守者其辞游。”

第五，《易传》作者生于春秋末年礼崩乐坏、战乱频仍之世，充满了时代的忧患意识。他怀着深切的感触推断经文撰写者以况自身：“《易》之兴也，其于中古乎？作《易》者，其有忧患乎？”他喟然叹息：“臣弑其君，子弑其父，非一朝一夕之故。其所由来者渐矣，由辨之不早辨也。”他振臂高呼：“其亡其亡，系于苞桑！”号召当政者与志士仁人团结一心,拯救与振兴处于飘摇纷乱中的国家。他还精义独到地提出以“乾之至健也”而知险,以坤之“至顺也”而知阻,“能说(悦)诸心,能研诸侯之虑,定天下吉凶,成天下之亹亹者。”即以乾坤之道识险明阻,能够令人心悦诚服,认真研讨诸侯列国掌权者的思想状况,确立天下趋吉避凶的共识,形成天下勤勉奋发安定和谐的局面。

综上所述,《易传》作者是一位生于春秋末叶乱世而具有高度道德情操、伟大理想、文化素养深厚、学识渊博、生活阅历丰富且忧患意识鲜明的教育家、思想家。据此推论,唯一的答案只能是孔子。

也许有人还要发问:为什么《彖》《象》等《传》通篇未见“子曰”,而《文言》与《系辞》却屡见不鲜呢?是否真如欧阳修所说:“何谓‘子曰’者,讲师之言也。”不错,“子曰”当系“讲师之言”。但这位讲师正是孔子。他在讲解彖、象时,顺卦序,随爻位,依次授教,弟子信实记录,无须多加“子曰”。而《文言》是乾坤二卦的重点再阐释,按经文具体绎解,插入“子曰”,有利于区分《经》、《传》。《系辞》是一个宏伟庞大的理论体系,讲课的时间跨度长,内容涵盖广。出现“子曰”可以生动地反映教学情景。分而析之,《系辞上传》第一章至第六章均系整篇论述而不见讲课者身影,第七章开头加个“子曰”,具有师临其境、承前启后的效果。第八章中的七个“子曰”,都是为了与“《易》曰”相区别。第九章文末来个“子曰”,通过大段筮占数字推演而进行哲理归纳,其意义与第十章文末的“子曰”类似。第十一章开头的“子曰”说明老师讲课以提问始。第十二章中的三个“子曰”,或为区别经文,或为回应学生提问。《系辞下传》第一章至第四章也都是整篇论述,组织缜密,不必硬塞“子曰”而影响文势。第五章的八个“子曰”皆为区别“《易》曰”。第六章始发的“子曰”则鲜明地反映出老师以提问开课的情景。

诚然,老师的“述”与学生的“记”,其间会产生一定的差别;加之经籍在秦燔汉兴过程中也可能造成某些文字更迭。而《杂卦传》和《序卦传》,《史记》又未记载,虽意涵丰富,韵味十足,读来朗朗上口,但给人更多的感觉似属心得体会之类，尤具帮助记诵之功效。可惜作者为师为生至今尚难确断。不过即便是学生的创作，仍然体现着师说的成果，关键在于这些学生是不是孔氏弟子。从史料研判，回答应当是肯定的。因为其一，作为孔子晚年传《易》的首席弟子商瞿，《史记》已有明文记载。其二，《论语》提到，孔子的得意门生子贡由于后期未能聆听老师关于"性与天道"的《易》学论述而深感遗憾，流露出对有幸学《易》的师兄弟的羡慕。其三，《系辞下传》第五章中，"子曰：颜氏之子，其殆庶几乎！有不善未尝不知，知之未尝复行也。"比较《论语》中孔子"不二过"的类同品评，"颜氏之子"当为孔子爱徒颜回，作为在座弟子的学兄，不直呼其名，只是语气上略加尊重而已。（注：有人以为"颜氏之子"非孔子用语，因而怀疑《系辞传》非孔子之作，实属误判。参阅《史记·孔子世家第十七》，孔子曾以《诗经》"匪兕匪虎，率彼旷野"为话头倾听弟子们受困陈蔡的意见，十分欣赏颜回的回答，"欣然而笑曰：'有是哉颜氏之子！使尔多财，吾为尔宰。'"如果"颜氏之子"拥有众多财产，孔子还愿意为他当管家呢！倘若"颜氏之子"不是孔子所说的颜回，可谓滑天下之大稽！）

鉴于自春秋战国至汉初历史文化传承中的诸多因素，《易传》也可能掺入孔门弟子的一些文字，因此，比较恰当的说法是：孔子是《易传》的主要述作者。

（录自《意象悟道》，复旦大学出版社，2013 年 7 月第 1 版）

后　记

书稿送交出版社审校期间，我应朋友之邀去金华澧浦镇下宅村小住。端午甫过，菖蒲犹香。眼前一幢幢新房和一辆辆小车，与旧时农村天地迥异。忽然我心头一动：在物质生活不断改善的环境中，能否引发人们对于日常现象进行一些哲学思考。我想到了村里宽敞明亮的文化礼堂，又想到可否在这里创办一个孔子哲学讲堂。犹疑间同村支书王根俏作了商讨。不料这位当选省党代会代表的“村姑”一口赞成。于是我立即进城寻求援助。恰好碰到市政协主席陶诚华同志走出办公室，正急匆匆要赶赴浦江。遇见不速之客，还是停下脚步，耐心听取突如其来的“提案”，并即指定学习文史委主任吴远龙协助处置有关事宜。特别令人感动的是，时已傍晚，市委宣传部副部长曹一勤和金华日报周末部主任劳剑晨闻讯先后赶来，同政协办公室调研员滕珍珠一起，不仅对创建工作表示鼓励、支持，而且提出了周全的组织安排与措施策划。于是，六月二十二日上午，在一阵喜气洋洋的锣鼓声中，一百二十多位各界嘉宾和金华市、金东区有关领导步入下宅文化礼堂，表达了对学习、研发与实践孔子哲学的强烈信念。金华市经济技术开发区管委会原主任孙吉山手持洞箫，八十六岁高龄的市委组织部原组织员何文兵父女共携二胡，首先合奏孔子哲思歌。“始作，翕如也。从之，纯如也，皦如也，绎如也，以成”，赢得满场热烈掌声，

孔子哲学讲堂从酝酿策划到建成开讲，不过短短十天时间。可谓

超乎常规,出乎意料。对此或可称为“金华文化速度”。2014 年,在杭州举行的“中韩周易文化交流暨当代易学研讨会”上,我在主题发言中曾参照爱因斯坦的质能互换公式,提出了一个以道德与慧思为基本因子的文化能量模拟计算公式。其中参数选择固然有待广泛实践的验证选定,但在总体上,就社会文化事件的基本过程看,正如物质能量与光速的平方成正比一样,文化能量也正比于其思想发展速度的平方。换言之,文化事件达成愈快,则其文化能量愈强。速度见能量,物质文明建设领域如此,精神文明建设领域应亦如此。

在前来听讲的各界嘉宾中,让我感触良深的群体,一是村干部,他们既要忙于生产工作,又要忙于村政服务,现在竟然静下心来“打听”哲学,意义非同小可。二是闻讯远道赶来的文化关爱者,如衢州市政协原副主席祝瑜英,现任衢州学院党委组织部长徐建芬等,她们体现了当今思想文化建设的普进性、谐振性、互通性与开放性。三是金华职业技术学院的莘莘学子。他们在积极掌握现代科学与人文知识的当下,以特有的青春敏睿开始感受到中华优秀传统文化的时代魅力。在他们身上,孕育着构建中国特色哲学的未来和希望。四是原金华电业局总工程师黄祖寅带来的一批“五七战士”。他们使我回忆往事,情不自禁。记得上世纪六十年代末,我们一起在湖海塘五七干校劳动学习,接受“再教育”。突然接到地区革委会生产指挥组的紧急命令,要我们按照中央“大办电子”的指示,立即在已被撤销的农科所空址开工办厂。具体办什么?怎么办?一概未与分晓。筹建组长、打过四明山游击战的老同志周登只得带着我们几个人到处参观,还是了无头绪。老周要我酝酿提出产品方向。按照当时的认识,产品方向体现“路线”。“方向对头,不怕杀头”。“路线错了,一错百错”。我感到压力重重,饭吃不香,觉睡不熟。一次半夜梦醒,孔子哲学关于阴阳交合的原理突然触动心弦。电子属阴,我学的机械工程属阳,选择产品方向可以考虑阴阳和合,机电一体。参观得知,杭州许多工厂正在生产无线电专用设备，尚未结合电子应用。而金华晶体管厂成批生产二极管，只因封帽环节加工装备落后，出了大量废品。子曰："变通者，趣时者也"。我若趋时，则时为我用。于是我提出了试制、生产机电一体化的半自动晶体管封帽机的新颖方案。由我负责总体设计和机械部件设计，浙大电机系毕业的黄祖寅负责电器部件设计，还有一位高中物理教师王樟生负责电子线路设计。当时条件极差，加工装备十分短缺，技工更少得可怜，只有一名三级车工，一名五级焊工，其余主要靠机关干部学工顶岗。我一边加班加点，一边忧心忡忡，下意识地把电子与机械模拟成两个合为一体的卦象，电子为火，是离卦之象；机械是金，是乾卦之象。火上天下，演化为大有卦；天上火下，转变为同人卦。孔子解释"大有"之道："柔得尊位，大中而上下应之，曰大有。其德刚健而文明，应乎天而时行，是以元亨。"也就是说，占得大有卦，预测事业可以大通。但须弘扬刚健文明之德，坚持"大中"，即充分吸收各方意见，形成最佳方案，实行最合理的组织原则与管理方法。关于"同人"，孔子《彖传》指出："柔得位得中而应乎乾，曰同人。同人曰：'同人于野亨，利涉大川'，乾行也。文明以健，中正而应，君子正也。唯君子能通天下之志。"他老人家指点我们：在宽广无私的原野上集合志同道合的人们必然顺畅，有利于跨越大江大河险阻，显示出乾天刚健运行的气势。文明刚健，中正和应，体现君子正道，由此可以沟通天下人们的思想。孔子哲学的金玉良言，既多鼓励，更指明了我们前进的方向。终于，全厂上下同心同德，攻克种种难关，不到一年时间，试制成功小功率晶体管封帽机，并即投入成批生产。在此基础上，又接受省电子工办下达的重点新产品任务，试制成功储能式大功率晶体管封帽机。引起电子工业部重视，将产品列入全国订货会议，一时供不应求。工厂从起初二三十人迅速发展到一百零八人。以后科研所原址恢复，多数干部返归机关，其余职工分赴各处，大都成为新单位的骨干。这次听说孔子哲学讲堂开讲，纷纷赶来。我则百感交集，不能自已。想当年，我在疑难之际，求教于孔子哲学，只能默默而行，不敢形之于色，表之于言。今天，居然完全敞开胸怀，向社会各界大众大讲孔子哲学思想，并且终于公开了四十多年前暗暗学用孔子哲学的秘密。

经过本次宣讲实践，我进一步体会到文化的巨大影响力。为此，在原先总结孔子哲学五谛（太极生生律、易简成位说、通变知几论、道德性命观、意象思维学）的基础上，再加"文以化成法"，合为"六谛"。

末了，经与出版社冯社宁老师商议，决定将此次开讲典礼中宣讲的《孔子哲学思想与时俱进的思想活力》文稿增补于书末。当然又给文字助理、浙江人文经济研究院王琳琳女士带来额外的工作量，谨表歉意与感谢。顺带一说，贤内郑美英在我编写《孔子哲思总纲》歌曲过程中试唱校音，和义调声，自然地展示了孔子哲学丰富家庭文化的特定意境，似值一提。

二〇一九年六月三十日

图书在版编目(CIP)数据

孔子哲思百题解——《周易大传》精粹 / 章关键著.
—杭州：浙江大学出版社，2019.9
ISBN 978-7-308-19531-7

Ⅰ.①孔… Ⅱ.①章… Ⅲ.①孔丘（前551—前479）
—思想评论 Ⅳ.①B222.25

中国版本图书馆CIP数据核字（2019）第194013号

孔子哲思百题解——《周易大传》精粹
章关键 著

责任编辑 冯社宁
责任校对 董雯兰
封面设计 周 灵
出版发行 浙江大学出版社
（杭州市天目山路148号 邮政编码310007）
（网址：http://www.zjupress.com）
排 版 杭州林智广告有限公司
印 刷 杭州高腾印务有限公司
开 本 710mm×1000mm 1/16
印 张 21.25
字 数 280千
版 印 次 2019年9月第1版 2019年9月第1次印刷
书 号 ISBN 978-7-308-19531-7
定 价 48.00元

版权所有 翻印必究 印装差错 负责调换

浙江大学出版社市场运营中心联系方式：（0571）88925591；http://zjdxcbs.tmall.com